19855

LE LYCEE

DV Sʳ BARDIN,

OV

EN PLVSIEVRS PROMENADES
il est traité
Des Connoissançes, des Actions, & des
Plaisirs d'un Honneste homme.

I. PARTIE. DES CONNOISSANCES.

*――― Fungor vice cotis, acutum
Reddere quæ ferrum valet, exors ipsa secandi.*
Horatius de Arte Poëtica.

A PARIS,
Chez IEAN CAMVSAT, ruë S. Iaques,
à la Toison d'or.

M. DC. XXXII.
AVEC PRIVILEGE DV ROY.

Ex hoc[?] Fuliensiu Parisiensiu Sti Bernardi

ADVERTISSEMENT AV LECTEVR.

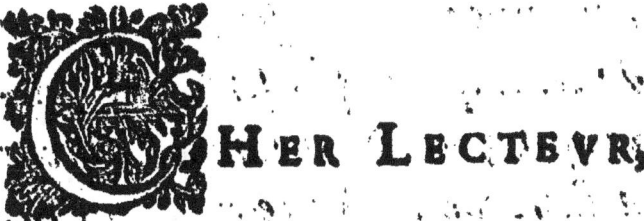HER LECTEVR,

Ie te veux informer de mon liure, pour ne te donner pas la peine de le lire s'il n'est selon ton humeur; car ie ne suis point du nombre de ceux qui croyent que leurs ouurages doiuent contenter toutes sortes de personnes. Ainsi que tous les hommes ne m'a-

AV LECTEVR.

gréent pas, ie m'attens bien de n'agréer pas à tous les hommes; mais ie suis iuste en ce poinct, que mon dégoust me fait trouuer celuy des autres fort supportable. Deux genres d'Escriuains occupent maintenant toutes les Imprimeries, & font l'entretien de ceux qui se plaisent à la nouueauté; dont les uns s'efforcent à faire voir tout ce que peut inuenter l'Imagination, & les autres à estaler toutes les richesses de la Memoire. Les premiers sont les Poëtes, & les faiseurs de Romans qui les ayans voulu imiter en Prose, ont du moins fait ce bien aux lettres qu'ils leur ont trouué une place dedans le cabinet des

AV LECTEVR.

Dames; les autres sont ceux qui pour se mettre en estime parmy les gens de sçauoir, trauaillent sur les langues, sur les opinions des premiers doctes, touchant les plus grandes difficultés des Sciences, sur l'éclaircissement, des passages obscurs des liures anciens, par la conference d'autres passages, & nous donnent des lieux communs dessus toutes sortes de matieres. Ie n'accuseray pas ces personnes-là d'auoir manqué de ceste faculté de l'ame qu'on appelle Iugement, mais bien de ne l'auoir pas employée comme ils eussent peu. Et puisque ie te declare si hardiment les sentimens que i'ay là dessus ; ie veux bien aussi que tu sçaches

ã iij

AV LECTEVR.

que ie prefereray tousiours les suiets où il y aura de l'exercice pour le Iugement, à ceux où il faudroit des efforts d'Imagination & de Memoire. L'ouurage que ie t'offre est de ceste nature là, si ie ne me trompe; il n'a rien de la mode, mais il tient quelque chose de ceux des anciens qui ne se proposoient que de la realité & de l'vtilité; & i'ay mieux aimé en les imitant hazarder ma reputation, que participer à la gloire que meritent les plus habiles de nos modernes. Ie n'ay iamais regardé à combien, mais à qui ie deuois plaire; l'approbation de trois de l'élite me contente dauantage que de trois mille de la troupe, & ma

PREFACE.

EVX qui ont fait voir à l'Homme qu'il estoit l'hymenée des choses spirituelles & des corporelles, l'ont bien obligé en luy découurant son essence, à mener vne vie qui ne dérogeast point à la noblesse de sa condition: & certainement, puisque l'ame des plantes & celle des bestes ne sont en luy que les seruantes de son ame raisonnable, il ne doit pas ainsi que les plantes se tenir tousiours attaché à la terre, ou comme les bestes y tourner la teste incessamment. Il faut donner à ce feu diuin qu'il porte au sein, des matieres pures

PREFACE.

pour l'entretenir, de mesme qu'on faisoit à celuy de la Deesse Vesta: non qu'il soit à craindre qu'il s'éteigne, puis qu'il est immortel; mais afin de luy faire ietter de belles flames, & que sa lumiere ne demeure pas ensevelie dedans vne espaisse fumée. Les Pythagoriciens auoient accoustumé de dresser des tombeaux à ceux qui abandonnoient leur secte, comme s'ils eussent esté desia au nombre des morts: & Seneque dit en quelqu'vne de ses Epistres que *l'oisiueté sans lettres est vne mort, & la sepulture d'vn homme viuant*. Par là, ces grands personnages ont voulu declarer que la vie de l'homme estoit double, l'esprit ayant la sienne separée de celle du corps: & puisque la vie n'est autre chose que l'exercice de la faculté de quoy que ce soit, &

Origene contre Celse, liure 3.

En l'Epistre 62.

AV LECTEVR.

seule vanité seroit de pouuoir baisser la teste à la façon des espics qui sont plus meurs & plus chargés de grains que les autres. Delà tu iugeras facilement que mon stile ne doit sentir ny l'austerité des doctes, ny la mignardise des Escriuains fabuleux: & en effet ie n'y ay peu souffrir ny de la crasse ny du fard, & n'ay point voulu que le discours de mon Honneste homme eust d'autre beauté que celle qu'on void sur le visage des honnestes femmes quand elles sont belles, qui prouient de leur santé. Si tu te contentes de cela, ie ne te mescontenteray pas: sinon ie te dispense de bon cœur de lire mon liure. Mais quand tu le re-

ã iiij

AV LECTEVR

buteras, ie te supplie de ne t'en prendre pas à moy, si tu n'es point du nombre de ceux que i'ay eu intention de seruir.

PREFACE.

son action autour de l'objet qui luy est approprié & ordonné; ils ont voulu monstrer qu'vn homme ne viuoit pas, dont l'esprit languissoit inutilement dedans le corps. Et de mesme qu'on dit que ceste partie-là du corps est morte qui ne reçoit plus de nourriture; ils n'ont pas estimé aussi qu'vn esprit fust en vie, qui ne s'entretient point des viandes qui luy sont conuenables, à sçauoir de la Science & de la Vertu. Ie les ay accouplées, pource qu'à mon iugement l'esprit ayant l'vne sans l'autre peut viure, mais il ne mene qu'vne vie qui est imparfaite: Et c'est vne pensée que ie dois à Pline, & qu'il a couchée dans la plainte qu'il fait des esprits lasches de son temps. *Ces Sciences*, dit-il, *qu'on appelloit libérales pour les biens qu'elles causoient, ont changé de condi-* En la Preface du 14. liure de son Histoire naturelle.

tion; elles sont devenuës serviles, & on ne les employe plus qu'à des choses qui sont honteuses. Celui-cy s'en sert à adorer les uns, & celuy-là tout de mesme à quelque autre action basse & abiecte; s'accordans tous en ce poinct, que leurs vœux & leurs esperances ne tendent qu'à des richesses. Iusques là, qu'il se trouue d'excellens esprits qui s'occupent plus soigneusement à entretenir le mal qu'ils voyent aux autres, que le bien qui est en eux-mesmes: De sorte que nous pouuons dire que la Volupté a commencé à viure, & que la vraye Vie est morte.

Aprés ceste verité reconnuë, il ne nous est pas permis de douter que la Vertu ne soit à la Science, ce que la forme est à la matiere, ce que la lumiere est aux choses illuminées, & ce que l'ame est au corps; & pource que ces deux pieces meritent qu'on les considere separé-

PREFACE.

ment, nous ne rapporterons en ceste premiere Partie de nostre œuure, que ce qui concerne la Science.

Il y a donc, comme chacun sçait, vne double maniere de traiter les Sciences, l'vne Theorique ou Speculatiue, & l'autre Practique, & qui se reduit à l'action & à l'œuure: la premiere ne vise qu'à détacher l'Entendement humain de nos sens corporels, & l'autre ne tasche qu'à l'y conioindre, & à tenir tousiours vnies les puissances Intellectuelles, & les Organiques. C'a esté le desir de connoistre exactement toutes choses, qui a poussé les hommes à les considerer ainsi de diuers biais: mais il est arriué de là, que les Sciences se sont renduës contentieuses & contredisantes; & que les speculatiues particulierement

PREFACE.

tion; elles sont devenuës serviles, & on ne les employe plus qu'à des choses qui sont honteuses. Celui-cy s'en sert à adorer les uns, & celuy-là tout de mesme à quelque autre action basse & abiecte; s'accordans tous en ce poinct, que leurs vœux & leurs esperances ne tendent qu'à des richesses. Iusques là, qu'il se trouue d'excellens esprits qui s'occupent plus soigneusement à entretenir le mal qu'ils voyent aux autres, que le bien qui est en eux-mesmes. De sorte que nous pouuons dire que la Volupté a commencé à viure, & que la vraye Vie est morte.

Aprés ceste verité reconnuë, il ne nous est pas permis de douter que la Vertu ne soit à la Science, ce que la forme est à la matiere, ce que la lumiere est aux choses illuminées, & ce que l'ame est au corps; & pource que ces deux pieces meritent qu'on les considere separé-

PREFACE.

ment, nous ne rapporterons en ceste premiere Partie de nostre œuure, que ce qui concerne la Science.

Il y a donc, comme chacun sçait, vne double maniere de traiter les Sciences, l'vne Theorique ou Speculatiue, & l'autre Practique, & qui se reduit à l'action & à l'œuure: la premiere ne vise qu'à détacher l'Entendement humain de nos sens corporels, & l'autre ne tasche qu'à l'y conioindre, & à tenir tousiours vnies les puissances Intellectuelles, & les Organiques. C'a esté le desir de connoistre exactement toutes choses, qui a poussé les hommes à les considerer ainsi de diuers biais: mais il est arriué de là, que les Sciences se sont renduës contentieuses & contredisantes; & que les speculatiues particulierement

PREFACE

se sont amusées à beaucoup de choses inutiles. Car comme l'Entendement, inquiet de sa nature, s'est veu dedans vn champ vague & spatieux, il s'est promené tout à l'entour des objets, afin de les contempler selon sa maniere d'operer spirituelle : & separant tantost la forme de sa matiere, tantost les parties de leur tout, puis les rejoignant pour voir le rapport des vnes aux autres, & afin de connoistre la nature de l'vnion, il s'est instruit de plusieurs choses qui sont belles, mais qui seruent peu, ou point du tout à la vie.

Or ceux qui se sont laissés mener aux Sens ont debatu beaucoup de choses aux hommes speculatifs: n'estimans pas que les rapports des Sens fussent peu considerables, puis qu'ils ont esté donnés à l'En-

PREFACE.

tendement pour entremetteurs de ses Sciences. Et certes, combien qu'il soit veritable que la Raison les r'adresse en plusieurs occasions, où ils s'égareroient si elle ne leur seruoit de guide : on ne peut nier toutesfois qu'elle ne leur soit obligée de ceste connoissance, en quoy elle excelle par dessus eux. Car, pour exemple, quand vne tour quarrée, dont nous sommes éloignés, semble ronde à l'œil, & que la Raison en doute, c'est que l'œil l'a instruite en vne autre rencontre, & luy a découuert que les angles se perdás en vne longüe estenduë de l'air, ce qui est quarré apparoist sous vne forme circulaire. Mais lors qu'il est question de iuger d'vne chose qui n'est point au delà de l'estenduë ny du pouuoir des Sens ; la Raison n'a point de

PREFACE.

droit de leur contredire ce qu'ils en rapportent. Anaxagore disoit que la neige est noire, pource qu'elle est telle que ce dont elle est formée, & que l'eau dont elle est formée est noire; croirons-nous pourtant à ceste induction de la Raison, mal-gré la conuiction de tous les yeux qui la trouuent blanche?

Ie n'allegueray que cela pour la contradiction des Sciences, mais ie desire m'arrester particulierement sur l'inutilité de beaucoup de leurs contemplations, à cause que c'est par là qu'elles ont semblé obscures à quelques-vns, & ridicules à d'autres. Euclide ayant prouué, Que les deux costés d'vn Triangle estoient plus grands que le troisiéme, Zenon se mocqua de ce qu'il s'estoit mis en peine d'en faire

PREFACE.

faire la demonſtration. C'eſt vne verité, diſoit-il, qui n'eſt pas meſmes ignorée d'vn cheual, puiſqu'il va tout droit à ſon auoine ſans faire deux lignes. En effet tous les yeux eſtans d'accord que la ligne droitte eſt la moindre eſtendue qui puiſſe eſtre entre deux points ; ne ſuffit-il pas de le connoiſtre pour ſçauoir que ſi cette ligne ſert de coſté à vn Triangle, il faut que les deux autres ſoyent plus grandes? Or comme Zenon a fait ceſte remarque en la Geometrie, ſi ie courois par toutes les Sciences, ie ferois voir que l'on y agite vn nombre preſque infiny de queſtions inutiles deſſus toutes ſortes de ſujets : mais pource que ie me rendrois reprehenſible de la faute que ie condamne, ie m'arreſteray ſeulement aux connoiſſances conuena-

é

PREFACE.

bles à vn Honneste homme, pour declarer comme il me semble qu'elles deuroient estre traittées.

La Grece ne sçauoit point deuant Socrate sous quelles regles il falloit viure pour meriter le tiltre d'Honneste homme, & l'on n'auoit encores veu que de foibles principes de la Science des bônes mœurs: Que s'il se trouuoit des Esprits qui eussent quelque teinture de la Sagesse, c'estoit moins par leur estude que par le bon heur de leur naissance. Le Genie de ce Philosophe fut si puissant, ou pour mieux dire il s'attacha si fort à se connoistre, & les autres aussi, qu'il découurit tout le bien qu'vn homme est capable de faire naturellement, & iusqu'à quel degré d'excellence la vertu pouuoit éleuer son esprit. De façon que delaissant l'estude

PREFACE.

des autres parties de la Philosophie, comme de peu d'vsage pour la vie, il s'appliqua seulement à celle qui a pour obiet la reformation des mœurs, dont il establit plusieurs preceptes. Or il ne se contenta pas de faire voir de vaines images des Vertus, veu qu'il les anima par ses actions, & qu'il n'instruisit pas moins par ses beaux exemples que par l'efficace de ses paroles: si bien qu'on peut dire que la Philosophie Morale, ainsi que les Deïtez des anciens, se trouua au point de sa perfection dés celuy de sa naissance. Auec cela elle fit parestre sa puissance en mesme temps; & l'on en vid des effets qui tenoyent du prodige & du miracle. Par la force de ses persuasions le ieune Phedon se rendit illustre d'infame qu'il estoit; Platon es-

é ij

PREFACE.

changea sa Poësie, aussi bien que Phedre son Oratoire, & Menon ses Sophisteries en vne Philosophie solide ; Alcibiade se mit au chemin de la Science ; Xenophon en celuy de la gloire ; bref il sortit vn essein de braues gens de l'escole de Socrate.

Apres sa mort, Platon qui luy succeda n'enseigna pas cette Science de la mesme sorte qu'il l'auoit apprise de son maistre : il voulut s'éleuer plus haut, & s'adonnant aux contemplations, tout ce qu'il proposoit à faire il le rendoit presque infaisable. Il espuroit tellement les choses qu'il estoit impossible de les mettre en vsage, voire il formoit des Idées si excellentes qu'il ne se trouuoit point de matiere sur laquelle on les pust mouler. Car il consideroit toutes choses

PREFACE.

par abstraction, & hors de leur suiet, ainsi que les Mathematiciens font leurs figures, dont les principes, à sçauoir le point, la ligne, & la superficie n'ont aucune subsistance que dedans l'imagination. Par ce moyen la Philosophie Morale deuint sterile pour quelque temps : & à cause que Socrate n'en auoit pas laissé la Science escrite dedans des liures, mais seulement imprimée en l'esprit de ses disciples, si par bon-heur Aristote n'en eust eu soin par apres, ie ne tiens pas qu'elle fust venue iusqu'à nous, accompagnée de ses Vertus, qu'il nous a representées auec de si rares beautez. Il ne se contenta pas neantmoins de les dépeindre, estimant que *c'est vne chose presqu'inutile, d'auoir connoissance de la Vertu, & d'ignorer les moyens de l'acquerir.* Car nous

PREFACE.

ne deuons point buter simplement à sçauoir ce que c'est, (disoit-il) *mais il faut que nous la recherchions auec intention de la posseder. Nous desirons en effet & la connoistre & nous y conformer entierement: ce qui nous seroit du tout impossible si nous ne sçauions ce qui y sert, & comment il s'en faut seruir.*

Ayant doncques estably la pratique de la Vertu pour fin de la Science, il se proposa de trauailler en sorte que la Science fust vne parfaitte disposition à la Vertu; & comme il s'estudioit tousiours à mettre de l'ordre en ses œuures, à fin que ceux qui les verroient receussent plus facilement ses enseignemens, pource qu'il pretendoit fonder par la doctrine Morale, & la Politique, la felicité des particuliers, & du general; il se rendit tres-exact en l'ordre & en la distribu-

PREFACE.

tion de ses maximes. Or ce qu'il fit pour l'Action, il le fit encor auec action: & iusqu'à ce que pour le grand nombre de ses auditeurs il se veid contraint d'enseigner assis, il publia sa doctrine en se promenant dans le Lycée. On ne sçait s'il prit cette coustume, pour auoir fait ainsi des leçons au grand Alexandre, ou si par le mouuement de son corps il vouloit donner plus d'agitation à son esprit, & c'est vn doute que ie laisseray decider à des gens qui s'occupent de peu de chose. Il me suffit que cela me serue pour passer au sujet dont ie me hazarde d'entretenir le monde: & ie diray que pour l'auoir conceu en me promenant, & auec le mesme dessein qu'auoit Aristote, de reconnoistre les moyens d'acquerir la Vertu, & de posseder à iuste titre

PREFACE.
la qualité d'Honneste homme, ie luy ay donné le nom de Lycée, & l'ay diuisé en Promenades selon la diuersité des matieres.

Parauanture n'en seray-ie pas creu : mais ayant opinion que nous ne possedons rien que nous ne soyons obligez de rapporter à l'vtilité du public, c'est le seul motif qui m'a poussé à luy faire present de cét ouurage, & non pas aucun desir d'en acquerir de l'estime & de la reputation. Si ie n'apprehendois qu'on m'imputast à vanité la protestation que ie ferois d'en estre ennemy, ie dirois que cette pensée se presente assez souuent à mon esprit, *Que tenant de Dieu tout ce que i'ay, ce seroit me glorifier de ce qui n'est pas à moy, si ie me glorifiois de quelque chose.* I'ay doncques pensé au seruice des autres, sans songer à

PREFACE.

aucun gain de gloire, pour laquelle ie n'auray iamais de pretentions: & il sera bien facile de iuger par le peu d'ornement que i'ay apporté à ce que ie dis, que mon intention principale a esté de me faire entendre. Il est vray que quand ie serois eloquent, ie ne l'aurois pas deu paresstre en cette sorte d'ouurage, qui n'estant ny Dialogue, ny Declamation, doit estre traitté auec vn stile qui ne soit ny bas ny pompeux, mais propre aux conuersations serieuses, & où l'on tasche de s'instruire l'vn l'autre. Ie ne veux point toutesfois me defendre auant que ie sois accusé, & mesme ie passeray condamnation apres la censure du public. Car ayant assez fauorablement accueilly mes premieres œuures, c'est luy qui m'a fait naistre l'enuie de luy consacrer celle-cy

PREFACE.

sous l'esperance qu'il n'en seroit pas moins satisfait. Que si le mesme bon-heur m'arriue, ie trauailleray tres-volontiers à la seconde, & à la troisiesme partie. Sinon ie ne luy donneray que la peine de voir celle-cy ; ou bien si quelqu'vn m'est assez amy pour m'aduertir des imperfections qui y sont, ie m'efforceray de faire en sorte que la suite soit exempte des taches que l'on y aura remarquées.

Priuilege du Roy.

LOVIS par la grace de Dieu Roy de France & de Nauarre, A nos amez & feaux Conseillers les gens tenans nos Cours de Parlement, Maistres des Requestes ordinaires de nostre Hostel, Baillifs, Seneschaux, Preuosts, leurs Lieutenans, & tous autres de nos Iuges qu'il appartiendra, Salut: Nostre tres-cher & bien amé le sieur Bardin nous a fait remonstrer qu'il a composé depuis peu vn liure intitulé *Le Lycée, où en plusieurs promenades il est traitté des Connoissances, des Actions, & des Plaisirs d'vn honneste hôme. Premiere Partie.* Lequel liure il desireroit faire imprimer s'il nous plaisoit luy accorder sur ce nos Lettres necessaires, humblement nous requerant icelles. A ces causes, desirant fauorablement traitter ledit exposant: Nous luy auons permis & permettons par ces presentes de faire imprimer, vendre & distribuer par tous les lieux & terres de nostre obeïssance, par tel Imprimeur, en telle marge, & autant de fois que bon luy semblera, la *Premiere Partie* dudit liure par luy composé, pendant l'espace de six ans, à compter du iour quelle sera acheuée d'imprimer pour la premiere fois. Faisant expresses defenses à tous Imprimeurs, Libraires, & autres personnes de quelque qualité & condition qu'elles soient, autres que ceux que ledit Bardin aura choisis, d'imprimer ny exposer en vente en aucun endroit de nostre Royaume aucuns exemplaires contrefaits dudit liure, sous pretexte d'augmentation, correction, ou autrement en quelque sorte & maniere que ce soit, à peine de trois mil liures d'amende, applicables vn tiers à Nous, vn tiers à l'Hostel Dieu de Paris, & l'autre tiers audit exposant, & de tous despens, dommages & interests. A condition qu'il sera mis deux exemplaires reliez dudit liure en nostre Bibliotheque publique, auant que de les exposer en vente. Si vous mandons que vous faciez iouïr & vser plainement & paisiblement ledit Bardin, & ceux qui auront charge de luy, du contenu au present priuilege: duquel mettant au commencement ou à la fin dudit liure vn bref extraict, Nous voulons qu'il soit tenu pour deuëment signifié, & que foy y soit adioustée comme au present original. Mandons en outre au premier nostre Huissier ou Sergent sur ce requis, de faire pour l'execution des presentes tous exploits necessaires, sans demander autre permission. Car tel est nostre plaisir, nonobstant oppositions ou appellations quelconques, clameur de Haro, Chartre Normande, Coustume de Paris, & lettres à ce contraires. Donné à Mets le 7. iour de Ianuier l'an de grace 1632. & de nostre regne le vingt-deuxiesme. Signé, Par le Roy en son Conseil. VIGNERON. Et seellé sur simple queuë du grand seel en cire iaune.

LEDIT sieur Bardin a transporté ledit Priuilege à Iean Camusat Marchand Libraire Iuré en l'Vniuersité de Paris, pour en iouyr par ledit Camusat durant le temps porté par iceluy; comme il se void par l'accord fait entr'eux le 24. Ianuier 1632.

Acheué d'imprimer pour la premiere fois le 16. Feurier 1632.

LE LYCEE.

I. PROMENADE.

En quoy consiste l'honnesteté.

Vous auez raison, Timandre, de vouloir serieusement employer ce repos où vous estes maintenant: & i'ose mesme dire que quand vous seriez fort occupé, il y a peu de personnes qui vous blasmassent d'interrompre vos soins pour le sujet dont vous desirez vous entretenir. Ceste pensée qui vous trauaille il y a si long-

A

temps ne pouuoit s'éclorre en vne saison plus fauorable : la terre pousse ses fruits au dehors, les animaux la peuplent de nouueaux habitans, nous ne respirons plus qu'vn air plein d'odeurs, le Soleil nous enuoye plus de lumiere que cy-deuant, bref le sein de la Nature s'est ouuert, & en mesme temps vous voulez que vostre esprit fasse vne production que chacun aduouë estre d'vn honneste homme. Auec cela vous ne sçauriez estre en lieu plus propre pour cét effect: quoy que l'on veid croistre heureusement les arbres de l'Academie d'Athenes sous la faueur de ces grands Genies de la Sagesse que Platon y attiroit; &, comme il est croyable, bien qu'il n'y eust rien que de merueilleux à voir en celle de Ciceron, puis qu'elle estoit visi-

I. Promenade.

tée souuent par les Dieux de la police du monde, deuant lesquels rien ne pouuoit estre en desordre; si est-ce qu'on ne remarquoit point en ces lieux-là tant de beautés qu'il y en a dans l'enceinte de ceste maison; où ces viues & claires eaux, ces sombres & fraisches allées, & ces arbres que l'Art a fait faire à la Nature, font douter à ceux qui y viennent, si c'est point quelque palais enchanté. Que si les Imperatrices d'Orient vouloient qu'on receust leurs enfans sortans de leur ventre, dans vn drap de pourpre, dont ils furent nommés Porphyrogenites: ou bien comme tiennent quelques-vns, faisoient leur accouchement en vne maison de Constantinople toute tenduë de pourpre & magnifiquement ornée, afin qu'à leur naissance ces pe-

Constantin Manasses en ses Annales.

tits Princes n'eussent rien autour d'eux qui fust indigne de leur condition: Puisque vous voulez produire quelque chose de plus grand qu'vn Empereur, il falloit bien que ce fust en lieu sortable à ceste naissance; ainsi qu'il auint à Rhodes le iour que Pallas y nasquit; ou, comme disent les Poëtes, Iupiter qui la mit hors de son ceruеau, fit tomber vne pluye dorée. Mais il faut confesser, Timandre, que vous manquez en ceste occasion d'vne personne qui vous serue de Sagefemme, de mesme que Socrate en faisoit l'office aux ieunes gens de la Grece, & qui dans les nobles trauaux de vostre ame, ait assez d'adresse pour luy faire mettre au iour vne si souhaitable geniture. Vous ne deuez pas toutesfois desesperer du succés d'vne entreprise si glo-

Pindare Ode 7. des Olympiques. Claudian, &c.

Platon au Theetete.

rieufe : Quand vne ame forte s'excite au bien, elle est capable d'éclorre ce que des esprits lasches ne sçauroient auoir conceu. Il est veritable que ce sont les seules mains de la Nature qui rendent les hommes beaux; que c'est de la grandeur de leur race qu'ils se qualifient nobles; & qu'ils ne sçauroient auoir de richesses ny de charges, si la Fortune leur refuse ses faueurs : mais quant à se faire honnestes gens; on ne sçauroit dire qu'il soit en la puissance d'autre chose que de leur propre industrie. Or si de toutes les sciences (comme disoit Isocrate) on en apprend beaucoup, poureu qu'on soit desireux d'apprendre, certainement il ne faut pas douter qu'apres vn si grand desir de paruenir à la connoissance des parties necessaires pour former vn

A iij

honneste homme, vous ne vous en rendiez la science si familiere, qu'elle vous découurira tous ses secrets, & vous déuoilera la pluspart de ses mysteres. Cependant, il n'y a rien de plus necessaire en la conduite de la vie: & ie ne craindray point de dire que ceux qui sont priués de ceste connoissance sçauent si peu l'vsage des choses, qu'il ne leur arriue que trop souuent de conuertir le bien en mal. Car quand ils auroient tous ces aduantages que i'ay dit que la Nature, la Naissance, & la Fortune donnoient aux hommes; s'ils manquent d'Honnesteté, leur beauté se souillera de plusieurs vices, leur noblesse s'auilira, & leurs richesses & leurs charges ne leur seruiront qu'à faire d'autant plus d'outrages aux autres. Aussi, comme Socrate

Ciceron au liure 3. des questions Tusculanes.

eust fait vn iour reconnoistre cette verité à Alcibiade, & luy eust prouué que nonobstant qu'il fust né de bon lieu, puis qu'il n'auoit pas les qualités qui font les hommes honnestes gens, il ne differoit en rien d'vn porte-faix; il témoigna bien par ses larmes le déplaisir qu'il en ressentoit, & supplia ce Philosophe de le rendre vertueux, & de purifier son ame de toutes les soüillures qu'il y auoit apperceües. Disons en passant, Timandre, que ce n'estoit point par foiblesse qu'il iettoit ainsi des larmes : nous ferions tort à la memoire d'vn esprit si resolu, si nous estions en ceste croyance; mais asseurons-nous que ce fut vn dépit genereux qui le picqua lors qu'il s'apperceut de ses defauts, & qu'il en ressentit vne douleur tres-amere. Puisque l'hor-

A iiij

reur des tenebres nous sert à descouurir combien la presence du Soleil est souhaitable, les vices de ce ieune homme exposés à sa veuë luy firent bien iuger que si ce qui leur est contraire eust esté en leur place, il eust facilement acquis l'estime & l'amitié de tout le monde; & c'est ce qu'il desiroit impatiemment. Car combien qu'il fust le plus beau que la Grece eust veu de long-temps, il reconnut bien toutesfois que les traits de son visage n'égaloient point les graces & les ornemens que la Vertu qui fait l'homme, honneste homme, luy pouuoit donner. Et en effect, si la Beauté, selon Socrate, est vne tyrannie de peu de durée; n'est-il pas véritable aussi que la Vertu est vne Royauté bien establie? Si Platon a dit que celle-là estoit vn priuilege

Diog. Laert. en la vie d'Aristote.

de Nature; ne peut-on pas dire que celle-cy est la plus rare, & la plus excellente pipce de son thresor? Si Aristote parloit de l'vne comme d'vn don de la forme à la matiere, l'autre n'est-elle pas l'intelligence motrice de la plus belle de toutes les formes? Si Diogene tenoit qu'estre beau, valoit autant que d'auoir des lettres de faueur; y a-t'il esprit tant aueuglé qui ne sçache que la Vertu a le visage de tres-agreable rencontre? En fin Theophraste reconnut autresfois que la Beauté estoit vne tromperie couuerte, & Theocrite, vn mal bien elabouré; là où nous pouuons dire que la Vertu est la moins fascheuse & la plus fidele compagne qui se trouue, & que c'est vn bien si vniuersel, qu'il s'estend de ceux qui le possedent, à ceux-là qui ne le connoissent pas. Il y auroit bien eu doncques dequoy s'estonner, si apres la viue representation que fit ce sage Philosophe, de ceste Vertu dont la possession pouuoit rendre Alcibiade honneste homme, il n'eust senty son cœur touché d'vne passion extréme de l'acquerir: Et vous mesme vous seruiriez fort mal de vostre raison, si vous ne la cherissiez comme vous faites. Vous vous priueriez à dire le vray de la plus belle fin à quoy la Nature vous ait destiné; car elle n'a point mis dans vostre esprit tant de semences de Vertu qu'à dessein de vous obliger à les cultiuer, pour en produire des fruicts vtiles à tout le monde. Ie dis vtiles, puisque l'honneste homme, comme dit Ciceron, *merite mieux le nom de Roy que Tarquin, qui ne peût gouuerner les siens ny soy-mes-*

Au liure 3. des Fins.

I. PROMENADE.

me; doit estre à plus iuste titre nommé le Maistre du peuple, (car tel est le Dictateur) que Sylla qui se rendit signalé par trois vices pernicieux, la luxure, l'auarice, & la cruauté; & plustost estimé riche que Crassus, qui n'eust iamais porté ses armes au delà de l'Euphrate s'il n'eust esté necessiteux. On peut dire à bon droict que toutes choses luy appartiennent, puis qu'il sçait bien vser de toutes choses ; à bon droict l'appellera-t'on beau, dautant que les lineamens de l'esprit sont plus beaux que ceux du corps; seul libre, veu qu'il n'obeyt point aux violens appetits d'aucune mauuaise conuoitise ; & l'on ne dira iamais auec verité qu'il soit vaincu, puisque nonobstant qu'on le tint au corps, il sera tousiours impossible de mettre son esprit à la chaisne.

Mais ie m'apperçois à peu prés, Timandre, que vous voulez estre asseuré si l'on se peut faire honneste homme, & que vous doutez encor si la Vertu seroit point vn present que la Nature fist aux vns, & dont elle ne fut pas liberale à l'endroit des autres. Car les trois principales Sectes des Philosophes semblent n'estre pas absolument d'accord là dessus, ce qui me porte dés l'entrée de nos discours à vous en toucher quelque chose. Par les maximes generales des Academiciens, quand les ames sortent du Ciel pour se venir loger dedans les corps que la Nature leur prepare icy bas, elles sont riches de toutes sortes de Vertus, aussi bien que de *Au Menon.* toutes les sciences: & Platon dit en vn endroit que la Vertu est vn don *Au Dialogue de Protagoras.* des Dieux: & en vn autre lieu, il nous veut faire cōnoistre que l'hōme ne l'acquiert pas, dautāt qu'elle luy a esté inspirée. Il dit que sur le poinct que l'Vniuers deuoit estre peuplé, Epimethée & Promethée ayans eu le pouuoir des Dieux de former les animaux, & receu d'eux les forces, la beauté, & les autres biens qui leur estoient conuenables, Epimethée pria Promethée de luy permettre d'en faire la distribution. Et qu'apres auoir donné tout aux bestes, quand ce vint à l'homme il ne se trouua plus rien de reste pour luy departir, tellement qu'il demeura desarmé, nud, sans chaussure, & priué de toutes sortes de commodités. Or Promethée voyant la faute de celuy qui auoit fait le partage, il eut crainte qu'elle fust apperceuë des Dieux à ceste natiuité generale des animaux, & aussi qu'ils condamnassent l'homme à viure autant denué de toutes choses qu'il le seroit en venant au monde. Il s'en alla donc secretement dans la boutique de Vulcan & de Minerue, & il y déroba du feu celeste, (cela veut dire l'Art & la Vertu,) qu'il donna tout aussi tost à l'homme. Quant aux Stoïciens, ils disent que la Vertu est vne chose naturelle aux hommes : & que s'il leur arriue de s'en detraquer, ce n'est point d'eux-mesmes, mais par quelque persuasion estrangere. Vous connoissez bien maintenant qu'il y a du rapport entre ces deux opinions : mais celle des Peripateticiens combat l'vne & l'autre auec des raisons qu'Aristote leur fournit, & qui sont grandement puissantes. Les choses, disent-ils, qui sont par Nature ne peuuent se démentir de ce qu'elles sont, & ny par force ny par

Diogene Laertien au liure 7.

Au liure 2. des Morales, chap. 1.

artifice on ne leur sçauroit oster ce que la Nature leur a donné. Iettez des pierres en haut, renfermez l'air & le pressez en bas tant que vous voudrez, vous n'accoustumerez point les pierres à monter, ny l'air à descendre, ne pouuant perdre sa legereté naturelle. Cependant il est certain que de bons nous pouuons deuenir meschans, & de vicieux nous rendre honnestes gens, ce qui n'arriueroit point si auecques la naissance nous auiõs receu ou la Vertu ou le vice. Outre cela chacun sçait bien qu'aux choses que nous faisons de nature, il faut que la puissance d'agir precede nostre action, qui est tout le contraire de ce qui se void au faict des Vertus, puis qu'il est necessaire que les œuures precedent, & que par elles se forme l'habitude d'operer vertueusement. Et certes, comme disoit vn sainct Pere, *Si la Nature eust remply nos ames de la Vertu, le vice n'y eust iamais pû trouuer d'accés; tellement qu'on void bien qu'elle s'est contentée de nous en rendre susceptibles, ce qui fait que nous le sommes aussi du vice, à cause que ce qui est capable de receuoir vne chose, est pareillement disposé à receuoir son contraire.* Mais afin de ne vous rapporter pas tout ce qui se dit pour prouuer que ceste opinion est raisonnable, Quand celle de l'Academie de Platon, & celle du Portique des Stoïciens auroient lieu, il ne s'ensuiuroit pas que la Vertu ne se pust enseigner aux hommes. Car puisque les Platoniciens confessent, *Que quand les ames sont entrées dedans les corps, les raisons & les connoissances de toutes choses qui leur sont annexées & consubstantiées demeurent*

<small>S. Cyrille Alexandrin au liure 3. contre Iulian l'Apostat.</small>

<small>Iean Grammairien en la Preface du 1. liure de l'ame, d'Aristote.</small>

demeurent enseuelies dedans la matiere, comme feroit vne estincelle de feu dessous de la cendre. De sorte, continuent-ils, qu'il faut remuer la cendre, non pas pour former l'estincelle qui y est desia, mais afin de la faire paroistre. Ie puis dire la mesme chose des Vertus, qu'estans cachées, il faut trouuer vn moyen de les mettre en euidence; & à proprement parler, c'est ce que nous appellons Science ou Art, qui s'apprend auec l'aide des preceptes, & dont l'on forme peu à peu des habitudes. Pource qui est des Stoïciens, ils parlent plus resolutiuement, & tombent d'accord presque tous, au moins quant aux principaux, à sçauoir *Chrysippe*, *Cleanthes*, *Possidonius*, *& Hecaton*. Car ils tiennent que la *Vertu* se peut enseigner, & ils le prouuent de ce que de meschant on peut deuenir Honneste homme. Ç'a

Diogene Laertien en la vie de Zenon.

B

esté aussi le sentiment des premiers & des plus sages Legislateurs, autrement ils n'eussent pas establyrment ils n'eussent pas estably des disciplines pour la ieunesse, & ils n'en eussent point fait les regles conformes à la sorte de gouuernement auquel ils les vouloient accoustumer. Car encores que la Nature ne nous ait point donné la Vertu, elle ne nous a denié aucun moyen de l'obtenir. Elle n'a pas voulu la faire naistre dans son sein, mais ç'a esté afin que nous en communiquant les semences, nous la fissions germer dedans le nostre, & que nous l'y entretinsions & nous efforçassions de la perfectionner d'autant plus volontiers que nous l'aurions conceuë & engendrée de nous mesmes. Et c'est pourquoy non seulement elle y en a ietté les semences, ayant en outre fait glis-

I. PROMENADE. 19

ser dedans nous de certaines affections par le moyen desquelles nous luy donnons de l'accroissement, puisque *par la crainte, par le desir, & par la pudeur*, à ce que disoit vn Pythagoricien, *on s'aduance merueilleusement en la Vertu*, qui sont toutes affections naturelles. [Hippodame au liure de la Republique.]

Nous ne deuons pas donc, Timandre, nous reprocher de la temerité à nous mesmes pour le dessein que nous auons de former l'exemplaire & le patron d'vn Honneste homme ; principalement si nous nous gouuernons en ceste occasion de la sorte que ie me suis proposé. Car ie n'ay point resolu d'employer mes imaginations à la composition d'vn modele fantastique, & qui s'éuanouïroit en sortant de la pensée, pour ne pouuoir subsister dedans la nature des cho-

B ij

ses : ie veux faire vn Honneste homme reellement, & ie desire que ny la Raison ny l'vsage n'y trouuent rien à redire, si ce n'estoit parauanture quelqu'vn de ces vsages que le caprice des fols introduit, & que la Raison ne sçauroit nullement approuuer. On dit vn iour à Antigonus que toutes choses estoient honnestes aux Roys, & il respondit que cela estoit bon pour ceux qui commandoient à des barbares : ainsi peut-estre ne permettray-ie pas à mon Honneste homme toutes les choses qui sont receuës d'vn chacun, & auparauant que de les pratiquer ie voudray qu'il les examine. Pour regle principale ie luy proposeray les actions de ceux qui ont paru dessus les grands theatres du monde : & en luy representant ce que l'on a trou-

Plutarque en ses Apophtegmes.

ué de blasmable aux vns, ie n'oublieray pas à luy dire ce que chacun aura iugé de recommandable aux autres. Car s'il est vray que les premiers nous seruent d'vne glace, veu que dans les defauts d'autruy nous pouuons contempler les nostres; il est veritable aussi que les autres ressemblent à vne eau claire, qui ne nous les representant pas moins fidelement, nous donne d'abondant dequoy les effacer, & nous sert à rendre nos mœurs belles & agreables. Il n'y a personne en effet, qui refuse d'imiter ce qu'il trouue de loüable en vn autre : & l'on n'a point encor veu que la Raison eust autant de force que l'Exemple, pour induire les hommes à quelque haute entreprise. Non, que ie n'aduouë bien que l'imitation est seruile au commencement; mais par apres elle deuient vne emulation genereuse. Et de mesme que la vigne s'estant appuyée au tronc des arbres ne s'éleue pas seulement iusqu'à leurs branches, mais pousse encore les siennes plus haut que leur sommet; ainsi, de l'imitation l'on passe à la ressemblance; & de celle-cy, à l'excellence. Themistocle suiuant les traces de Miltiade, fit monter les Grecs à vne gloire plus eminente que celle où ils estoient paruenus sous la conduite de ce premier chef: Et Alexandre surpassa de beaucoup tous les Capitaines dont il lisoit si souuent les conseils & les gestes dans Homere, afin de se former dessus leur patron. C'est cela mesme à quoy nous deuons buter, Timandre, & ne nous contenter pas de faire comme ces copistes qui contrefaisans vn original trait apres trait, n'égalent iamais ceste grace que la main du premier maistre y a inspirée. Quand donc nous nous proposerós les belles actions des honnestes gens, il faudra qu'auec l'exacte diligence de les suiure nous ayons la hardiesse de les deuancer; voire mesme que ce soit auec vn tel effort, que s'il se peut nous nous rendions inimitables aux autres. Mais ne differons point dauantage d'accomplir des projets si releués; ne retenons point plus long-temps nos esperances en l'attente d'vn bien que nous pouuons posseder; & apres auoir formé l'idée d'vn Honneste homme, faites en sorte qu'on die que vous l'estes en effet.

Celuy qui a dit le premier que viure honnestement estoit viure selon la Nature, ne l'a pas peut-estre le premier pensé : pour moy, ie croy que c'est vne de ces connoissances que les Logiciens disent estre de soy aussi éuidentes à nostre entendement, que les couleurs le sont à nos yeux. Tous les esprits en sont tellement d'accord, qu'il n'y en a pas vn qui ne louë l'Honnesteté en quelque sujet qu'elle se rencontre; & ce consentement si vniuersel ne peut venir que de la Nature vniuerselle épanduë dans tous les particuliers. Aussi, quoy que les vicieux s'efforcent autant qu'ils peuuent d'estouffer en leur ame les loüables desirs que ceste Nature y a fait couler comme en toutes les autres, si est-ce que nous n'en auons pas encor veu vn seul d'vne volonté si déprauée, qui (ne se souciant pas d'estre Honneste homme) ne se soit efforcé de le paroistre. Et certes il faudroit auoir despoüillé l'humanité mesme pour en auoir de l'auersion, & ie diray encore qu'il faudroit estre vn monstre; veu qu'il n'y a point d'espece d'animal où l'on ne voye quelque trait de ce que l'on appelle Honneste. Car les vns ont de la pieté pour leurs parens, les autres de la charité pour leurs petits, ceux-cy sont reconnoissans des biens qu'on leur fait, la prudence reluit en plusieurs, quelques-vns ont non seulement de la vaillance, mais encor de la generosité, d'autres obseruent la iustice : & quoy qu'on puisse dire qu'ils ne font point tout cela par choix & deliberation, mais par vn instinct necessaire, du moins ne sçauroit-on nier que la Nature ait empreint la forme entiere de l'Honneste au genre des animaux déraisonnables, dont chaque espece a son honnesteté particuliere. Or quand tous les Sages nous asseurent que l'homme est vn recueil des vertus & des eminences de toutes les autres creatures, ils nous font bien connoistre que ceste Nature immense s'est restrecie dedans vn chacun de nous, & y a ramassé tout ce qu'elle auoit distribué d'honneste dans le reste des animaux. Mais il faut confesser, Timandre, qu'en cét âge où nous sommes, les vrayes parties en sont bien mutilées; & qu'on y en a supposé tant d'autres, que ce corps-là ne se remuë plus que sur des pieces estrageres. Toutesfois il n'y a point d'homme de bon sens qui ne iuge qu'entre ces supposées il y en a beaucoup de necessaires, & sans lesquelles l'ordre mesme que la Nature veut estre gardé parmy les hommes, seroit subjet à beaucoup de violence. Car representez-vous vn peu ce que ie vous ay dit autresfois, que pour remarquer la difference d'entre vne nature pure & celle qui est adulterée, il faudroit que deux ou trois hommes eussent esté nourris en vn lieu escarté de l'habitation de tous les autres, où neantmoins rien de ce qui est contenu dans la region celeste, & dans l'elementaire ne leur fust caché, mais aussi qu'ils n'eussent point d'autre connoissance que celle de la Physique. Croyez-vous pas que leurs mœurs seroient celles-là mesmes de l'Innocence ; & vn seul caractere de la loy que la propre main de Nature a graué dedans leur ame en pourroit-il estre effacé ? Si quelqu'vn leur venoit dire; Vous n'estes pas les seuls habitans de ce monde icy, il y a vn nombre presque infiny d'autres hommes qui vous ressemblent, mais ceste communauté de toutes choses qui est parmy vous ne se void point entre eux, & l'ambition de quelques-vns y a imposé la seruitude à tous les autres. Ils ont diuisé la terre en telle sorte que ceux-cy en ont beaucoup, & ceux-là n'en ont point du tout. Ils adorent vn Idole inuisible qu'ils appellent l'Honneur, & quoy qu'on ne sçache pas ce que c'est, ils ont soin d'éleuer de fortes & hautes murailles, & de creuser des fossés larges & profonds, afin de le conseruer là dedans, auec des armes qu'ils ont exquisement forgées pour tuer les hommes; & il y en a qui ne craignent point de hazarder leur vie pour leur emporter cét Honneur. Cét or que vous voyez deuant vos pieds n'eſt pas recherché par eux auec moins d'ardeur; pluſieurs meſme commettent des meurtres abominables pour le rauir à ceux qui en ont. Ils ſoumettent leur liberté à de certaines loix qu'ils ne ſçauroiët enfraindre ſans encourir quelque peine; ils ſe ſont preſcrit de l'ordre en leurs actions, de la regle en leurs geſtes, de la bien-ſeance en leurs habillemens, & iuſqu'à leurs démarches elles ſont ceremonieuſes. A voſtre aduis, en oyant ce diſcours, iugeroient-ils que ce ſeroient des hommes comme eux qui feroient toutes ces choſes ? Certainement ils auroient de la peine à le croire ; & neantmoins on leur perſuaderoit peu à peu que tout n'en seroit pas à rejetter. Quand on leur feroit considerer que la volonté des hommes estant libre, se porte aussi aisément au mal qu'au bien, ils conceuroient incontinent qu'il y a de l'apparence que quelques-vns d'entre eux se pourroient bien estre éloignés des droites intentions de la Nature, & que d'autres se conformans à leur exemple auroient pû faire naistre des coustumes vicieuses. De là ils viendroient à connoistre que l'institution des loix a esté fondée sur la necessité de contenir chacun en son deuoir; & mesmement, que l'inegalité qu'on void au partage des biens que la Nature a laissé en commun, nonobstant qu'elle ait esté introduite iniustement, se maintient auec Iustice. Ils accorderoient en suite qu'il est à propos de deferer beaucoup à la bienseance : & ils ne nieroient point que l'Honnesteté dans la vie sociale, ne doiue auoir vne plus grande estenduë qu'en la solitaire. Puis apres ils iugeroient bien que tout cela ne contreuiendroit en aucune façon aux desirs de la Nature; considerans qu'elle a donné la Raison aux hommes pour vn frein de leurs appetits, & de peur qu'ils s'emportassent dans les precipices, qui sont au delà de l'enceinte qu'elle a iugé contenir assez d'espace pour leurs plaisirs necessaires. A la fin mesme ils ne douteroient plus que si on les eust laissé sans restreindre leur puissance de quelques bornes, les plus forts n'auroient point craint de violenter les plus foibles, se soucians fort peu si leurs plaisirs seroient au dommage de tous les autres; & qu'ainsi la liberté commune auroit esté contrainte de ceder aux efforts d'vn petit nombre de meschans. Car en effet, Que Brutus soit sans ressentiment dans Rome; les Tarquins outrageront-ils pas la pudicité de toutes les honnestes femmes aussi bien que celle de Lucrece? Que Camillus n'assoupisse point les factions populaires; aura-t'il pas en vain éloigné de ses habitans le ioug des Gaulois, puis qu'il faudra le receuoir de Manlius? Que Ciceron n'arme point les loix contre Catilina; ceste Republique qui commandoit aux Roys de la terre, seruira-t'elle pas au plus scelerat de tous les hommes? Verra-t'on en fin autre chose que du desordre dans le monde, si les mauuais esprits n'y sont retenus par quelques brides, puisque pour iouïr de toutes les delices

Tite-Liue liure 1. Decade 1.

Plutarque en la vie de Camille.

Sallust. de la guerre de Catilina.

delices que leur fantaifie fe propofera, ils ne feront point de fcrupule comme i'ay dit, de ruiner les contentemens de leurs femblables, ny de rompre tous les facrés liens de la focieté publique? Vous voyez donc quelle difference il faut faire d'vn homme entant qu'homme, & de luy-mefme entant que né pour viure dans la compagnie de fes femblables : & vous connoiffez defia que felon cefte derniere confideration, beaucoup de chofes luy font neceffaires, dont il n'auroit pas befoin f'il luy falloit toufiours demeurer dans la folitude. Car en celle-cy nous n'auons à mefurer nos actions qu'à noftre bien particulier; là où pour mener vne vie ciuile, nous fommes obligés de les reduire aux regles de l'vtilité generale, iufqu'à nous priuer quelque-

fois de certains biens, & nous causer aussi des maux, sans que l'on puisse dire que nous nous soyons oubliés de la recommandation que la Nature nous a fait de nous mesmes. Au contraire ayant voulu que les parties fussent pour le tout, & non pas le tout pour les parties, elle nous a enioint expressément de nous défaire d'vn membre, lors qu'il peut causer la perte de tout le corps. Et non seulement elle nous a obligé d'en détourner le mal, mais encor d'en accroistre le bien par tous les moyens honorables dont nostre esprit se peut aduiser. Ce fut aussi pour ces considera-
Iustin liure 2. tions-là que le Roy Codrus alla au deuant de la mort, lors qu'il apprit de l'oracle que par ce moyen les Atheniens ses subjets remporteroient la victoire sur leurs enne-

mis: & tout de mesme Decius se déuoüa quand les Romains combatirent contre les Latins, pour donner par sa perte volontaire le salut à sa patrie. La tendresse paternelle crioit vn iour apres Manlius Torquatus, qu'il pardonnast à son fils qui venoit de donner bataille contre son commandement, & la victoire qu'il auoit gaignée ne l'en coniuroit pas moins: mais ces desirs du bien public ne peurent consentir que l'authorité d'vn general d'armée fust violée impunément, & que le desordre entrast en son camp par vne si notable bresche faite à la discipline militaire. C'estoit pourtant vne chose bien fascheuse, de se priuer de la sorte d'vn fils genereux; mais quoy, n'estoit-ce pas la mesme consideration qui auoit poussé Charondas à se don-

Valere le Grand liure 5. c. 6.

Tite-Liue liure 4. Decad. 1.

Valere le Grand liure 6. a. 5.

ner la mort, lors que retournant de la campagne, il entra sans y penser au conseil, ayant son espée au costé? Il l'auoit defendu auparauant sur peine de la teste; & alors il voulut signer ceste loy de son propre sang.

Mais vous me demandez icy Timandre, si l'Honnesteté s'est iamais fait voir à quelqu'vn qui en eust peu representer l'image aux autres, à cause que par les raisons que ie viens de rapporter, on ne peut rien inferer, sinon que la Nature nous en a fait connoistre quelque ombre, sans aucune distinction de parties. Et c'est vne chose certaine (me dites-vous) qu'elle estoit desia reconnuë chez les peuples où ces belles actions que nous auons remarquées en passant se sont faites; mais de gra-

ce qui leur en auoit donné la connoiſſance? Vne des plus fortes raiſons qu'auoient les Pyrrhoniens
pour douter qu'il y euſt quelque
choſe d'honneſte eſtoit que les
vns eſtabliſſoient l'honneſteté en
vne choſe & les autres en celle qui
luy eſtoit contraire, preuenus d'er-
reur, *ou par la force des loix & des cou-* *Diogene*
ſtumes, ou par de fabuleuſes perſuaſions, *Laettien en*
ou par des conuentions artificielles, ou par *la vie de*
des inductions dont les Philoſophes anti- *Pyrrhon.*
cipoient leur croyance. Ainſi diſoient-
ils, les Perſes peuuent ſans déroger
à l'honneſteté connoiſtre leurs
propres filles, ce qui eſt deteſtable
chez les Grecs; qui n'approuuent
pas meſmes la couſtume des Maſ-
ſagetes en la communauté de leurs
femmes; & qui puniſſent les vo-
leurs au contraire des Ciliciens,
chez qui le brigandage eſt vn me-

C iij

Plutarque aux dicts notables des Lacedemoniés.

stier ordinaire. *Si tu ne veux pas t'opiniastrer de combattre contre les Dieux*, escriuoit Xerxes à Leonidas, *& si tu te veux ioindre à mes troupes, ie te feray Roy de toute la Grece*: A quoy Leonidas fit ceste responce; *Si tu connoissois ce qui est Honneste en la vie tu t'abstiendrois de conuoiter ce qui appartient à autruy: & pour moy, ie prefereray tousiours l'honneur de mourir pour ma nation, à celuy d'en estre le Monarque absolu.*

Voila donc la question que vous me faites, & qu'à vous dire le vray ie ne trouue pas déraisonnable: car puisque l'Honnesteté est vne beauté spirituelle, nous auons besoin de certaines marques pour la reconnoistre, & pour n'y estre pas trompés. Neantmoins c'est vne chose asseurée que la Nature par le moyen de la Raison nous peut amener facilement à ceste reconnoissance : & si les Pyrrhoniens y eussent serieusement pensé, ils se fussent bien apperceuz qu'il y a des choses bonnes, & d'autres qui sont mauuaises, & ne les eussent iamais estimées generalement indifferentes. Mais ce sont des ennemis difficiles à ioindre, à cause qu'on ne peut où les trouuer : ils doutent de tout, & afin de ne rien asseurer, ils ne veulét pas mesme donner asseuráce de leurs doutes. C'est pourquoy ie ne me sçaurois arrester à eux, puis qu'ils n'attendent personne de pied ferme, & qu'à la maniere des Parthes ils ne combatent qu'en fuyant : mais afin de vous satisfaire, ie me seruiray de la resolution que Seneque a donnée dessus vostre mesme demande. Il pose pour fondement ce que les Stoï-

En l'Epistre 120.

ques disoient, qu'entre ce qui est Bon, & ce qui est Honneste, on ne sçauroit mettre aucune difference; d'où il infere que ny les richesses, ny la noblesse, ny la force ne doiuent point estre placées au rang des choses honnestes, puis qu'on les peut employer à des vsages pernicieux. Ciceron l'auoit soustenu deuant luy, par l'exemple de ce Philosophe lequel sortant tout nud de sa ville saccagée, se vantoit d'auoir tout son bien franc du pillage des ennemis: & il l'auoit aussi confirmé par les plus celebres actions des notables hommes de sa ville, ausquelles ils ne s'estoient point portés sur l'esperance d'acquerir des richesses, de paruenir à de hautes charges, ou de se procurer des plaisirs particuliers, mais seulement par le contentement

Au 1. Paradoxe.

I. PROMENADE.

qu'ils trouuoient à s'acquitter du deuoir d'vn Honneste homme. Doncques, ce dit Seneque, par la remarque des actions éclatantes, & par les frequentes conferences qu'on en a fait, l'entendement humain est paruenu à la connoissance de ce qui est bon & honneste. Car de mesme que par la santé & force du corps nous recueillons qu'il y a quelque santé & vigueur de l'ame; aussi par de certains traits d'Honnesteté qui ont attiré l'admiration d'vn chacun, on a creu qu'il y en auoit vne image toute entiere qui deuoit estre belle & admirable, ce que ie desire (à l'imitation de Seneque) vous faire toucher au doigt, par vn exemple qui ne vous déplaira pas. Les Romains ayans enuoyé Fabricius en Ambassade vers Pyrrhus, comme ce

Plutarque en la vie de Pyrrhus.

Roy sceut que c'estoit vn homme pauure, il s'imagina le pouuoir corrompre par des presens, si bien qu'apres luy auoir fait des caresses extraordinaires en particulier, il luy offrit vne grande somme d'or, feignant que c'estoit pour arres de l'amitié qu'il desiroit contracter auecques luy. Mais n'y ayant gaigné qu'vn refus, il commanda le lendemain à ses gens, pource que Fabricius n'auoit iamais veu d'Elephant, d'amener le plus grand des siens derriere la tapisserie lors qu'ils deuiseroient ensemble. Il croyoit l'espouuâter par ce moyen là : mais la tapisserie ayant esté tirée à vn signal, & l'elephant qui auoit sa trompe sur la teste de Fabricius ayant ietté vn cry tres-horrible, Fabricius n'en parut aucunement effrayé. Au contraire, se tournant tout doucement vers Pyrrhus, & en se souriant, *Sire*, luy dit-il, *ny vostre or ne m'estonna point hier, ny vostre Elephant auiourd'huy.* Certainement il n'y a personne qui n'admire en Fabricius, le mespris qu'il fit de l'amitié d'vn braue Roy, & de ses richesses, pour conseruer les apparences mesmes de la fidelité qu'il deuoit à son pays, & qui n'estime sa fermeté de courage au rencontre d'vn accident impreueu: & quand ie vous feray souuenir de pareilles actions, soit de luy, soit de ceux qui luy ont resemblé, ie m'attends bien que vous les estimerez si fort que vous desireriez les auoir faites vous mesme. C'est donc ainsi que par le rapport de plusieurs traits d'Honnesteté on est venu peu à peu à la reconnoistre toute entiere; & elle mesme n'auoit pas esté accomplie tout d'vn coup, pource qu'estant vne chose exquise, elle auoit besoin du trauail de beaucoup de personnes. Les actions des premiers hommes en ont esté les crayonnemens, ceux d'apres y ont couché les couleurs, & en fin il en est venu d'autres qui y ont adiousté ce hardy relief, & ces adoucissemens qui sont l'ame des portraits, & qui les rendent agreables. Ainsi que ie vous l'ay desia dit, on en trouue l'image dans les vies des personnages illustres, & dans les œuures des excellens esprits du passé; prenons donc langue d'eux Timandre, pour le dessein que nous auons premedité, & tirons-en ce qui est necessaire pour donner la vie à vn Honneste homme.

Diogene Laertien en sa vie.

Platon, qui a le premier de tous

definy la Nature de l'Honnesteté, luy assigne pour parties *ce qui est raisonnable, loüable, vtile, bien-seant & conuenable*; C'est tout ce qu'il a creu que la Nature approuuoit, & à quoy ne repugneroient point ceux qui sont tenus de sain iugement, & d'vne ame non preoccupée. En effet ceux qui sont venus depuis luy peuuent auoir changé ses paroles, mais ils n'en ont pas alteré le sens ; Ciceron mesme ne nous enseigne rien de plus, quoy que pour la bien reconnoistre il soit allé iusqu'à son origine, qu'il dit estre deriuée de quatre sources. La premiere à son rapport, est la connoissance de la verité, à laquelle nous incite la Nature, qui hait l'erreur & l'ignorance ; l'autre est la conseruatiõ de la societé des hommes, d'où procede la iustice com-

Au liure 1. des deuoirs.

mune; la troisiéme, ceste force d'esprit qui resiste à toute sorte d'iniures; & la derniere, cét ornement de la vie qu'on appelle Temperance, laquelle estant accompagnée de la Pudeur & de la Modestie, sçait ordonner auec tant d'adresse & de bien-seance toutes les actions des hommes, que c'est d'ordinaire par son moyen que l'on découure les honnestes gens.

Mais pour entrer dans vn denombrement plus particulier de ce que l'on appelle Honneste, il me semble qu'il est bon d'imiter les Geographes en la description qu'ils font de leurs chartes vniuerselles. Car pour y representer exactement toutes les villes du monde, ils les diuisent premierement d'vn costé en cinq Zones, & là dedans ils marquent les climats & les paralleles, puis ils tracent de l'autre cofté leurs Meridiens, & par apres ils décriuent les grands continens, les mers, les riuages, les ifles, les riuieres, les regions, & en fin ils placent les villes felon leurs longitude & latitude obferuées par les voyageurs. Ainfi, dif-ie, il eft à propos de diuifer premierement la vie des hommes en fes diuerfes efpeces; & apres en auoir veu les plus confiderables differences, il faudra porter noftre confideration iufqu'aux chofes les plus particulieres, pour y marquer celles que les Sages ont de tout temps eftimé conuenables à la vie d'vn Honnefte homme.

Il n'eft point croyable, Timandre, que les premiers Poëtes n'ayét eu vn autre deffein que d'entretenir les hommes de fotifes: leurs fables sont toutes serieuses au dedans, & l'ancienne Poësie n'est qu'vne mysterieuse couuerture des secrets de la Philosophie Morale. Entre leurs contes il n'y en a point de si notable que celuy du Iugement de Pâris, & pour le sujet qui le causa, & pour tout ce qui s'en est ensuiuy; aussi est-ce vn tableau de la condition de tous les hommes, veu qu'à chacune des trois Deesses qui debattoient de leur beauté, se rapporte vn des genres de la vie. Quand l'on considerera que Iunon est la sœur & la femme de Iupiter le souuerain arbitre de toutes choses, on ne doutera point qu'elle ne nous represente la vie Contemplatiue: & Minerue, quoy que sortie du cerueau du mesme Dieu, c'est à dire de sa pensée, ne laisse pas de nous figurer la vie Actiue,

puis

puis qu'il fallut que Vulcan, qui est le trauail, facilitaft sa naiffance. Elle est appellée Deeffe de la Prudence, laquelle Vertu ne confifte point en vne fpeculation inutile: c'eft pourquoy elle vint au monde auec des armes, c'est à dire appareillée à l'action; ainsi que la Choüette & le Dragon qui luy ont esté attribués le demonftrent encore, eftant neceffaire qu'vn hôme pour eftre prudent, soit accompagné de vigilance & de clair-voyance. Cefte confideration fait dire à vn autheur Latin, que cefte Deeffe n'eftoit point née d'vne femme, dautant que le fexe des femmes eft incapable de Prudence & deftitué de iugement: mais laiffons-le en colere contre les Dames, & tournons vn peu noftre veuë deffus Venus. Tous ces attraits dont elle efclate,

Martian en l'Hymne de Pallas.

ayant sceu mesler industrieusement l'artifice à ses graces naturelles, flaterent si bien les sens de Pâris, qu'il prefera sa beauté à celle des
deux autres Deesses. Ce fut le iugement qu'il en fit, dont Iupiter s'e-
stoit excusé, afin qu'on ne creût
point que par le choix de quelqu'vn de ces genres de vie, & par le
rebut des deux autres, il eust voulu
monstrer aux hommes que celuy-
là seul deuoit estre embrassé. Car
bien que leur liberté d'en élire vn
eux-mesmes n'eût pas esté empeschée : si est-ce qu'elle eust esté bien
fort ébranlée, par la puissante con-
sideratiō d'vn exemple de si grand
poids. Voila donc les trois manieres de viure à quoy se peuuent rapporter toutes les autres où chacun
des hommes s'applique : & ie ne
pense pas que celuy qui aspire à se

I. PROMENADE.

faire Honneste homme, demeure long-temps irresolu de celle qu'il se doit ordonner, pource qu'en effet il comprendra bien tost qu'il les faudra suiure toutes. Il est question seulement de regler si bien son commerce auec elles, que celle qui est de plus grande consideration ne se puisse offencer des diuertissemés qu'on se donnera dans la conuersation de ses inferieures; & il faut faire en sorte qu'elles se seruent, & secourent mutuellement, l'Action temperant l'austerité de la Contemplation, & la Volupté s'employant à effacer les rides de l'vne, & à nettoyer les sueurs de l'autre. Si i'auois à faire auec quelqu'vn des Stoïques, il se picqueroit sans doute de ce discours: ie veux bien pourtant qu'ils sçachent que ie n'entends pas liurer la

D ij

Vertu à la discretion de la Volupté, ny loger l'Honnesteté dedans vn corps remply de saletés & tout couuert de soüillures. Puisque le plaisir est vn don de Dieu, qui inspire à ses creatures des desirs de se ioindre à ce qui leur est conuenable, & fait couler en ceste liaison vn sentiment agreable, afin d'entretenir toutes choses dans cét vtile desir, mon intention n'est point qu'on abuse de ceste grace. Ie suis, tout au contraire, de l'aduis de Socrate, que la Temperance est la seule ouuriere des Voluptés, & que celuy qui se soumet à elles, au lieu de les soumettre à sa raison, ne perd pas seulement la qualité d'Honneste homme, mais encore celle d'homme. Epicure mesme qui fut grand maistre en la science de la Volupté, n'a pas creu qu'elle

Xenophon au liure 4. des dicts de Socrate.

deuft auoir la liberté de s'eftendre
où elle voudroit : *Mon opinion est* (dit Seneque parlant de luy) *que ses enseignemens sont sains, droits, & qu'auec cela tu les trouueras seueres si tu les consideres de prés.* Car il reduit la Volupté à peu de choses, & luy impose la mesme loy que nous prescriuons à la Vertu. Il luy commande d'obeïr à la Nature: Or ce qui suffit à la Nature n'est pas asses pour la dissolution. C'est pourquoy il auoit dit immediatement deuant, *Que la raison pour laquelle il estimoit la loüange de la Volupté pernicieuse, estoit que ses honnestes preceptes demeuroient cachés, & que ce qui pouuoit corrompre estoit à découuert*, à quoy les ieunes gens s'amusoient, comme font plusieurs auiourd'huy, qui enueloppent leurs ordures dans le voile de la Philosophie, & se seruent de sa robe pour aller à la des-

Seneque de la vie heureuſe, c. 1ȝ.

D iij

bauche. Quelques-vns aussi ont tenu qu'Epicure auoit mis le souuerain bien en la Volupté de l'esprit; & ceux qui asseurent qu'il l'establit en celle du corps, disent qu'il definit ce souuerain bien *vne rassise & constante habitude du corps*, ce qui ne conuient point aux voluptés qui l'éneruent. Mais ie pense bien que l'on me dira que comme la douleur n'est point mise au rang des choses deshonnestes, qu'ainsi la Volupté ne merite point celuy des honorables: à quoy il me suffira de respondre qu'il ne s'ensuit pas qu'elle ne doiue estre recherchée des honnestes gens, de mesme qu'on se trauaille bié pour la santé qui n'y doit estre non plus rangée. Et auec cela, Timandre, souuenez-vous que Platon accompagne l'Honnesteté, de ce qui est

Lact. de la fausse Sagesse, liu. 3. chap. 7.

Aulugelle liure 9. chap. 5.

I. PROMENADE. 55
vtile, & i'espere vous faire voir vn iour que la Volupté peut beaucoup seruir à l'homme, & qu'estant bien reglée elle ne luy sçauroit estre nuisible.

D'ailleurs, ie vous diray que m'estant arresté plusieurs fois à ceste maniere de parler, dont l'on se sert pour exprimer la grandeur des actions de quelqu'vn, *il s'est surmonté soy-mesme*, ie n'y ay trouué rien au delà de la croyance qu'il faut auoir de la possibilité des hommes: & vous ferez ie m'en asseure le mesme iugement, si vous considerez bien que nous sommes composés de deux parties dont l'vne est toute celeste & incorruptible; & l'autre corporelle, déraisonnable, & l'origine d'vn nombre infiny de passions. Car comme ceux qui logent tous leurs soins dans

D iiij

leurs entrailles, & ne les veulent pas éloigner d'autour de leurs sens, se mettent par ce moyen bien au dessous de la condition des hommes : l'on peut dire aussi que ceux qui haïssent si aspremét leur corps qu'ils en veulent sans cesse tenir leur ame détachée, & occupée apres des objets spirituels, sont plus qu'hômes. C'est donc à eux qu'est deuë ceste loüange, *ils se sont surmontés eux-mesmes.*

Or Timandre mon dessein n'est point de separer ces deux pieces que la Nature a estreintes d'vn si fort lien, ny de mettre l'vne tout à fait en oubly, pour n'auoir égard qu'aux interests de l'autre : ainsi que Solon interrogé s'il auoit donné aux Atheniens les meilleures loix dont il se seroit auisé, répondit qu'*Ouy de celles qu'ils eussent*

Plutarque en sa vie.

I. PROMENADE.

voulu recevoir, ainsi ne voudrois-ie pas propofer des regles de l'Honnefteté, qui ne peuffent eftre obferuées par tous les hommes. Le fecond Caton auoit les fentimens bons, mais il nuifoit quelquefois à l'Eftat parlant dans la lie de Romulus (ce difoit Ciceron) comme s'il euft vefcu en vne Republique de Platon : puifque i'ay à faire à ceux qui ont vn corps auffi bien qu'vne ame, ie croy deuoir reduire mes preceptes à vne forme qui puiffe eftre admife de tous les deux. Ie fçay bien que la feuerité de Zenon aura là deffus beaucoup de peine à retenir fa cenfure : mais a-t'il eu raifon de vouloir ofter au corps ce que la Nature luy a donné? Il aura s'il veut des loüanges de moy, pourueu qu'il fe foit rendu (comme il s'y eftudioit) infenfible

Ciceron, à Atticus.

aux aiguillons de toute sorte de conuoitises, inébranlable aux violens transports des ioyes promptes & demesurées, assez resolu pour ne s'épouuanter d'aucune frayeur, & pour ne froncer pas seulement le sourcil deuant tous les douloureux supplices dont les tyrans se faisoient craindre : si est-ce qu'ayant aduancé ses iours apres vne cheute, & par-auanture pour mettre fin à sa douleur, il ne me donne pas vn petit sujet de douter s'il luy est point aduenu comme à Pyrrhon. Car celui-cy ayant tousiours professé vne indifference de toutes choses, ne voulant donner aucune croyance à ses sentimens, comme il se fut émeu sur la menace d'vn chien qui le vouloit mordre, il confessa *qu'il y auoit tousiours de l'homme.* L'on ne me sçauroit per-

Diogene Laertien en la vie de Zenon.

Le mesme en celle de Pyrrhon.

suader qu'il n'y ait plus d'arrogance que de Sagesse à croire qu'vn homme se puisse défaire de ces appetits qui sont nés auec luy, & auec lesquels il a si longuement fraternisé; ie ne sçay mesme si c'est point vn projet à peu prés aussi ridicule que d'oster au feu sa legereté, & priuer les pierres de l'inclination qu'elles ont deuers le centre de la terre. Parlez à nos Medecins, Du cœur humain, & ils vous diront que c'est la source de la vie. Du foye, & ils vous monstreront que c'est le principal instrument de la faculté nutritiue, & la boutique du sang. De la vessie du fiel, & vous sçaurez aussi tost que c'est vn égoust necessaire pour rasseoir la bile iaune; que le foye en est échauffé, & preserué de pourriture, ayant encore plusieurs autres bons vsages. Et demandez-leur l'office de la ratte, puis ils vous feront connoistre que receuant par plusieurs arteres la chaleur du cœur, elle cuit le sang grossier qu'elle enuoye par de certains rameaux aux parties voisines pour leur nourriture, & qu'elle attire à soy l'humeur melancholique pour l'espandre dans le ventricule, afin d'accroistre la puissance retentrice. De sorte que vous voyez bien la necessité de quelques-vnes de ces pieces, & l'vtilité des autres. Cependant il les faudroit auoir enleuées toutes du corps humain auant qu'il peust perdre le ressentiment de ses appetits. Car la ratte nous cause de la ioye, en ce qu'attirant à soy l'humeur melancholique, le sang qui en est purifié va legerement par les veines & les arteres, & monte iufqu'au cerueau, chatoüillant ces parties par la douce pointe de ſes eſprits vigoureux; le fiel nous pique de ſon ardeur, & nous excite à la colere, comme le monſtroient bien ceux qui pour donner à entendre que le courroux doit eſtre banny du mariage, oſtoient le fiel des victimes qu'ils ſacrifioient à Iunon la Nuptiale; le foye eſt le ſiege de la concupiſcence; & le cœur, plus il eſt grand, il loge d'autant plus de crainte. Ainſi doncques, ce ſeroit attenter à la vie de l'homme que de ſonger à abolir toutes ces paſſions qui tiennent ſi fort à ſon corps : & les Peripateticiens ont eu beaucoup meilleure grace, qui ſe ſont contentés d'y apporter de la moderation. Toutesfois ſ'ils les auoient reputées vicieuſes & qu'ils ſe fuſ-

Plutarque des preceptes du mariage.

sent contentés d'en retrācher quelque chose, ils n'auroient pas bien dit à mon aduis, dautant qu'vn petit vice est tousiours vice: mais s'ils ont voulu dire que la Raison les dompteroit, les accoustumeroit à son frein, & se les rendroit mesmes vtiles; cela est tres-sagement pensé. Et ie n'estime pas que Seneque ait blasmé iudicieusement Aristote, qui disoit que de certaines passions seruoient d'armes à la Vertu, pourueu que l'on en sceust bien l'vsage: car il ne les faut pas estimer des vices, si ce n'est qu'elles ayent rompu le mords de la Raison, & soient échappées de ses mains. Certes il n'est point à propos de les supprimer tout à fait, & i'ay opinion qu'vn homme impassible n'a plus de semences pour faire germer la Vertu. Encore que ie sçache

Seneque liure 1. de la Colere.

I. PROMENADE.

bien que de foy noſtre partie ſenſuelle eſt deſordonnée, errante, & que les Poëtes, non ſans quelque apparence de verité, ont dit que les paſſions eſtoient des Furies qui tourmentoient les hommes auec leurs foüets, l'ire les pouſſant à la vengeance, la conuoitiſe les faiſant aſpirer aux richeſſes, & la concupiſcence les entrainant aux brutales voluptés ; cela pourtant n'arriue iamais ſi la Raiſon n'eſt endormie. Et quand elle prend la peine de les arreſter, elles n'ont plus de mouuement que pour luy rendre de l'obeïſſance. Ce ſont des cheuaux, diſoit Platon, qui tirent le chariot de l'Ame ; mais leur courſe eſt viſte ou lente, ſelon qu'il plaiſt à la Raiſon qui les conduit d'en laiſſer les reſnes courtes ou longues. Or c'eſt à elle à connoi-

Platon au Phedre.

stre son office, & en s'y entretenant les accoustumer à ses commandemens ; afin que si d'auanture celuy des deux qui est vicieux se mettoit en fougue, elle n'eût pas si peu d'adresse, ou se trouuast si imbecile, qu'elle ne le sceust côtenir dans sa carriere, ny arrester son impetuosité iusqu'à tant qu'elle iugeast à propos de s'en seruir. Mais si elle venoit à estouffer nos passions, elle se priueroit elle-mesme de sa fonction, elle égaleroit nostre corps en insensibilité à vne souche, & elle rendroit nostre ame sans aucun mouuement, à cause que les passions en sont les nerfs. Et ce seroit tout de mesme vne erreur aux Peripateticiens d'asseurer que selon leur tension, ou leur relaschement, elles sont loüables ou blasmables ; veu que c'est du principe interieur

de

de leur agitation qu'il faut determiner si elles sont bonnes ou mauuaises. Nostre Religion nous permet de nous courroucer, en nous defendant de pecher:& pour grande que soit la concupiscence, moyennant qu'elle ne sorte point de son legitime lict elle est sans vice (disoit vn des premiers Chrestiens) comme aussi c'est vn tresgrand mal pour petite qu'elle soit, si elle se iette dedans vne couche estrangere. En de certaines occasions la profusion ne passera que pour liberalité; là où quelque espargne dont l'on vse aux despenses qu'on fait aux choses deshonnestes, l'on en meritera tousiours le nom de prodigue. Car ce sont les temps, les lieux, & d'autres circonstances qui donnent à nos actions l'empreinte de la bonté ou

Lactance liu. 6. chapitre 16. du vray culte.

E

de la malice; Dieu, selon le Sage en son Ecclesiaste, ayant creé toutes choses, bonnes en leur saison. Et c'est pourquoy il estoit d'aduis, Qu'on se gouuernast en ses actions selon la diuersité des temps; estant loisible de se courroucer en des occasions, & necessaire de souffrir patiemment en d'autres; Qu'on pouuoit sans scrupule s'approcher ou s'éloigner des embrassemens d'vne femme selon des considerations differentes; Que ce n'estoit point vne chose puerile de laisser quelquesfois espanouïr son cœur à la ioye, puis le resserrer à la tristesse; En fin qu'il y auoit moyen de pratiquer toutes choses contraires sans que l'on peust accuser vn homme d'inconstance, ny d'auoir soumis en aucune maniere sa raison aux passions.

Mais puisque i'espere que nous traiterons beaucoup plus amplement ce sujet vne autre fois, il me suffit à present, Timandre, de vous auoir fait connoistre l'ordre que ie desirerois que nous gardassions aux entretiens de nos Promenades; A sçauoir qu'apres auoir parlé des connoissances necessaires à vn Honneste homme, nous ordonnions de ses occupations serieuses, & de ses plaisans diuertissemens, reglans de telle sorte le train de sa vie, qu'elle ne puisse estre terminée que par vn honorable trespas. Au defaut de meilleure compagnie, & de personnes dont les aduis nous pourroient seruir, (car les ames se polissent ensemble) s'entrepresent des lumieres d'esprit, & s'échaufans par vne ialouse contention s'émeuuent de leur assiette ordi-

E ij

naire, & s'éleuent au delà de leurs naturelles demeures,) nous prendrons le conseil, & l'exemple de ceux que tous les siecles qui les ont suiuis ont attesté auoir esté honnestes gens. Non que i'aye si mauuaise opinion de nostre aage, que ie ne sçache bien qu'il s'en trouueroit dont la seule description de leur vie seroit vn modele suffisant à ceux qui auroient le mesme dessein que vous. Mais pource que leur Vertu est encore sujette aux attaques de l'Enuie, qui pourroit offusquer la verité que l'on en voudroit faire paroistre, & que celle des anciens l'a surmontée estant paruenuë glorieuse iusqu'à nous; il faut que ce soit d'eux que nous empruntions nos exemples : & ie ne croy pas qu'ayans de si bons guides, nous ne puissions arriuer à ce but pour qui nous faisons tant de souhaits.

II. PROMENADE.

Des connoissances que l'Honneste homme doit auoir, & premierement de Dieu pour l'adorer, puis de soy-mesme.

IL semble Timandre, que les opinions communes & generales ne s'acquierent point, mais que nos esprits en ont esté imbus par vne secrette inspiration de la Nature: non, il n'y a point d'apparence de dire que ce consentement si vniuersel se fasse par l'operation des sens particuliers; ils ne sont point si bien reglés & si vniformes, & il faut croire que c'est la Verité mesme qui s'y est insinuée.

Or iamais on ne tomba mieux d'accord deſſus aucun ſujet que quand l'on parle de l'homme, & qu'on traitte de ſon eſſence : recueillez ſeparément les voix d'vn chacun, vous aſſeureriez qu'ils ont concerté enſemble pour dire que l'homme eſt vn petit-monde, & que tout ce qui eſt épars en la vaſte eſtenduë de l'Vniuers ſe trouue recueilly dans ſon corps. Changez la propoſition, & vous verrez que ſi l'homme eſt vn petit vniuers, il faut bien auſſi que l'Vniuers ſoit vn grand homme : & certes dedans le parallele que pluſieurs en ont fait, tout ſe rapporte ſi bien, que c'eſt la meſme choſe que l'on remarque aux petits miroirs conuexes, où vn grand hóme ſe void tout entier ramaſſé dedans l'eſtenduë d'vn poulce. Cela toutesfois ne ſe

II. PROMENADE. 78

doit pas entendre de tout l'homme, mais seulement de ce qu'il peut auoir de corruptible & tiré de la matiere dont le monde a esté composé : pource qu'encor qu'il y eust vne ame esparse dedans l'Vniuers, celle de l'homme n'en auroit pas esté extraite. Virgile qui s'est pleu à exprimer la fonction de ceste ame vniuerselle, a dit que

Au liure 6. de l'Eneÿ- de.

Le Ciel premierement, & la terre, & les mers,
La Lune, le Soleil, & tant d'astres diuers
Sont nourris d'vn Esprit ; & ceste masse espesse
Loge vn Entendement qui l'agite sans cesse,
Se meslant dans son corps par des conduits secrets.

Ie ne pense pas neantmoins qu'on voulust rien inferer de ce discours

E iiij

qui est entierement fabuleux. Et quelques sectateurs de Platon ayâs imputé à leur maistre que nos ames se puisoient là dedans, ainsi qu'on tireroit de l'eau en quelque reseruoir ; le plus sçauant de ses disciples l'a purgé de cét erreur par de fort belles raisons, qui font voir que sa seule intention estoit de monstrer que l'Vniuers auoit vne ame. Car vous sçaurez que les anciens mettoient de la difference entre l'Ame, & l'Entendement, faisans quelque-fois celle-là materielle, & celuy-cy tousiours immateriel ; comme en effet c'est ce que nous tenons specialement de Dieu : ce qui est coulé de luy en nous ; & ce qu'il n'a point donné ny à l'Vniuers, ny à aucune autre de ses parties. Donc puisque Dieu n'est pas vn corps, si nous auons

Plotin au liure 3. de l'Enneade 4. ou sur les doutes de l'ame.

II. PROMENADE. 73

quelque chose de semblable à luy, il faut bien que cela soit d'vne nature spirituelle; tellement que c'est par nostre Entendement que nous sommes l'image de Dieu, & par luy, disoit le mesme disciple de Platon, nostre Nature est eleuée au dessus de toutes les autres creatures, estant mesme capable de nous donner sur la terre quelque goust de la felicité des Cieux. Ie dis capable, pource que Dieu nous a donné le pouuoir, & qu'il faut que nous cooperions pour en obtenir la iouïssance; Nous auons eu beaucoup de graces par vne insigne & speciale faueur de sa volonté, & nous les pouuons perdre par la deprauation de la nostre. Car la matiere & la forme ne sont pas si bien vnies aux substáces que nous voyons, comme l'est nostre En-

Plotin au liure de la Contemplation, ou en l'Ennea-de 3. liu. 8.

tendement auec la chose qu'il entend quand il vaque à son operation ; & nous le rendons celeste ou terrestre selon que nous le tournons deuers les objets de ces differentes natures. Escoutez-moy, ie vous supplie, & ie vous éclairciray tout cecy par vne comparaison familiere. Est-il pas vray, quand vous voyez vn morceau de fer tout en feu, que vous dites plustost voila du feu que du fer ? Car la chose qui reçoit est faite pour la chose receuë ; & les sens ne sont veritablement tels, que quand ils sentent. Par consequent la chose sensible les met en leur perfection, & c'est comme leur forme tant qu'elle est dessus eux, puis qu'elle est cause qu'ils agissent. Maintenant, prenez la peine de considerer vostre Entendement de la mesme façon, &

vous connoistrez qu'il deuient tel que l'objet qu'il se represente. Car combien qu'il ne puisse pas estre rendu materiel lors qu'il comprend les choses materielles, il peut neantmoins estre fait, & faire en soy toutes choses d'vne maniere intelligible. Quand nostre ame desire connoistre, elle fait vn mouuement vers l'objet dont elle veut prendre connoissance, l'attire à soy, l'embrasse, & le fait passer en elle-mesme: or l'objet & elle estans tous deux immateriels, il s'ensuit que ce meslange, ceste conjonction, ceste vnion, est bien plus estroite, & plus intime ainsi que ie vous l'ay dit, que celle de la matiere & de la forme. Vous n'estes donc plus en doute comme ie pense, que lors qu'vn homme conçoit en son esprit quelque mal, & y

Alexandre Aphrodisée en ses difficultés & solutiōs, liu.1.ch.25. Aristote au liure 3. de l'Ame.ch.5.

porte sa volonté, il n'efface la diuine ressemblance qu'il auoit, & ne la rende entierement défigurée ; & certainement il perd alors la qualité d'homme, & il n'y a plus d'assortiment pour luy que parmy les bestes. Iugez maintenant par là combien il importe pour nostre bon-heur de ne proposer à nostre Esprit que des objets dignes de ses qualités éminentes, & de quelle offence celuy-là se rend coulpable, qui l'empeschant de s'éleuer sur les aisles de sa contemplation deuers les choses intellectuelles, le tient tousiours collé à des sujets terrestres & remplis d'imperfection. Non, il n'y a point d'apparence que cét Entendement ayt esté fait plus prompt que le temps, en ce qu'en vn élancement de sa pensée qui ne dure pas plus d'vn instant, il va des choses passées par les presentes aux futures : Plus subtil que le vent, en ce que la solidité des Cieux ne l'empesche point de penetrer iusqu'à leurs plus sublimes estages, ny les orages de la mer de la percer iusqu'au plus creux de ses abysmes, ny l'espaisseur de la terre de se glisser iusqu'à son centre : Et la puissance de se mettre ainsi au dessus & au dessous du monde, & de se faire plus grand que luy en le comprenant ne luy a point esté donnée, sans que son autheur se soit attédu qu'il s'en seruist. Quand il a rendu son ame capable de s'instruire de toutes choses, ce n'a pas esté en intention qu'il fist languir ceste capacité, & qu'elle demeurast inutile : & comme dit tres-bien vn grand personnage que i'appellerois volontiers Honneste homme, *S. Augustin liure 8. de la Cité de Dieu, chapit. 15.*

si ses Vertus Religieuses ne luy auoient acquis le titre de Sainct, *Par un effet de la Prouidence diuine de meilleurs corps que les nostres ont esté donnés à plusieurs animaux, afin que cela en quoy nous les surpassons nous fust plus cher, & que nous tournassions nos soins à l'orner & à l'embellir plustost que le corps.*

Voila donc Timandre, comme tout ce qui est en nous, & autour de nous, appelle nostre Entendement à son deuoir : & ceux qui le laissent croupir dedans leur corps se monstrent bien ingrats enuers Dieu, de negliger si fort ce beau simulachre de Dieu mesme. Toutesfois, à cause qu'on peut estre Honneste homme à bien moins que de sçauoir toutes choses, ie ne voudrois pas obliger celuy qui s'efforceroit de le deuenir à s'enfoncer dedans les sciences : & sur tout ie le difpenferois bien (pourueu neantmoins que fa condition ne l'y obligeaft pas) d'eftudier à celles qui font purement fpeculatiues. Mais il me femble auffi qu'il y en a quelques-vnes où il ne fe doit point appliquer comme en paffant, & qu'il ne doit pas feulement confiderer ainfi que bienfeantes, & vtiles, pource qu'elles luy font mefmes tres-neceffaires : de forte que ie reduirois les connoiffances d'vn Honnefte homme à celle de Dieu pour l'adorer, à celle de foy-mefme pour fe regler, à celle des autres pour bien viure auec eux, & à celles qui le peuuent habituer à la Prudence, afin de fe gouuerner fagement en tous rencontres. Or c'eft là le fujet que nous nous deuons propofer d'icy en auant pour rendre nos Promenades fructueuses : & auec cela il faut bien que nous monstrions à l'Honneste homme iusqu'où il luy est permis de s'engager dedans l'estude, afin, comme ie vous disois hier, que la Contemplation ne se l'attache point si fort, qu'elle le dérobe à la vie Actiue, & aux Voluptés innocentes & honnestes.

A mon aduis, vous ne vous attendez pas que ie commence mon discours que par le commencement, c'est à dire par la supréme Diuinité, entant qu'elle peut tomber dessous nostre connoissance : Puisque l'Entendemét nous a esté donné pour rechercher ce qui est vray, & qu'il n'est point en repos que quand il y est arriué, nous ne luy sçaurions presenter d'objet qui le le satisface dauantage que celuy qui est la Verité mesme. Sa lumiere (ainsi parle nostre foy) se monstre à tout homme qui vient au monde, & nous apprenons de nostre Raison qu'il n'y a que ceux qui se veulent boucher les yeux de l'ame qui ne l'apperçoiuét pas; encor ne pensé-ie point qu'on en treuue qui se puissent former ces tenebres. Ma raison est que pour espais que fust le nuage d'erreur & d'ignorance volontaire qu'ils mettroient entr'eux & vne si grande clairté, elle se manifeste si vniuersellement qu'elle en auroit tout incontinent percé l'amas. Certes ny ceux qui disoient que ^{Petrone Arbiter.}

Les Dieux nous sont venus au monde
  par la crainte;
Ceux-là les ont forgés, dont l'ame fut
  atteinte

Du bruit que fait en l'air le tonnerre grondant,

[marginal: *Sextus Empirique côtre les Mathem. liu. 8.*] Ny ce Theodore, ce Diagoras, ny ces autres Philosophes qui publioient que toutes choses estoient fortuites, & que pour maintenir la societé des hommes les diuinités auoient esté politiquement controuuées, n'auoient point ceste opinion bien auant dans leur ame. [marginal: *Diogene Laertien en sa vie.*] Bion qui professoit comme eux l'Atheisme, sceut bien s'en défaire sentant approcher la mort : non que ie l'en estime beaucoup dauantage, puis qu'il passa de la croyance des Dieux à la pratique de plusieurs superstitions ridicules.

Il n'est point donc necessaire Timandre, pour s'asseurer qu'il y a vn Dieu, de frequenter les escholes où l'on rapporte toutes les opinions qu'en ont eu les Sages: Vn enfant s'en peut instruire où vn Philosophe l'a appris. Cét Vniuers est le liure où vne si belle doctrine est clairement expliquée: & nostre Entendement en peut estre le maistre & le disciple en mesme temps. Nous n'en sçaurions voir la structure que nous ne disions qu'vn incomparable Architecte en est l'autheur: ceste immense estenduë des voûtes celestes nous fait assez connoistre la grandeur des bras qui les ont assemblés: & quand nous prenons garde à la vistesse de leurs mouuemens, nous concluons aisément que la force de leur moteur ne se peut comprendre. Que si par ceste source inépuisable de clairté dont les rayons ruissellent par tout, nous iugeons des richesses de celuy qui l'entretient à cause de l'abondance des biens qui en decoulent ; nous n'en connoissons pas moins la bonté par la vicissitude si constante du iour & de la nuict, & par celle des diuerses saisons qui nous produisent tantost vne chose, & puis vne autre. Car il a voulu par ceste varieté si agreable preuenir les dégousts que nous eussions pû auoir, si tousiours nous eussions veu les mesmes choses. Laquelle Prouidence ne nous est pas moins apparente par toutes les autres pieces d'vne si prodigieuse machine, soit qu'on les considere separément, ainsi que l'on feroit la terre au milieu de l'air, sans aucun appuy que de sa propre pesanteur ; ou qu'on les contemple en gros rangées les vnes auprés des autres par vne tres-parfaite symmetrie, & attachées auec des chaisnes si deliées qu'elles en sont imperceptibles à nos sens, & si fortes neantmoins que nous n'apprenõs point qu'il s'en soit rompu vne seule iusqu'à present, ny que rien se soit iamais démembré de ceste liaison si estroite. Mais à quoy bon éleuer si haut nos pensées pour connoistre qu'il y a vn Dieu, puis qu'il n'y a si petite chose au monde qui ne l'atteste, & de celles-là mesmes que nous voyons autour de nous? Toutes les fleurs de ce parterre où son inuisible pinceau a couché tant de viues couleurs ne le portét-elles pas écrit dessus leurs feuilles; & n'est-ce pas ce que par vne longue traisnée de sons si harmonieux & si differés, bien qu'ils sortent d'vn mesme gosier, ces rossignols chantent d'vne haleine si forte & si continuë dessus les arbres de ce petit bois? Ces

F iiij

deux ou trois abeilles qui fuccent dans le calice de ces fleurs l'humeur dont elles feront leur miel & leur cire le monftrent encor ; & prenez la peine de les confiderer ie vous en fupplie. Voyez que leurs iambes font délicates : & neantmoins il faut de neceffité qu'elles foient compofées de pieces qui faffent leur infertion les vnes dans les autres par leurs aboutiffemens, & qui foient attachées auec des ligamens, puis qu'il y a des iointures. Regardez comme leurs pieds font fendus, & armés d'acroches fi aiguës qu'elles f'en tiennent à la glace d'vn miroir, & marchent à mont auffi facilement que deffus la terre. Prenez garde à ce poignant aiguillon qu'elles lancent, & comme il eft creux afin d'attirer par fa concauité le fang dont elles font fiauides. Contemplez la tissure de leurs minces aislerons dont i'aduouë que le seul battement me rauit, n'ayant peu qu'à peine me persuader qu'vne si grande force fust renfermée dans des mousches qui sont, ce semble, si fresles. Or ie ne vous veux rien dire ny de l'art qu'elles pratiquent dans leurs ruches en la construction de leurs loges, ny de la prudence qu'elles monstrent à se charger de petites pierres lors que les vents sont violens, de peur d'en estre emportées, ny de leur industrie en plusieurs autres choses que les Naturalistes nous recitent d'elles. Ie me contente de cecy pour vous faire voir que iusques aux plus petites creatures elles portent des marques expresses d'vne Diuinité, & qu'on n'y trouue rien qu'on puisse dire auoir esté fait par vne aueugle & hazardeuse rencontre. Ouy, Timandre, toutes les choses animées publient hautement qu'elles sont l'ouurage d'vn Dieu qui les ayant faites par sa Puissance, les conserue par sa Sagesse; & les inanimées portent la mesme attestation dessus elles en gros caracteres.

Cependant, combien que toutes choses donnent des preuues si euidentes qu'il y a vn Dieu, si est-ce que nous ne sçaurions apprendre ce qu'il est par aucune de ces choses. Il est bien en elles toutes, mais il n'est aucune d'elles, ny ce qu'elles sont toutes : & vous declareriez mieux ce qu'il est en disant Il n'est rien de toutes ces choses, que si vous disiez, Il est toutes ces choses ensemble. Car il estoit deuant elles, *Il a dit, & elles ont esté fai-*

tes & auparauant que de creer l'Vniuers, il l'auoit dedans son sein d'vne maniere sans comparaison plus excellente. Tellement qu'à ce que disent les Platoniciens, en le produisant exterieurement, ou il ne s'osta rien du dedans, ou luymesmes s'estendit au dehors: d'où nous pouuons connoistre que luy seul a son estre de soy-mesme, & que les autres choses le tiennent de luy en hommage. C'est pour cela qu'il ne se donna point d'autre nom que CELVY QVI EST, quand il prit autresfois la forme du feu, & la voix du tonnerre pour paroistre, & pour parler: & celuy qui ne s'en contenteroit point ne sçauroit s'en imaginer vn autre. Car ce sont les choses qui se definissent que l'on nomme: mais ce qui est indefiny ne se peut nommer. Or il est indefiny s'il est infiny, & il l'est sans doute, puisque contenant en soy toute l'estenduë de l'Estre, il est infiniment au delà, ce qu'vn ancien voulant donner à entendre, il disoit, Que Dieu estoit vn cercle dont le centre estoit par tout, & qu'on ne sçauroit où trouuer sa circonference. Que s'il est ineffable ainsi que nous l'auons reconnu, on ne sçauroit non plus le representer par quelque forme que ce soit : il est vray que nous pouuons bien nous vanter qu'il est par tout dedans nous, mais il y demeure pour nous faire sentir, & non pas afin d'y estre senty ce qu'il est. S'il se pouuoit faire que les animaux imaginassent vne forme en Dieu, il est croyable que chaque espece luy attribuëroit sa propre forme : or l'homme connoist bien qu'il ne doit pas faire la mesme chose. *Car Dieu est tout œil puis qu'il void tout; il est tout main puis qu'il fait tout; il est tout pied puis qu'il est par tout;* S. Augustin sur le Pseaume 110. maintenant comment dedans ceste confusion feriez-vous vne distinction de parties? Vous voyez donc bien Timandre, que les saincts escrits ne luy attribuent ou des parties, ou des passions humaines, qu'afin d'exprimer par des choses corporelles & visibles, les effets de sa spirituelle & inuisible puissance: & que nous ne sçaurions former vne seule pensée qui ayt quelque ressemblance à ce qu'il est, son Entendement seul estant capable de conceuoir l'infinité de son Essence. On dit que le Sculpteur Phidias ayant à faire la statuë de Iupiter Olympien voulut qu'il fust assis, & d'vne hauteur si disproportionnée à celle du Temple, que s'il eust esté debout la voûte s'en fust trouuée de beaucoup trop basse. De mesme, nous pouuons dire que Dieu se vient rendre dedans nos ames qui sont ses temples, afin d'estre present aux mysteres qu'il y veut estre celebres; mais nous nous trompons si nous croyons l'y pouuoir contenir en toute son estenduë. Il faut bien qu'il se r'accourcisse pour y loger : & en vain nous efforcerions-nous d'élargir nos pensées, puis qu'elles ne sçauroient comprendre qu'vne petite parcelle de son immensité; si mesmes on peut conceuoir des parcelles en ce qui est indiuisible. C'est pourquoy i'ay peur que vous m'accusiez de temerité, d'auoir ainsi d'vne main prophane voulu toucher à des mysteres qu'il faut honorer en sincerité & pureté de cœur, & puis qu'on n'en doit approcher qu'auec vne saincte horteur, & vn espouuantement sacré, de ne les auoir pas laissés dedans les enueloppes de leur silence. Et à dire le vray, si ie n'eusse voulu vous amener par ce discours à l'admiration de la Nature Diuine, & de l'admiration à son adoration, ie n'eusse pas d'vn œil si curieux regardé le Sanctuaire du Seigneur. Mais la haine que i'ay pour de certains esprits qui sont l'égoust de tous les vices du siecle, & qui mettent pour la premiere qualité d'vn Honneste homme le mespris de la Religion, m'a fait vous en découurir les fondemens. Quoy que ie n'en aye point encores veu vn seul d'entr'eux qui eust la moindre trempe des bonnes connoissances, si est-ce qu'enflés d'vne vaine presomption, ils pensent acquerir par ce moyen l'estime d'estre peu susceptibles d'opinions ridicules, & d'auoir vn esprit extrémement fort. Quant à moy, ie n'y voy point d'autre force que ceste dureté que nos saincts escrits disét que Dieu mit au cœur de Pharaon. Ie sçay bien que cét exemple n'est qu'vne fable pour eux: mais aussi l'amour de leur opinion n'est pour moy qu'vne folie. Toutesfois, voyons vn peu à quoy la Raison se portera plustost, ou à appuyer la foiblesse dont ils reprennent nostre ame en la croyance d'vn culte necessaire enuers Dieu; ou à destruire ceste force qu'ils affectent qu'on leur attribuë à cause de l'incredulité qu'ils professent.

Qu'en ceste matiere si eloignée

II. PROMENADE. 95

de nos sens, ce mot de *Raison* ne vous fasse pas naistre aucun scrupule en l'esprit Timandre, car ie suis authorisé du plus sçauant de tous les Chrestiens qui parle de la Religion comme de *nostre deuoir raisonnable enuers Dieu*. La reuelation de ses mysteres n'a esté en effet qu'vne illumination de l'Entendement humain : & la Raison qui n'apperceuoit auparauant que de faux objets, ou des ombres, a depuis ce temps-là apprehendé la Verité, & se l'est appliquée comme vn seau qu'on imprimeroit dessus de la cire. Cela pourtant ne se peut dire que de la Religion Chrestienne qui est vn singulier present de Dieu : mais ayant à contester auec des esprits qui ferment les yeux à ceste lumiere, il faut rechercher par quel instinct de la Nature, ou

S. Paul aux Romains, chap. 12.

par quelle force de la Raison, la Religion à parler generalement a esté receuë dedans le monde.

Ie ne pense point que quelqu'vn vouluſt nier qu'on doiue rendre à vn chacun les choses qui luy appartiennent: & puisque ceſte Verité eſt receuë de tout le monde, ce sera Timandre, le fondement sur lequel i'eſtabliray la neceſſité d'vn culte & d'vne diuine adoration. Et pource que les Platoniciens ont mieux que tous les autres Philosophes trauaillé pour l'erection des temples & des autels; ie vous veux dire de quelle sorte ils en ont maintenu l'honneur, la gloire, & comme à l'encontre des Athées ils en ont entrepris la defense. C'eſt des Elemens que nous auons eu nos corps, disent-ils, nos complexions & nos paſſions s'y font

Platon au Gorgias & en l'Euthyphron, & Marsile Ficin en l'argument de ce dernier.

sont glissées d'ailleurs, & quant à nostre ame qui est l'image de nostre Pere souuerain, nous la tenons immediatement de luy, & sans le ministere d'autre puissance que de la sienne. C'est doncques à luy-mesme qu'il est necessaire que nous la rendions, afin de ne nous monstrer pas rebelles à la Iustice generale. Or l'acquit de ceste obligation est ce qu'on appelle Saincteté, laquelle est precedée de la Pieté, & suiuie de la Religion, de maniere que par la Pieté l'on connoist Dieu pour son autheur, par la Saincteté on se rend à luy comme estant sa creature, & par la Religion on s'y attache moyennant des actions où nous portent de saincts mouuemens. Y a-t'il pas de l'apparēce que Hierocles songeoit à cela quand il a dit *que la Pieté estoit*

G

la premiere des Vertus, & la charité la derniere? Mais ie ne desire pas laisser la pensée de Platon sans y ioindre d'autres ornemens ; & auec les embellissemens que i'apporteray d'ailleurs, vous ne trouuerez pas mauuais si de mon propre i'y entremesle quelque chose. La Connoissance est doncques le premier eschelon par où l'esprit s'est eleué à la Religiõ, car il est certain qu'on ne sçauroit contempler les œuures de Dieu, sans que de ceste contemplation il reçoiue quelque loüange. Nous luy chantions tantost vn Hymne quand nous consideriõs la nature de l'Abeille ; & ces rauissemens que nous sentons quand nous apportons de l'attention à remarquer comme il s'est rendu admirable en toutes ses creatures, sont des saillies de nostre ame qui est forcée de luy donner de la gloire. C'est pourquoy le Philosophe qui s'exerce tous les iours à la contemplation de l'Vniuers, doit estre reputé l'vn de ses Prestres; veu mesmes que le monde n'est autre chose que son temple. Mais quand nous songeons que toutes ces creatures ont esté faites pour nous, estimons-nous pas que nostre ingratitude seroit punissable, si nous estions si stupides de ne luy en rendre point de reconnoissance? Certes lors que nous sommes arriués à ce second eschelon, & en nous regardans & en regardans toutes choses, nous ne voyons rien qui ne nous oblige enuers luy d'vne veneration tres-saincte. Car nous n'entrós point en doute qu'il n'ait fait le Ciel pour nous resiouïr d'vn spectacle également agreable &

G ij

magnifique : nous apprenons qu'il a fait fructifier abondamment la terre pour nous fournir de nourriture : que les bestes ont esté engendrées pour nostre seruice : qu'il a eu égard à nos delices, aussi bien qu'à nos necessités ; & considerans en mesme temps que ces creatures sont incapables de luy en rendre des actions de graces, nous nous sentons engagés à ce deuoir, puis qu'elles n'ont pas esté faites pour elles-mesmes, mais seulement pour nostre ysage. Or deux Philosophes ayans traité ce sujet dont nous parlons, l'vn d'eux a dit que la connoissance des choses diuines & l'euidence que nous en auions estoit d'asseurance vne chose sacrée, de mesme que l'ignorance & l'obscurité d'icelles, estoit vn estat tres-profane : mais l'autre passant plus

Porphyre, & Iamblique, dans le traité des mysteres des Egyptiens.

II. PROMENADE.

auant, vouloit que l'on s'adonnast à l'action religieuse, disant que c'estoit elle seule qui conferoit à l'ame la puissance de s'vnir auec la Nature diuine. Sortons donc de ce lieu Timandre, puisque la connoissance des creatures nos inferieures, celle de nous mesmes, & celle que nous prenós de Dieu par leur moyen & par le nostre, ne sont que l'acheminement, & comme les premiers Ordres de ceste Religion: Il faut monter à vn eschelon plus haut, si nous voulons estre initiés à ses plus secrets mysteres, ce qui se fait par la conjonction de l'entendement & de l'humaine volonté au seruice, ceremonies, & sacrifices, qui sont deuz à Dieu, par le moyen desquelles choses l'homme est admis en sa conuersation & en sa familiarité. Car vous remarquerez en passant que quand Dieu voulut produire le monde hors de soy, il voulut aussi produire hors de soy son Image, & la mettre en celuy qu'il rendoit le maistre du monde. Et pour donner moyen à ceste Image de s'éleuer par fois deuers son sujet, & d'en aller receuoir de nouuelles impressions afin de s'entretenir tousiours en sa belle & naïue ressemblance, il laissa pendre vn lien assez long pour s'estendre & tenir de l'vn à l'autre. Ce lien doncques est la Religion qui en a esté ainsi nommée du mot Latin *Religare* à cause que, comme ie vous ay dit, pour grand que fust le soin que nous prendrions de le connoistre, nous ne luy sçaurions plaire si nous n'aspirions à vne estroite vnion auec luy; lequel desir comme il est la plus certaine preuue de nostre amour enuers Dieu, est aussi la plus puissante amorce pour l'émouuoir à vne affection reciproque.

Voila donc comme au trauers des tenebres, & deuant que la Verité fust reuelée, les hommes guidés de la seule lumiere de leur Raison naturelle arriuerent à la connoissance de la necessité d'vne Religion: & si quelque esprit particulier auoit esté l'autheur de l'adoration d'vn Dieu, la croyance n'en auroit pas pullulé parmy tous les peuples de la terre. I'aduouë que des choses feintes ont esté quelquefois aussi bien receües que si elles eussent esté veritables: mais peu à peu l'opinion s'en est perduë, & de certains siecles ont leué le masque à des fables qui s'estoiét en d'autres siecles introduites par
G iiij

my les hommes. Il n'en va pas ainſi de la croyance qu'il faut adorer vn Dieu ; elle a commencé auec le monde ; quoy que ſous diuerſes formes elle s'y eſt maintenuë iuſqu'à preſent ; elle le verra vieillir ſans qu'elle vieilliſſe ; & elle ſubſiſtera encore qu'il ne ſoit plus, à cauſe que c'eſt vne verité eternelle. Et ceſte raiſon à mon aduis n'eſt pas des moindres pour fortifier ceux qui en entreroient en quelque ombrage, veu qu'il paroiſt bien que c'eſt la Nature qui parle en nous, & qui monſtre que la Religion eſt vn deuoir legitime. Non Timandre, il n'y a point d'apparence que tout le monde conſentiſt de la ſorte à vne erreur que quelqu'vn auroit folement ou legerement conceuë : & neantmoins ie ſçay bien que de certains eſprits ont eu l'impudence d'asseurer qu'il n'y auoit point de Dieux, (c'estoit ainsi qu'on parloit parmy les Payens) ou que s'il y en auoit, ils ne se mesloient nullement des affaires d'icy bas, ce qui estoit renuerser la Religion iusqu'au fondement, & abolir toute sorte de croyance. Mais quoy! si vn homme qui seroit né aueugle vouloit persuader qu'il n'y eust point de Soleil, ne se mocqueroit-on pas de sa folie? Ils disent que

La Nature des Dieux, d'immortelle Lucrece liure 1.
durée
Iouït du doux repos d'vne paix asseurée,
Loin du soin qui nous touche, exempte de douleur,
Franche de tous perils, & dedans ce bonheur
Contente de ses biens ne ressent point d'ennuie

*Pour ceux que nous auons, void couler
 noſtre vie*
*Sans que par nos malfaits nous puiſſions
 l'irriter,*
*Non plus que par nos vœux ſa faueur
 meriter.*

Mais à voſtre aduis ſont-ce là des opinions de Philoſophes, ou des rêueries de perſonnes qui ſongent? N'eſt-ce pas luy oſter la Clemence, n'eſt-ce pas luy interdire l'exercice de ſa Iuſtice, & n'eſt-ce pas reueſtir d'indolence, celuy qui a mis non ſeulemét dans l'ame des hommes, mais dans le cœur meſme de pluſieurs animaux, l'amour du bien, la haine du mal, & le deſir de reconnoiſtre l'vn & l'autre? Pluſieurs hommes verront commettre des crimes; ils les vengeront iuſtement; & Dieu les laiſſera impunis; quelqu'vn le peut-il penſer &

estre iudicieux tout ensemble? N'ayant imposé aucune necessité à nos actions, mais au contraire nous ayant donné vne volonté libre pour en vser à nostre discretion, n'est-il pas coulpable de tous les maux qui se font icy bas, puis qu'il ne s'y oppose pas comme il pourroit, s'il ne nous en punit par aprés comme il le peut faire? Certainement ce n'est pas vne plus grande abomination de nier vn Dieu que d'en improuuer le culte: Car s'il y en a vn, il est tout-puissant, & il faut adorer sa Puissance; il est tout bon, & l'on doit aimer sa Bonté; il est tout iuste, & il est necessaire de reuerer sa Iustice, qui sont autant d'actes de Religion.

Or il y en a qui sans s'attaquer à la Religion, supposent des choses qui ne font pas moins à sa ruine que l'opinion des Epicuriens dont ie vous viens de parler: & ce sont ceux qui nient que l'ame soit immortelle; & ceux encore qui suiuans les enseignemens des Stoïques touchant la fatale necessité de toutes choses, maintiennent la croyance de la Predestination. Car en asseurant que nostre ame perit auec nostre corps, on ne donne pas seulement aux hommes la liberté de se veautrer dedans toutes sortes de plaisirs dereglés, fut-ce dessus les autels. On lasche encore la bride à leurs appetits furieux, de façon que ceux qui se voyent la force en main, ayant despouillé toute crainte de la Iustice diuine, rempliront s'il leur vient en l'humeur toute la terre des marques sanglantes de leur cruauté. Et pour ce qui est des autres qui tiennent qu'il y a vne ordonnance, & vn iugement irreuocable escrit dedans le Ciel sur toutes les affaires d'icy bas, on ne se doit pas attendre qu'ils s'arrestent à faire des vœux & des offrandes à Dieu, puisque selon leur croyance le Destin ne se peut fleschir. Ils tomberont au contraire dans l'impieté de ce Cinisque de Lucian, qui sur la menace que Iupiter luy faisoit de le tuer de son foudre, à cause qu'il mesprisoit son adoration, se mocquoit de luy à peu prés en ces termes; Frappe, Iupiter, ie t'en défie, car si le Destin le veut tu ne sçaurois toy-mesme t'en empescher, & ta puissance n'est pas assez forte pour m'en garantir: que s'il ne veut pas que tu me tuës; ou bien tu ne pourras lascher ton foudre, ou bien sans me pouuoir faire mal il s'émoussera contre ma teste.

Lucian au Dialogue de Iupiter confus.

Vous vous souuiendrez, Timandre, de ce que i'ay dit contre les premiers au traité que i'ay fait sur l'Ecclesiaste de Salomon, ou si ie n'ay suffisamment prouué par mes raisons que l'ame est immortelle, ie sçay bien que ie leur ay osté le moyen d'asseurer qu'elle fust assujettie à la mort. C'est pourquoy ie ne veux point m'arrester dauantage à eux, afin de me tourner contre les Stoïques, à qui ie diray quelque chose, mais comme en passât, pour laisser aux Logiciens à combattre leur erreur auec plus d'instance. Ceste secte de Philosophes a tousiours fait profession de contredire aux opinions des Epicuriens; Et de mesme que ceux-cy tenoient que toutes choses arriuoient fortuitement; les Stoïciens disoient qu'il y auoit vne entresuite de causes de-

II. PROMENADE.

pendantes l'vne de l'autre qui aboutiſſoit à Dieu, dont les effets eſtoient ſi neceſſaires, que toutes les conſultations & deliberations humaines ſe trouuoient inutiles à l'encontre. Les Poëtes n'y ont pas moins ſoumis les Dieux que les hommes : Iupiter ſe plaint chez eux de n'auoir peu rendre Sarpedon ſon fils, immortel, à cauſe que la Deſtinée en auoit ordonné autrement ; Neptune, que toutes ſes tempeſtes n'oht ſceu abyſmer Vlyſſe, pource qu'il deuoit retourner à Itaque par l'ordonnance de la meſme Deſtinée: Et les Troyens (diſent-ils) adreſſoient inutilement des prieres aux Dieux pour la conſeruation de leur ville :

Car de les exaucer c'eſtoit choſe impoſ-   Quintus
    ſible,   *[flexible*   Smyrnéen
Le Sort eſtoit contr'eux, ſon vouloir in-   liure 11.

Rendoit vaine des Dieux, & l'aide, & le secours,
Ce qu'il veut vne fois, il le veut pour tousiours.

Or il est certain que comme la resolution de ceste question importe beaucoup aux hommes pour mettre leur esprit en repos, qu'elle a aussi esté souuent agitée par de tres-sçauans personnages. Ciceron entre autres a fait vn liure dessus ceste matiere, où il auoit amplement déduit toutes les raisons qui seruoient à en establir ou ruiner la croyance; mais il ne nous en est resté que des fragmens. Neantmoins nous y voyons bien que pour conseruer la liberté de nostre arbitre, il destruit l'opinion de la Destinée : mais en quittant vn mauuais party il se iette dans vn autre bien pire, niant auec Carneades qu'il y ait

ait aucune diuine prescience. S'il y a vne science des choses futures (disoit ce Philosophe) elles arriueront selon l'ordre connu par elle, & partât cét ordre des choses doit estre certain, comme pareillement celuy de leurs causes, puisque toutes choses sont precedées de leur cause efficiente; d'où il s'ensuit que toutes choses arriueront selon la Destinée. Mais s'il y a de la Destinée, il n'y peut auoir de libre arbitre; & cependant nous sçauons bien que nous en sommes en possession. De sorte qu'il n'y a point de Destinée, point d'ordre de causes, ny de choses, ny d'euenemens, & enfin il n'y a point de prescience. Ciceron approuue ceste conclusion soustenuë de l'amas de ces raisons; pource qu'estant fort aduisé, & le bien public luy estant en

H

vne tres-grande recommádation, il ne vouloit pas abolir l'opinion du libre arbitre, pour ne faire estimer iniustes les loix establies contre les meschans, & n'introduire pas le desordre dans le monde. Toutesfois il ne s'apperçoit point qu'*en ostant la prescience des choses futures* (comme dit S. Augustin) *afin de garder nostre franchise, il nous rend sacrileges & sans pieté : là où vne ame religieuse choisit l'vn & l'autre, les confesse tous deux, & les confirme par la foy de pieté.* C'est en effet vne impieté nompareille de vouloir priuer Dieu de la connoissance des choses futures, & le rendre semblable à vn aueugle qui ne void pas les choses qu'il tient embrassées. Car quand nous disons qu'il preuoid ce qui doit aduenir, c'est selon nostre façon de conceuoir les choses

Au liure 5. de la Cité de Dieu, chap. 9.

faites l'vne apres l'autre: laquelle imperfection ne tombe point en Dieu, pource qu'il void les choses passées, les futures, & les presentes d'vn seul regard. Or il void nos actions à cause qu'elles doiuent arriuer, selon qu'il le permet: & partant nos actions mesmes sont la cause de ce que Dieu connoist qu'elles aduiendront, encores que ce ne soit point contre sa volonté. Et celuy qui maintiendroit que ceste diuine prescience est par soy cause de tout ce que nous faisons, diroit vne aussi grande absurdité, que si vous disiez, Timandre, que vostre memoire est cause des choses que vous vous souuenez d'auoir faites. Il faut donc croire que rien ne se fait au monde sans la permission de Dieu: mais pour cela il ne violente point la Nature, il ne dé-

Origene sur le Genese, & S. Ierosme sur sainct Paul aux Corinthiens.

H ij

truit point les causes secondes, & il ne force point nos volontés. Certes, estant souuerainement bon, il est en nous cause du bien, mais non pas du mal, non plus que la lumiere ne cause point les tenebres. Il nous excite bien à la continence, mais non pas à la débauche; Il nous conuie à la temperance, mais non pas aux conuoitises effrenées. Car toutes les vicieuses affections des hommes ont leur germe dedans eux, & il en retient bien plusieurs de peur qu'ils tombent au mal, mais il n'y pousse personne. Que s'il apportoit de la contrainte à nos actions, il seroit reprehensible d'iniustice: & c'est pour cela qu'vn autheur Chrestien reprenoit de bonne grace les Pharisiens disant *qu'ils estoient bien insensés, & que leur folie n'estoit pas commune de confesser la*

Epiphane au liure 1. contre les Heresies, chap. 9.

resurrection future, & d'asseurer vn iuste iugement à venir, cependant qu'ils maintenoient le Destin. Car comment peut-on dire qu'il y ait vn iugement & vne Destinée? Pour moy ie suis bien empesché à comprendre aussi bien qu'Eusebe, comment ce Dieu, ou ceste fatalité imaginée par les Stoïciens, qui force les vns à estre iustes, temperans, & vertueux, peut contraindre les autres à commettre des iniustices, des incontinences, & d'autres vices. Ce seroit n'estre point d'accord auec soy-mesme, & il vaudroit autant admettre les deux principes de Zoroastre, dont l'vn causoit les biens & l'autre les maux du monde, d'où s'ensuiuent encor des absurdités innombrables. Vous reconnoissez donc manifestement qu'il n'y a point de bon Logicien qui auec

Eusebe en la vie de Constantin l. 5.

les choses qui doiuent necessairement aduenir, n'aduouë qu'il y en a aussi qui peuuent arriuer & n'arriuer pas, lesquelles on appelle *Contingentes*, & partant qu'on les peut ou aider, ou preuenir, ou détourner par la prudence humaine, ce qui fait que nous sommes les ouuriers de la plus grande partie de nos bonnes & de nos mauuaises fortunes. Aussi est-ce de ceste sorte que les Platoniciens ont entendu ce que leur maistre rapporte des trois Parques: car ils disent bien que la Destinée est en l'Ame du monde vne immuable disposition des choses muables, dont les Cieux sont l'instrument; & les elemens, la matiere dessus laquelle elle agit, ayant pouuoir sur l'essence, sur la vertu, & sur l'action des choses, & n'influant pas seulement des-

Marsile Ficin sur le 12. Dialogue des loix de Platon.

fus les corps, mais aussi dessus les esprits, en ce qu'ils y sont attachés, & qu'ils s'en seruent. Neantmoins ils asseurent que l'Entendement (veu mesme qu'il est souuent assisté de la diuine Prouidence) surmonte par sa force naturelle la Destinée, ou bien qu'il s'en sert heureusement : & que c'est ce qui faisoit dire à Platon que pour le salut de la vie publique & priuée, il falloit conioindre le sens à l'entendement, de maniere que celuylà obeïst & seruist à celui-cy.

Voila comme ie croy, Timandre, l'opinion des Stoïciens abattuë, & la Religion eleuée sur les fondemens que ie vous ay tantost découuerts, que nul Honneste homme n'entreprendra iamais d'ébranler : mais pource qu'elle est de choses inuisibles, & seulement

H iiij

comprehensibles par la Foy, il ne faut pas s'estonner si tant de personnes en ont fait d'arbitraires, & se les sont representées si diuersement. Nous ne sommes plus au siecle de ces erreurs; & quand Iesus-Christ ne nous seroit pas venu declarer la verité, la seule consideration des Vertus morales qui accompagnent la Religion que nous tenons, plus pures que celles de la Philosophie mesme, & plus vtiles à la conseruation de la societé des hommes; ceste raison, dis-ie, auroit assés d'efficace enuers les bons esprits pour les induire à croire que c'est la vraye & l'vnique Religion. Il s'en est peu fallu que les scrupules de certains hommes craintifs, & la presomption & trop grande outrecuidance des autres, tirans sa robe chacun de leur costé, ne nous l'ayent deschirée : ce sont des partis qu'vn Honneste homme ne suiura iamais; Car considerant auec vn profond respect les mysteres de ceste religion Chrestienne, & se soumettant par vne sage humilité à ses preceptes, il ne se monstrera point atteint de superstition, ny de libertinage. Mais pour laisser ceste matiere à la Theologie, aprés auoir dit auec vn Chrestien, *Que celuy qui ne reçoit point la Religion se tourne deuers la terre pour viure en beste, comme en effet il s'est dépoüillé d'humanité; Et que les ignorans sont bien plus sages que luy, veu que s'ils errent au choix de la Religion, ils se souuiennent au moins de leur nature & de leur condition*, i'aduertirois volontiers ceux dont les sens ne se peuuent captiuer sous l'obeïssance de la foy, de ne faire iamais de profession pu-

Lactance au liu. 3. de la fausse Sagesse, chapit. 10.

blique de leur mécreance. Ie ne le dirois pas à de certains esprits enragés, qui pour le moindre coup de mal-heur arriué au ieu, se font connoistre, ou tres-meschans de blasphemer contre Dieu s'ils en croyent vn, ou tres-fols, s'ils n'en croyent pas, de luy dire des iniures; & ie voudrois qu'on les traitast par la seuerité des loix. Mais il y a des hommes qui croyent & reuerent Dieu en leur cœur sans se pouuoir persuader qu'il ait de culte affecté; & ie desirerois bien qu'ils s'empéchassent de dogmatiser, & qu'ils se souuinssent que Socrate qui ne fut iamais entaché des superstitions de son siecle, dist en mourant qu'il auoit voüé vn coq à Esculape, & chargea ses amis de l'accomplissement de ce vœu, ayant soin, mesme en sortant du monde, de s'y con-

Platon, au Phedon.

seruer la reputation d'homme deuotieux selon l'opinion receuë.

Or de ceste premiere & haute connoissance il nous faut descendre à vne autre qui nous est aussi tres-necessaire, à sçauoir celle de ce que nous sommes : Pour estre Honneste homme il ne faut point estre estranger chez soy, & afin de nous sçauoir reduire en bonne Pratique, nous deuons nous rendre sçauans en la Theorique de nous-mesmes. C'est vne recommandation que Moyse fit aux Iuifs par ces mots, *Sois attentif à toy*, & l'Apollon de Delphes, aux Payens, quand il dit *Connoy toy toy-mesme*, Surquoy, Timandre, ie ne pense pas que vous croyez, qu'encor que nous soyons composés de corps & d'ame, ils ayent voulu inciter les hommes à d'autre recherche qu'à

S. Basile au sermon sur ces mesmes paroles.

celle de la partie sur laquelle les animaux ne sçauroient auoir de iuste pretention. Ie sçay bien que quand le souuerain Prestre de la loy montoit à l'autel pour immoler les victimes ordonnées, il faisoit auant toutes choses vne aspersion d'eau dessus soy, & se couuroit de cendres afin de se ressouuenir de la condition de sa naissance : neantmoins ceste ceremonie ne portoit aucune obligation qu'au Prestre, pour le faire songer à la dignité du Sacerdoce, & à s'en confesser indigne. Ce sont aussi des pensées à quoy ie n'ay pas dessein de m'amuser ; & encor moins à celles de quelques autheurs qui ne iettent les yeux que dessus les miseres humaines, & ne sont ingenieux qu'à trouuer des occasions de se plaindre de leur condition. Ces

Philon Iuif au liure des songes.

gens quittent l'essence pour les accidens, & ne considerent la chose que par la pire partie qui y soit : mais i'appelle vostre esprit à vne speculation plus releuée. Les Platoniciens disent que le Ciel & la terre estans remplis de creatures, Dieu voulut en produire vne qui eust les sens assez bons pour les contempler toutes, & en admirer les diuerses beautés auec les proprietés dont il les auoit pourueües: Et qui en suite de ceste connoissance peut aymer l'autheur d'vn ouurage tellement accomply, & luy en donner des loüanges. Mais qu'en ceste creation s'estant déployé tout à fait & comme poussé hors de soy-mesme, il n'auoit plus rien de particulier : & neantmoins afin que sa Puissance ne semblast auoir rencontré des bornes, sa Sagesse estre circonuenuë & manquer de preuoyãce; & son Amour, auoir perdu sa proprieté bien-faisante, Qu'il assortit ce nouuel hoste du monde, qui estoit l'homme, de ce qu'il auoit épandu par tout ailleurs, & qu'il en fit le centre, où les rayons de ceste immense bonté dont il viuifioit toutes les autres creatures, venoient à se refléchir & à s'assembler. De sorte que ne luy accordant rien de propre, il luy laissa la puissance de s'approprier toutes choses, voire mesme de se transformer comme il voudroit puis qu'il auoit les germes de toutes les vies. Et qu'enfin il ne le rendit point purement celeste ou terrestre, ny entierement mortel ou immortel, mais qu'il le mit en estat d'estre chacune de toutes ses creatures, & encor au dessus d'elles, pourueu qu'il vouluſt aſpirer à s'vnir à ſon Autheur, en éleuant ſes penſées deuers luy, pour le connoiſtre, & en conformant ſa volonté à la ſienne. Quoy que l'Eſchole d'Ariſtote n'ait pas tenu le meſme langage, elle n'a pas laiſſé d'en aſſeurer la meſme choſe : Diſant qu'à la verité l'ame de l'homme n'eſtoit point naturellement informée d'aucune connoiſſance, & toutesfois qu'elle auoit vne diſpoſition ſi grande à toutes choſes, que comme en vſant mal de la Raiſon elle venoit à s'abrutir auec les beſtes, elle pouuoit auſſi ſ'en ſeruant bien, eſtablir en ceſte vie vn ſecret cōmerce auec les Dieux, & contracter meſmes auec eux vne perpetuelle alliance. Or afin qu'il ne vous ſemble pas que ce ſoient de vaines penſées de Philoſophes, qui s'estás rendus amoureux d'eux-mesmes croyent auoir des beautés qu'ils n'ont point, ainsi que les amants passionnés s'en feignent dessus le visage de leurs maistresses, ie veux reprendre la chose vn peu de plus loin; Et vous dire ce qu'on a tousiours répondu à ceux qui n'estoient point satisfaits de la Nature, & qui s'en estimoient mal traités. Du nombre de ces mécontens, ie vous rapporteray succintement ce que deux des principaux luy reprochent, à sçauoir Lucrece, & Pline, qui ont tous deux traité mesme argument, l'vn en vers, & l'autre en prose : mais qui n'ont point esté Philosophes moraux ny diuins, puis qu'ils croyoient la mortalité de nos ames, & méprisoiët la Religion. Quelqu'vn pourroit-il nier (disent-ils) que la Nature

Lucrece au liure 5. & Pline en la Preface du 7. liure.

ture ne se soit monstrée plustost marastre que mere des hommes, & ne semble-t'il pas qu'elle les produise contre son gré, puis qu'elle les abandonne incontinent aprés leur auoir donné la naissance? leurs larmes ne témoignent-elles pas bien les douleurs qu'ils souffrent; & n'est-ce pas vn prognostique infaillible de leurs miseres à venir? Sçauent-ils en effet autre chose que se plaindre, & vne creature qui ne sent que du mal pourroit-elle faire autre chose? Tous les animaux ne sont pas plustost nais que les voila sur pieds à courir d'aise, munis contre l'iniure des temps de vestemens naturels, tout prests à manger, & trouuans la table couuerte; mais considerez l'homme en ce poinct-là, il est ietté nud sur la terre, il ne se peut mouuoir deuers ce qui luy est propre, ny fuir ce qui luy est contraire, & ne diroit-on pas qu'échapant d'vn naufrage il est accueilly d'vn autre, tant il est enuironné de tempestes de toutes parts, contre lesquelles il ne sçauroit opposer que des infirmités? Voila donc les sujets qu'ont eu ces autheurs de faire des plaintes contre la Nature; ingrats qu'ils estoient enuers elle, & méconnoissans des bien-faits qu'ils en auoient receu: & pource qu'entre tous ceux qui leur ont voulu repartir, il n'y en a point qui les rende confus en moins de discours que Lactance, ie ne sçaurois m'empescher de vous dire sa responfe. Outre qu'il combat leur authorité par celle de Platon, qui remercioit ceste Nature de l'auoir fait naistre homme & non pas beste, & les conuainc par leur propre

Au liure 1. de l'ounrage de Dieu, chap. 3.

sentiment, lequel s'ils eussent voulu declarer on sçauroit qu'ils prenoient bien plus à gré d'estre nais hommes auec toutes ces infirmités, qu'animaux auec tous les auantages qu'ils en publioient. Il s'arreste particulierement à dire que la Nature ne delaisse point l'homme, si ce n'est en substituant la Raison en sa place, afin qu'elle ait soin de sa conduite : laquelle Raison n'est pas vne guide moins sage & preuoyante que la Nature. Et cependant que l'homme n'est point encor en âge de s'aider de ceste Raison, celle des autres (dit-il) trauaille pour luy, en luy subministrant charitablement tout ce qui luy est necessaire ; tellement que nonobstant la foiblesse des hommes en leur naissance, leur espece s'entretient de mesme que celles de tous

I ij

les animaux. Il n'y a donc point de doute que de tout ce que nous voyons, l'homme seul ne soit assisté & conduit par la Raison, qui luy a esté donnée afin de s'assujettir tous les autres animaux : Et la Nature, voulant faire voir qu'elle les auoit creés à ceste fin, leur a panché la teste deuers la terre pour les abaisser dessous le ioug de leur maistre, leur a fait tendre le dos afin qu'il les chargeast comme il luy plairoit; & de mesme que par ceste courbure elle a móstré qu'ils estoient nais pour la patience, aussi a-t'elle eu enuie qu'on reconnust par la taille qu'elle a dóné à l'homme, droite & eleuée, qu'il auoit esté destiné pour commander. Quelques-vns mesmes ont pensé de sa nudité en sa naissance, que c'estoit à dessein de luy imposer la neces-

S. Gregoire de Nice au liure de la creation de l'homme, chap. 7.

sité d'exercer l'empire de sa Raison dessus les bestes ; ce qu'il negligeroit s'il estoit aussi bien vestu que les Brebis, aussi prompt à la course que le Cheual, aussi fort que l'Elephant, s'il auoit des cornes comme les Taureaux, des ongles ainsi que les Lions, l'odorat aussi exquis que les Chiens ; & en fin qu'il n'employeroit point les animaux s'il pouuoit se passer de leur seruice, de sorte que de maistre du monde il se rendroit le compagnon de plusieurs autres creatures. Mais ce n'est pas en cela que la Raison humaine fait voir sa plus grande force : si l'on y prend garde on connoistra aisémét qu'elle la deploye bien dauantage & auec bien plus d'adresse dedans les Artifices. Zeuxis a trompé les animaux par la peinture, comme nos yeux le sont tous les iours par la Perspectiue; Mirmecides & Architas ont fait mouuoir des choses inanimées, & d'autres les ont fait chanter & parler par les Pneumatiques; les Alchimistes ont contrefait les tonnerres, & allumé des feux dedans l'eau; nos matelots enuelopent les vents dans des toiles, & par ceste inuention se font transporter en diuerses Prouinces; d'autres ont inuenté le moyen d'enfermer nos pensées dans du papier, & de les enuoyer d'vn bout du monde à l'autre; Bref la Raison a bien eu l'industrie de faire venir l'Art au secours de la Nature, & de luy faire acheuer ce qu'elle n'auoit que commencé. Et toutesfois les Arts ne doiuent point entrer en comparaison auec les Sciences qu'elle a découuertes; C'est où elle a fait paroiſtre ſes derniers efforts, ayant eſté impoſſible qu'au deſſous de Dieu elle allaſt plus haut qu'à la connoiſſance des Sciences. Car les raiſons des choſes ſont les rayons de la diuine Sapience: & l'ame humaine s'eſtant courageuſement élancée iuſqu'à ceſte lumiere là, elle s'y eſt éclairée d'vne ſplendeur aſſez viue pour diſſiper les tenebres de l'ignorance, dont l'opacité de ſon corps l'enuironnoit. C'eſt où elle a conſideré la Nature trauaillant à la generation & à la conſeruation de tout ce que l'Vniuers contient; & où penetrant d'vn ſubtil regard iuſques dans ſon ſein, elle a contemplé les patrons & les cauſes de toutes ſes œuures. S'eſtant enrichie & comme reueſtuë de ces admirables Idées, elle s'eſt monſtrée icy bas telle que la Na-

I iiij

ture mesme; Elle nous a découuert vne Astronomie par le moyen de laquelle nous faisons voir dans vne Sphere tous les mouuemens du Ciel & de ses astres; Vne Physique auec laquelle nous ordonnerions vn autre monde si nous auions l'étoffe, & le lieu; Vne Medecine, qui formeroit vn homme si Dieu ne s'estoit reserué la puissance d'y inspirer l'ame raisonnable; Et vne Agriculture qui nonobstant la défaueur des celestes influences en de certains endroits, & les qualités repugnantes de la terre mesme, y fait croistre toutes sortes de plantes, en y substituant vne temperature conuenable par des moyens qu'elle sçait; en quoy si elle ne force la Nature, on peut dire au moins qu'elle la porte où elle n'estoit pas.

II. PROMENADE. 137

Mais, Timandre, c'est l'essence entiere de l'homme que ie viens de vous representer, & de la mesme sorte que i'en ay dit l'excellence i'en pourrois bien mettre au iour les imperfections. Or ce n'est pas là le but où ie desirerois adresser celuy qui tasche de se rendre Honneste homme. La generale & tres-exacte connoissance de tout ce qui nous concerne, doit estre recherchée par ceux qui aspirent à la perfection de la Sagesse; & nostre dessein qui est tout particulier, ne tend qu'à connoistre nostre inclination, nostre humeur, nos desirs ordinaires, & en vn mot ce que l'on nomme le Naturel. Vous direz parauanture que nous n'auons pas vn long chemin à faire, puisque nous n'auons point à sortir de nous; & toutesfois ie ne tiens pas que nostre entreprise soit d'vne execution fort facile. Les choses n'ont point d'action dessus elles-mesmes: & il faut vn miroir à nos yeux, autrement ils ne se verront iamais. Aristote pour ce sujet di-soit qu'il estoit vtile de faire prouision d'vn amy qui fust soigneux de nous découurir à nous mesmes, & de nous exposer à nostre veuë propre; Et Diogene aussi, Que pour sauuer vn homme il falloit de necessité qu'il eust ou de tres-bons amis qui luy fissent sentir ses imperfections; ou de tres-aspres ennemis qui par leur mocquerie & leurs iniures tousiours prestes l'empeschassent de courir au vice. A n'en mentir point nostre censure est muette pour nous, & se monstre fort aigre & grandement seuere à l'endroit des autres; nous

Au liure 2. des grādes Morales, chap. 15.

Plutarque au Traité comment on peut ti-rer profit de ses en-nemis.

leur pardonnons peu, nous les taſtons à bon eſcient, & nous ne nous abordons iamais qu'auec vne ſeruile complaiſance, pour ne dire pas vne flaterie tres-laſche. Peu ſe conſiderent; & de ce peu les vns ſe celent leurs defauts ou en détournent leur veuë, les autres ſ'eſtudient aprés des raiſons plauſibles pour les excuſer, & il y en a qui ſe contentent, les reconnoiſſans tels qu'ils ſont, de les faire méconnoiſtre aux autres. Ainſi, par vne douce & agreable erreur de l'entendement tous les hommes preſque fuyent l'amendement de leur vie, & au lieu de faire verſer à leur ame les vices dont elle eſt remplie, ils les laiſſent croupir au dedans. Il faut pourtant que quiconque ſouhaite de deuenir Honneſte homme n'ait point de ſoin plus cher que celuy de se défaire de ses imperfections, mais c'est vne chose certaine qu'il ne les sçauroit corriger s'il n'en a point eu auparauant la connoissance. De mesme que les experimentés Chirurgiens entreprenans la cure d'vne playe y mettent premierement la sonde, il faut tout de mesme connoistre ses defauts plustost que de songer à s'acquerir la Vertu; & pour cét effet on doit comme les bons mesnagers entrer souuent en compte de ses actions pour sçauoir si elles ont esté bié employées. C'est pour cela que tous les Sages blasment nostre curiosité quand elle s'épand tout à fait au dehors, & ne se souuient point de se resserrer pour veiller dessus nous mesmes; disans que nostre propre connoissance est d'vn vsage plus necessaire que

II. PROMENADE. 141

toutes les autres sciences. Socrate qui en voulut pratiquer le precepte, s'apperçeut incontinent que son naturel estoit tortu & penchant au vice; & afin de le redresser il se mit à embrasser la Philosophie Morale, & s'y tint attaché toute sa vie. Puis aprés, desirant que son exemple seruist aux ieunes gens, il leur conseilla de se regarder souuent dans vn miroir, leur recommandant s'ils se trouuoient beaux, de rendre leurs mœurs telles qu'on les attendoit de l'agreable rencontre de leur visage. Suiuons donc, Timandre, ce Philosophe à la trace, & auec le flambeau de la raison cherchons vn homme plus soigneusement que ne faisoit Diogene, à condition pourtant que nous ne toucherons point à son essence entiere, ny mesmes à la

Apulée en son Apologie.

substance de son ame, nous contentās de prendre garde à ses mouuemens, & aux affections dont elle est ordinairement agitée.

C'est vne chose indubitable qu'on n'en trouuera iamais qui ne soit portée au bien, ou au mal, ou qui ne puisse receuoir l'impression de l'vn ou de l'autre; or chacune de ces trois conditions peut estre encores considerée selon plusieurs respects differens. Car il s'en rencontrera de qui les inclinations seront bonnes, mais que la difficulté de la pratique des Vertus détournera de leur recherche, ainsi que chacun sçait que tous les Atheniens estimoient grandement Miltiade à cause de sa vaillance, & toutesfois qu'il n'y eust qu'vn seul Themistocle qui s'efforça de l'imiter. Il faudra donc sonder nostre ame pour sçauoir si elle est autant propre à enfanter qu'à conceuoir quelque chose de loüable; & si elle entreprendroit volontiers le trauail qui est necessaire pour produire de vertueuses actions. Que si nous l'y trouuons assez resoluë, il est à propos de découurir iusqu'où elle pousseroit ses efforts; si de grands obstacles l'échaufferoient à la poursuite, ou luy feroient perdre courage dans l'execution; & si aprés la premiere pointe, sa vigueur s'alentiroit point aussi, au lieu de continuer d'vne mesme façon, & d'vne force tousiours égale. Encor est-il besoin de sçauoir si ceste Vertu nous regarderoit simplement, ou si les fruits tourneroient pareillement à l'vtilité des autres; cela est de telle importance que quelque chose qu'eust fait

Suetone en sa vie. l'Empereur Titus, il estimoit auoir perdu le iour auquel il n'auoit point fait de bien à personne. Vous n'ignorez pas ie m'en asseure que par les Vertus vtiles i'entens celles de l'entendement aussi bien que celles qui sont purement actiues : vn salutaire conseil donné à ses amis ; vne science qu'on ne cache point à ceux à qui elle peut profiter ; des remonstrances pour détourner des personnes de quelques pernicieux desseins ; toutes ces choses-là, ie les mets au nombre des vertus de l'ame.

Voila succintement ce que ie donnerois à considerer à ceux qui sont dans l'exercice des Vertus, & qui aspirent à les pratiquer auec eminence ; quant est des esprits qui sont tout à fait plongés dedans la malice, il leur arriue peu souuent
de

de prendre la peine de s'obseruer en intention de se connoistre. Car, ou bien l'endurcissement au vice leur cause vne insensibilité, ou bien ils apprehendent (& c'est l'vnique estincelle de raison qui leur reste) de voir le miserable desordre de leurs passions : Et dautant qu'il y a plus d'occasion de desesperer de leur amendement que d'attendre quelque notable changement de leurs mœurs, à cause que les vices pesent sur leur ame, & l'enfoncent si auant dans le corps qu'elle ne s'en peut retirer, ie laisseray de bon cœur ces immondices à remuer à quelque autre. Mais ie n'oserois manquer à vous dire comment ceux qui n'ont point les inclinations mauuaises, & qui sont seulement chargés de quelques imperfections, pourront les re-

K

marquer eux-mesmes & se les arracher de l'ame. Le premier soin que ie leur recommanderois pour sçauoir combien ils sont éloignés de la vertu ou du vice, seroit de se representer souuent leurs actions, & de iuger sans faueur si elles meritent d'estre estimées, ou si elles sont dignes de quelque reproche; or ils n'y sçauroient arriuer s'ils ne penetrent iusques aux raisons qui en ont causé les mouuemens. Il faut donc considerer que l'ame raisonnable tient vnies dedans soy deux puissances, dont l'vne conduit à sçauoir l'Entendement, & l'autre execute qui est la Volonté, & que ce sont là les deux principes de toutes les actions humaines. Tous deux sont souuerainement libres en la productiō interieure de leurs actes, & rien ne s'y peut opposer;

mais les effets n'en sont pas tousiours tels qu'ils se les estoient promis, à cause du rencontre de plusieurs obstacles. L'Entendement peut estre trompé en la contemplation de ses objets, & la Volonté empeschée par quelque force estrangere, & qui n'auoit pas esté preueuë de l'Entendement : Auquel cas on dit que l'action n'a pas esté libre, mais inuolontaire, & partant qu'elle est sans merite & nullement considerable. Si toutesfois l'Entendement se laisse par son imprudence gaigner à quelque passion du corps, & si au lieu d'en moderer la soudaineté & la violence il s'engage dans son ressentiment, on ne le doit point excuser : & c'est à quoy ie desire que celuy qui se veut connoistre prenne bien garde, pour estre luy mesme le iuge équitable de ce qu'il aura fait. Qu'il se souuienne donc de visiter sa conscience afin de voir les ressorts de son action, & de n'en contempler pas la simple surface; les motifs & les effets sont bien souuent dissemblables, & il s'en faut beaucoup que l'apparence soit tousiours la preuue certaine de l'essence. En nos fautes il est besoin de faire la difference de celles que nous commettons par malice deliberée, d'auec celles qui naissent de nostre imbecilité ou de nostre inaduertence; Aux premieres nous delaissons la Raison, & elle nous delaisse aux autres, pource, peut-estre, que la Nature luy a manqué. C'est icy vn precepte qu'il nous faut aussi pratiquer pour les bonnes actions, considerás si nous y sommes portés par quelque propension naturelle, si nous les auons faites par affection, & auec dessein, & mesmes si nous en attendions tout le fruit qui s'en recueille. Car le bien que l'on fait, ou par contrainte, ou par consideration ne nous doit pas satisfaire, quelque satisfaction qu'en puissent auoir les autres qui ne iugent des choses que par ce qui leur en apparoist. Il y a plusieurs esprits conuoiteux de gloire à quelque prix que ce soit, qui s'abstiendroient bien de faire des liberalités si personne n'en deuoit iamais rien sçauoir : ces gens-là empruntent la robe de la Vertu à fausses enseignes, mais à la fin leur vanité se monstre par quelque endroit. Quand donc nous aurons reconnu si ce que nous auons fait merite le nom d'action loüable, il faudra que nous nous obseruions encor plus curieusement, pour apprendre si en toutes occasions nous serons prests de faire la mesme chose: la Perseuerance doit accompagner la Vertu, & si le bien que nous faisons n'est d'vne mesme teneur, & de durée, nous deuons croire que nostre esprit n'est que legerement atteint de ceste Vertu, & que son impression n'y est pas encor toute entiere. La meilleure marque & la plus asseurée qu'on puisse auoir qu'elle est dans l'ame de quelqu'vn, c'est quand il sent dedans soy vne ioye serieuse aprés qu'il a fait paroistre quelque trait d'Honnesteté, qui tourne au profit des autres. Philon Iuif disoit que *la Feste de l'ame estoit la parfaite resiouïssance de ses Vertus*, or ie ne pése point que personne vouluist se rédre ennemy de son propre

<small>Au liure des Sacrifices d'Abel & de Caïn.</small>

contentement, & il est croyable que celuy qui le trouue à faire du bien, cherchera tousiours les sujets de se donner ce plaisir là. Ie n'aurois pas grande peine à vous découurir plusieurs autres moyens de se connoistre, comme, D'obseruer de quelle sorte nous receuons les faueurs & les disgraces de la Fortune, si nous nous en sentons ébranlés auec violence, ou si nous y resistons virilement, ou bien s'il y en a contre qui nous tenions fermes, & si d'autres nous font succomber. Si les loüanges nous émeuuent doucement, ou excessiuement, si les franches reprehensions de nos amis nous offencent, ou si nous sommes en crainte d'vn mauuais bruit, fust-il mesme semé par les plus meschans esprits. Si nous nous laissons surprendre aux

K iiij

appas & aux artifices de ceux qui chatoüillent noſtre humeur, ſi la douce piperie de leurs diſcours nous plaiſt, ou ſi leurs fauſſes raiſons ont la force de nous faire méconnoiſtre la verité, & preoccuper d'errèur noſtre eſprit lors qu'il eſt queſtion de decider de quelque choſe. Mais outre qu'en la ſuite de nos entretiens il ne ſe peut faire que nous n'en diſcourions amplement, ie me perſuade que les regles que ie viens de donner ſont ſuffiſantes pour le deſſein que nous auions, & que quiconque ſ'en voudra ſeruir ſortira aiſémét de l'ignorance de ſoy-meſme. Voila donc, Timandre, tout ce que i'auois reſolu de vous dire en ceſte Promenade, & toutesfois ie ne veux pas vous celer qu'outre le fruit de ceſte ſciéce de nous meſmes, en ce qu'elle nous achemine à vne reformation de nos manquemens, & par aprés à vne habitude vertueuſe, les Sages nous ont encores declaré quelques vtilités qu'elle nous apporte. Neátmoins, à cauſe que la deduction vous en pourroit eſtre ennuyeuſe, & qu'il ne vous ſera pas difficile de les comprendre, à meſure que vous vous refléchirez dedans vous, il me ſuffit de vous dire, Que quand nous nous connoiſſons bien, nous ne blaſmons pas les autres des vices dont nous ſommes entachés, ce qui nous garantit & tient à couuert de leur haine: Et que rarement nous nous portons aux choſes où nous ſentons noſtre naturel impropre; de ſorte que nos trauaux ont touſiours des ſuccés glorieux, à cauſe que nous ne faiſons point de temeraires entrepriſes.

III. PROMENADE.

De la connoissance qu'vn Honneste homme doit auoir des autres, afin de sçauoir viure auec eux.

NOUS nous promenasmes hier dedans nous-mesmes, Timandre, mais il faut que nous fassions auiourd'huy vne saillie au dehors: nostre mouuement ne fut qu'vne circulation en lieu estroit, & maintenant nous en allons faire vn en plusieurs endroits. Cela me fait croire que nous y rencontrerons des difficultés bien plus grandes que celles que nous auons trouuées iusqu'à present; Car bien que i'aduouë auec Socrate que la connoissance de nous-mesmes est vn

<small>Xenophon au liure 4. de ses Memoires.</small>

acheminement à celle des autres, si est-ce qu'on ne s'y peut guider que par des coniectures où il y a peu de certitude. Et de mesme que les Pilotes à qui la tempeste a caché le Ciel quelques iours, & qui ne sçauent point s'ils sont en lieu où l'aiguille de leur Boussole decline vers le Leuant ou le Couchant, remarquent sur leurs cartes hydrographiques le dernier endroit reconnu où ils ont esté, & font vn rapport des vents sous lesquels ils ont vogué; s'ils leur estoient contraires, s'ils emplissoient leurs voiles, ou s'ils ont soufflé mollement, si ç'a esté par bouffées & reprises, ou bien s'ils ont esté continus, puis de toutes ces obseruations forment vn iugement qu'ils appellent *par estime* ; aussi pour connoistre ceux auec qui nous sommes obligés de conuerfer ; au defaut de fignes veritables, nous deuons nous conduire par des apparences, & nous arrefter à ce que nous trouuerons de vray-femblable. Momus fe plaignant que la Nature n'auoit point mis vne feneftre deuant le cœur de l'homme, par où l'on en peût apperceuoir les mouuemens, monftroit bien que cefte connoiffance eftoit grandement cachée; Et ce Satyre qui f'eftonna de voir vn homme fouffler à fes doigts pour les efchauffer, & fouffler auffi à fa viande afin de la refroidir, ne iugea pas mal, que là où il y auoit tant de contrarietés, il n'eftoit pas poffible d'y prendre de l'affeurance. Or il f'en faut beaucoup que la difficulté qu'on y rencontre, ait eu la force d'en rebuter les efprits: elle en a tout au contraire efchauffé la curiosité ; & nul autre sujet ne fut iamais regardé par tant d'endroits que cét homme. La Magie a consulté les Demons pour en apprendre le naturel & en décourir les pensées ; l'Astrologie est allée rechercher iusqu'au Ciel quels Astres influoient à sa naissance ; la Physionomie a voulu par les traits de son visage reconnoistre ceux de son esprit ; la Chiromantie obserue les lignes de sa main comme si ses inclinations y estoient escrites ; & plus raisonnablement que toutes ces vaines sciences ; la Medecine par la complexion & le temperament du corps a iugé des mœurs de l'ame, faisant aussi entrer en consideration l'âge, les pays, les alimens ordinaires, & plusieurs accidens qui apportent de notables differences d'vn homme à vn autre. Tout cela pourtant ne concluden rien de neceſſaire, puis qu'vne volonté qui eſt libre, ſe ſçait bien défaire quand il luy plaiſt de tout ce qui tend à l'aſſujettir : & toutesfois pource que l'ame ſe ſert du corps, il arriue bien ſouuent que par les mouuemens de l'vn on reconnoiſt l'agitation de l'autre, & que de certains ſignes expriment au dehors, ce qui ſe paſſe au dedans. Auec cela nous ne ſçaurions dénier aux Phyſiciens que tout ce qui agit ne faſſe ſon operation ſelon que les choſes dont il ſe ſert ſont diſpoſées ; & de meſme qu'au trauers d'vn verre de quelque couleur, les objets nous apparoiſſent colorés, ainſi l'ame operera ſelon l'eſtat du corps où elle ſera logée. Il eſt facile de connoiſtre combien elle agit diuerſement en la maladie & en la santé d'vn mesme homme; l'experience nous donne assez de preuues qu'elle produit de beaucoup plus nobles effets, quand elle a des organes bien acheués, que quand ils sont imparfaits & alterés par quelque vice. Celuy-là doncques n'auroit pas grand tort qui rechercheroit nostre ame comme à la trace, par la constitution, & par les actions de nostre corps: mais si outre cela il n'examinoit celles de l'esprit par nos paroles & par nos deportemens, certes il n'en pourroit apprendre que fort peu de chose. Car les signes qui paroissent à l'exterieur sont fort trompeurs, veu qu'il se trouue des personnes possedées de passiós du tout contraires, sans qu'on puisse remarquer aucune difference en leur visage. Il y a des hommes genereux qui voyans deux armées prestes de combattre tremblent aussi bien que les plus poltrons, comme on lit du Roy de Nauarre & Comte d'Arragon Garzia Sanchio, qui deuenoit pasle & trembloit tousiours à la rencontre de ses ennemis (dont il en fut surnommé le Tremblant) encores qu'il fut épouuentable à la bataille : & ce qui arriue aux vns par le souleuement du sang que la colere émeut, c'est la peur qui le fait faire aux autres, mais c'est tousiours vn mesme signe. Neantmoins si auec le tremblement on a découuert d'autres marques de lascheté en quelqu'vn, on iugera bien que c'est la peur qui le fait trembler. Donc quiconque voudra connoistre parfaitement vn homme le doit épier long-temps par toutes ses aduenuës, & non

III. PROMENADE.

non seulement tirer en consequence ses actions, mais aller s'il se peut iusques aux motifs, pour sçauoir ce qu'il fait par rencontre, par deliberation, & par habitude. De là vous conclurez sans doute, que ceste recherche doit necessairement estre diuisée en plusieurs parties; puis qu'il ne se faut pas fier sur des coniectures, si elles-mesmes ne sont appuyées dessus quelques bons fondemés. Il nous faut donc prendre vn homme pour sujet de nostre entretien, & le considerer depuis sa naissance iusques à l'âge viril, car il est croyable qu'en ce temps-là son corps & son esprit se sont accreuz iusques à leur periode.

Ie vous ay souuent oüy faire estime de la force du sang, & reputer presque à prodige que quelque homme timide & lasche fust né d'vn pere remply de courage & de generosité : à dire le vray il n'y a point d'apparence que le fils qui est vne partie du pere n'en doiue tenir quelque chose, & tous les animaux en l'effort qu'ils font afin d'engendrer, se sentent détacher & déprendre d'eux-mesmes, comme pour se transmettre en ce qu'ils ont enuie de conceuoir. Ie confirmerois bien vostre opinion par plusieurs exemples pris de tous les siecles, & de toutes les nations ; & ce que vous dites au faict de la Vertu, ie le pourrois aussi demonstrer touchant le vice. Nous en auons vne preuue singuliere en Neron, de qui le pere qui fut vn homme tres-meschant disoit, *Que rien ne pouuôit estre nay de luy & d'Agrippine, qui ne fust detestable & dom-*

Suetone en la vie de Neron.

mageable au public. Gardons-nous pourtant de faire passer ceste maxime pour generale, puis qu'en effet elle reçoit de l'exception, & qu'elle ne se trouue pas tousiours vraye. Si cela estoit tous les enfans d'vn mesme pere luy ressembleroient, & seroient d'vne complexion toute semblable. Marc Antonin le Philosophe fut conseillé de faire tuer vn gladiateur, dont sa femme Faustine estoit éperduëment amoureuse, & incontinent aprés luy en auoir donné le sang tout chaud à boire, de s'en aller coucher auec elle : Or l'on asseure qu'Antonin Commode homme autant adonné au sang qu'il en fut iamais, fut conceu de cét embrassement. Ce sage Empereur eut depuis vn autre fils qui l'eust egalé en Vertu, si la mort ne l'eust rauy aux

Iule Capitolin en sa vie.

esperances du peuple Romain; D'où nous apprenons que les vertus, ou les vices des parens ne sont pas toufiours des preiugés de l'inclination des enfans, au bien ou au mal, & qu'il ne faut pas moins considerer les accidens qui ont accompagné leur conception, & precedé leur naissance. Les estranges effets de l'imagination des femmes, durant ce temps-là, sont trop auerés pour ne faire pas d'instance là dessus; quoy que ce soit qu'elles se representent en l'esprit, Si elles en ont vne viue apprehension, elle s'imprime aisément dedans ceste matiere molle & susceptible d'vn tel caractere, mais elle ne s'efface pas aisément. Or nous ne sçauons quelles choses ont esté alors souhaitées par les meres, ny les sujets qui ont seruy d'entretien ordi-

III. PROMENADE.

naire à leurs pensées : cependant l'experience nous fait voir que leur fruit s'en ressent ; & qu'il en est comme de certaines semences qu'on détrempe dans du vin, ou dans de l'eau sucrée, pour donner de la pointe ou de la douceur aux fruits qu'on espere d'en recueillir. C'est donc vne preuue bien debile que celle qui se tire de la naissance, & si elle n'est fortifiée d'autres considerations, on ne s'y doit gueres arrester : Les histoires nous en marquent plusieurs qui ont degeneré de la vertu de leurs peres, & d'autres aussi qui estans sortis d'vne race abjecte ont rendu des seruices signalés à leur pays, & par leurs heroïques actions se sont acquis vne reputation immortelle.

Comme de la naissance on vient à l'Enfance, puis à la Ieunesse, aussi aprés la confideration des parens de quelqu'vn, on s'arrefte aux actions qu'il fait en son âge tendre, afin d'en tirer des prognoftiques pour le refte de fes années: Car l'ame commence alors à fe manifefter, fans que fes mouuemens foient forcés, ny procedent d'ailleurs que de fa pure liberté naturelle. Alors dif-ie, on peut voir où tend l'inclination de l'efprit; & fi vous me permettez d'en parler ainfi, De ce crepufcule de la vie, on fait des predictions de fa ferenité ou de fon trouble. Alexandre parut Grand dés ce temps-là, aux Ambaffadeurs qui eftoient venus à la Cour de fon pere, par les queftions qu'il leur faifoit, Des loix & des couftumes de leur pays, de leur maniere de combattre, & comment ils entretenoient leurs ar-

Plutarque en fa vie.

mées : & son ambition éclata aussi dés lors, quand il pleura pour les victoires de son pere, disant qu'à mesure qu'il estendoit ses conquestes, il luy retranchoit les moyens d'estendre sa reputation. C'est encores à present vne chose indecise, si Alcibiade a fait plus de bien que de mal à sa patrie : il tint aussi dés sa ieunesse tous les plus habiles d'Athenes en suspens là dessus, monstrant vne ame plus capable de vices & de vertus tout à la fois, qu'aucune autre dont l'on se soit iamais apperceu. Vous en sçauez les remarques particulieres, & n'ignorez non plus que l'on reconnut au sortir de l'enfance de Caton combien il seroit ialoux de la liberté de la Republique ; en ce que voyant dans la maison de Sylla les testes de quelques-vns qu'on auoit

Valere le Grand li. 3. chap. 1.

tués par son commandement, il demanda pourquoy les Peres ne se défaisoient point de ce tyran. Et comme on luy eust representé le danger qu'il y auoit d'attenter à sa personne, pource qu'il se faisoit bien garder, & que sa cruauté estonnoit si fort tout le monde que chacun pensoit seulement à s'en garantir; il resolut à sa premiere visite d'apporter vn poignard sous sa robe, pour le luy enfoncer dans le sein quand il seroit assis auprés de luy, dequoy son gouuerneur eut bien de la peine à le détourner. Il me seroit aisé de vous apporter plusieurs autres exemples, qui authorisent l'opinion où ie suis, qu'vn homme se découure dés sa ieunesse, & qu'õ peut dés lors prendre quelque asseurance de sa conduite & de sa forme de viure à

III. PROMENADE. 169
l'aduenir : mais puisque vous estes de ce mesme sentiment, ie desire maintenant vous faire aduoüer que cela est grandement difficile en ceux qu'on n'a point obserués en cét âge-là. Lors que Tibere vint à l'Empire il y eut peu de gens qui ne creussent qu'il seroit digne successeur d'Auguste, pource qu'il dissimula son mauuais naturel auec tant d'adresse, que plusieurs eussent reputé pour coupable d'vn grand crime, celuy-là qui eust osé craindre quelque mauuais traitement d'vn si bon maistre. Ils n'a-uoient point encor veu de Prince plus courtois enuers tous les Ordres de Rome, ny qui refusast si honnestement que luy toute sorte de loüanges. On le veid se declarer ennemy des flateurs ; il ne repartoit aux médisances de quelques-

Suetone en sa vie.

vns autre chose sinon *Qu'en vne cité libre, il y denoit auoir liberté pour la langue & pour l'esprit :* des gouuerneurs de Prouinces ayans esté chargés de faire de trop grandes exactions sur les Peuples, il leur escriuit *Que c'estoit le denoir d'vn bon pasteur de tondre son troupeau & non point de l'escorcher ;* en fin il n'affectoit pas seulement d'estre estimé plein de modestie, mais encores d'humilité. Qui eust doncques osé penser qu'il eust deu se déborder en de si estranges vices comme il fit depuis en l'Isle de Caprée, qui fut nommée Caprine, c'est à dire Boucquine, à cause des lasciuetés qu'il y exerça ? Ou qu'il se fust puis aprés adonné à la rapine iusqu'à confisquer les biens de plusieurs Princes sous couleur de crimes qu'on leur imposoit, & iusqu'à faire mourir (afin d'auoir son tresor) Vonones Roy des Parthes qui s'estoit venu mettre en la protection du peuple Romain, ayāt esté chassé par les siens? Bref, qui se fust persuadé que sa cruauté eust deu venir à ce poinct là, qu'il estimoit donner grace à ceux, dont il ne faisoit durer les tourmens qu'vne iournée? Cependant Theodore Gadareen qui auoit esté son precepteur en Rhetorique, aprés auoir consideré longuement son naturel grossier & fort craintif, iugea bien que ceste timidité défiante se conuertiroit vn iour en cruauté, & disoit de luy que c'estoit *du bourbier broüillé auec du sang*; Et Auguste qui auoit tousiours eu l'œil dessus ses inclinations, prononça de luy cét oracle, *Que le peuple Romain qui se trouueroit sous de si tardiues maschoires* Le mesme en la vie de Tibere.

auroit grandement à souffrir. A cause de cela plusieurs ont estimé qu'il ne l'auoit adopté, & appellé à l'Empire, que pour faire regretter son gouuernement par la comparaison de celuy d'vn si meschant successeur: mais vn autre monstre, qui encherit depuis par dessus ses abominations m'empesche de vous en dire dauantage. Ie m'asseure que vous vous doutez bien que c'est Neron de qui i'entens parler, veu qu'il trompa tout le monde durant cinq années: & soit qu'il vouluft s'establir par vne belle monstre de Vertu, ou que veritablement il se sentist encor des enseignemens qu'il auoit receu de Seneque, il est certain que iamais nul de ses predecesseurs, ny mesme de ceux qui luy ont succedé, ne fit voir vn plus beau ny vn plus doux

C. Tacite au 1. liure de ses Annales.

commencement d'Empire. Aprés luy auoir oüy dire comme on luy portoit à signer la sentence d'vn homme condamné à la mort, *Ie voudrois ne sçauoir point escrire*, Rome se promit qu'il conseruerois les testes de ses citoyens aussi cherement que la sienne propre; mais il auoit dés son enfance fait paroistre des marques à ses domestiques, telles qu'ils ne deuoient attendre de luy, s'il arriuoit iamais à vne puissance souueraine, que des actions violétes & accompagnées de sang. C'est pourquoy i'ay tousiours creu que Seneque qui s'estoit sans doute apperceu de ceste nature felonne, luy fit ce beau liure de la Clemence, où il le dépeint tel qu'il deuoit estre, afin que par estude il s'efforçast de corriger son inclination; ou au pis aller, qu'il vou-

Suetone en sa vie, c. 7.

lust se iustifier aux siecles suiuans, de tous les maux qu'il voyoit bien que ce ieune Prince alloit commettre.

Or ce qui aide encore à faire iugement de quelqu'vn, c'est quand l'on sçait quelle en a esté la nourriture & les premieres instructiõs, sur tout auant que l'âge ait peu confirmer les inclinations natu-relles : Antisthene ayant pris vn enfant à enseigner qui luy demanda dequoy il auoit besoin, eut raison de respondre, *D'vn liure neuf, d'vne plume neuue, & d'vn papier tout neuf*, entendant vne ame non encores soüillée d'aucun vice. Tous les Politiques ont fort recommandé l'education des enfans, comme la plus importante piece d'vne Republique : *La nourriture & la discipline quand elles sont bonnes rendent les*

D. Laertius en sa vie.

Au Dialogue 4. de sa Republique.

esprits bons, ainsi qu'asseuroit Platon, *& s'ils sont bons, ils en deviennent encor meilleurs.* Ce mesme Philosophe pour exprimer vn Homme Inciuil, dit, *vn homme nourry dans vn nauire;* comme s'il suffisoit pour iuger des mœurs de quelqu'vn, de dire où il a pris sa nourriture. C'est beaucoup d'estre bien nay, mais c'est encor dauantage d'estre bien nourry : la Nature est forte & puissante, neantmoins il faut confesser que l'Institution la surmonte. Car l'Enfance est ployable à toute sorte d'habitude, & ne sçachant ce que c'est de vice ny de vertu, elle est autant susceptible de l'vne que de l'autre. Aussi ne voyons-nous personne qui n'asseure, que c'est vn vaisseau neuf qui garde long-temps l'odeur de la premiere liqueur qu'on y met, De la cire où

Au Phedre.

l'on graue sans peine ce qui vient en la fantaisie, De l'argile trempée à qui le Statuaire donne telle forme qu'il luy plaist, & qu'en fin elle peut deuenir tout ce que l'on veut. Pource que, comme ie vous ay dit, l'esprit n'estant point encores preuenu d'aucunes impressions est en estat de receuoir celles qu'on luy presentera les premieres; de sorte que puis qu'il n'est occupé de rien, il ne tiendra qu'aux parens que celuy de leurs enfans ne s'emplisse de bonnes choses. Et que ce ne soit vne verité, qu'il est presque impossible de les ramener à la Vertu quand on les a vne fois abandonnés au vice, ie ne veux que l'exemple du fils de Dion pour le prouuer à ceux qui en douteroient. Le ieune Denys aprés auoir contraint Dion de s'enfuir de Syracuse s'aduisa

Emilius Probus en la vie de Dion.

uisa d'en faire venir le fils à sa Cour, afin de corrompre son naturel par les delices & les débauches, sçachant bien que le pere en receuroit vn déplaisir plus sensible que s'il le faisoit mourir. Or Dion estant de retour au bout de quelque temps, & voulant forcer son fils à quitter ses mauuaises coustumes, ce ieune adolescent trouua la chose si rude, qu'il aima mieux se ietter d'vne fenestre en bas. Vous voyez, Timandre, comme les vices entrent auant dedans vne ame qui est encores tendre, & quelle peine il y a de les déraciner par aprés; Sçachez qu'il en est de mesme des Vertus, & ie desire vous faire voir ces deux verités comparées l'vne à l'autre. Il y eut autresfois deux peuples, entierement differens en leur maniere de viure, qui estoient les

M

Sybarites & les Lacedemoniens; dont ceux-cy ne s'employoient à rien tant qu'à se faire vn corps robuste pour le trauail de la guerre, & vne ame virile pour la Vaillance; & ceux-là ne s'estudioient qu'à effeminer & amollir l'vn & l'autre par toutes sortes de delices. Les Lacedemoniens nourrissoient leurs enfans sobrement & sans aucune delicatesse; ils les accoustumoient à toutes les iniures de l'air; ils les faisoient luiter tous nuds, & se battre les vns contre les autres; loüans ceux-cy de leur adresse, & ceux-là de leur constance à endurer sans se plaindre plusieurs coups de foüet dessus l'autel de leur Deesse; ils leur enseignoient à porter de la reuerence aux vieillards; ils les entretenoient souuent des beaux faits de leurs ancestres pour les animer à la

Vertu ; & quant à leurs discours ils vouloient qu'ils s'accoustumassent à le rendre court & sententieux, & qu'au reste ils songeassent continuellement à des actions genereuses. Pour ce qui est des Sybarites, ils éleuoient leurs enfans au sein d'vne Volupté paresseuse & languissante, où ils leur faisoient succer les vices sans les connoistre : & de mesme qu'vn estomach affoibly par les excés ne peut receuoir que des viandes legeres, leur ame se débauchoit si fort là dedans, & y prenoit vn tel dégoust des alimens de la Vertu, qu'elle n'auoit pas la force non seulement de les digerer, mais de les garder vn peu de temps. Or quels hommes pensez-vous que deuoient estre ceux qui durant plusieurs années auoient esté tenus plus mollement & plus chaudement qu'au ventre de leur mere? Qui ne souffroient point de manœuures en leur ville, de peur que leur sommeil fust troublé par le bruit de leur trauail? De qui les cuisiniers estoient les premiers precepteurs, leurs peres ayans plus de soin de leur subtiliser le goust que l'esprit? Qui faisoient la pluspart de leurs exercices dans le lict, & leurs plus serieux entretiens en des banquets où l'on estoit conuié vn an deuant, afin que les vns eussent loisir de faire des appresst magnifiques & friands, & les autres de se parer pompeusement, voulans que le luxe éclatast de tous costés, & que la lasciueté des femmes seruist de ragoust aux hommes, aprés qu'ils se seroient saoulés de viandes? Certainement ie n'estime pas que vous attendiez rien qui vaille d'vne si mauuaise education, & aussi ie ne sçaurois m'imaginer que quelqu'vn se soit iamais promis des Lacedemoniens qui estoient nourris parmy de beaux exemples, & façonnés (ie le puis dire ainsi) des propres mains de la Vertu militaire, que des actions grandes, remarquables, & dignes d'vne loüange immortelle. En effet les derniers d'entr'eux ont esté les premiers des autres hommes, & l'on peut dire d'eux tous ce que Xenophon disoit du seul Agesilaus, qu'à leur aduis, la Vertu n'estoit point souffrance, mais plaisir & volupté. Or c'estoit vne opinion bien contraire à celle des Sybarites, car l'vn d'eux en passant par la ville de Sparte où il vid les banquets publics des Lacedemoniens, dit qu'il ne *s'estonnoit plus si ceste nation estoit si* Athenée liure 4. ch. 4.

M iij

belliqueufe, & que tout homme de fain iugement éliroit dix mille fois pluftoft de mourir, que de viure comme ils faifoient.

A la fin qu'arriua-t'il de ces deux peuples? Mais qu'eft-il befoin que ie vous le die (Timandre) puifque vous fçauez bien que tandis qu'on obferua dans Sparte, la difcipline eftablie par Lycurgus pour les ieunes gens, qu'il en fortit des hommes fi vaillans, que pour peu qu'il y en euft en vne armée, leurs ennemis en plus grand nombre craignoient toufiours de venir aux mains auec eux; là où trois cens mille Sybarites furent défaits par les Crotoniates qui n'auoient qu'vne petite armée, & toutes leurs villes prifes en moins de deux mois.

C'eftoit donc auec iufte fujet que Philippe de Macedoine f'eftimoit heureux de ce qu'Ariftote viuoit de son regne, & qu'il pouuoit confier l'education de son fils Alexandre, & auec son fils, la fortune de tous ses peuples, à celuy qui a mieux entendu la Philosophie Morale que nul autre, & qui l'a escrite à mon gré auec vn aussi bel ordre qu'on en puisse voir au reste de ses ouurages. Ce Roy tresprudent auoit raison de souhaiter que celuy qui estoit né pour commander à plusieurs fust plus habile & meilleur qu'eux tous: En quoy il laissa vn aduertissement aux autres Princes qu'il falloit estre pour le moins aussi soigneux de faire l'essay des viandes qu'on donneroit à l'ame de leurs enfans, que de celles qu'on seruiroit dessus leur table pour la nourriture de leur corps. Et non seulement il le donna aux Princes, mais aussi à tous ceux qui ont des enfans, Dont la pluſ-part ſont ſi deſnaturés, qu'ils ont leurs penſées preſque touſiours occupées à rendre leurs maiſons belles, à augmenter le reuenu de leurs terres, à fournir leurs eſcuries de bons cheuaux & leurs meutes de beaux chiens : Et quant à celuy qu'ils doiuent laiſſer maiſtre de toutes ces choſes ; c'eſt à quoy ils ſongent le moins, quoy que ce deuſt eſtre leur plus ordinaire ſoucy. Car puiſque le premier qui ſe met en poſſeſſion d'vn enfant verſe ſon eſprit dedans ſon ame encore vierge, il faut bien aduiſer que ce ne ſoit pas vn homme de qui les humeurs ayent rien d'extrauagant, de ſeruile, de niais, de cruel, & en vn mot qui ſoit mal conditionné; mais au contraire que ſes mœurs ſoient ſi bien reglées qu'il ne ſ'en

III. PROMENADE.

puisse rien produire que de bon & de beau. Et ie vous diray en passant, que tous les sages ont excusé la grande espargne des peres en toute chose, pourueu que ce fust à dessein de s'en rendre liberaux enuers leurs enfans, & de ne refuser rien pour les faire vertueusement instruire.

Aprés auoir veu quelle teinture & quel ply l'ame d'vn homme a retenu de son education, il faudra s'enquerir de sa conuersation ordinaire, & apprendre à quoy sont adonnés ceux auec qui l'on sçait qu'il se plaist dauantage: car la longue frequentation a la mesme force que les preceptes, & ce que Socrate dit dedans Platon que toute excessiue iniquité ne procede pas pluftost d'vn esprit naturellement rude, que d'vn bon esprit corrom-

Au 6. de la Republ.

pu par mauuaife education, nous le pouuons dire de la hantife auec de mefchantes ames. Octauius Cefar fut prodigue de fang, tant que les deux autres Triumvirs qui eftoient de vrays bourreaux tindrent fon efprit afsiegé, & que ceux qui aimoient le bien public n'eurent point d'accés auprés de fa perfonne. Cependant il n'auoit point monftré d'exéple de cruauté auparauant, & depuis ce temps-là, il en fit paroiftre d'vne debonnaireté infigne. Nous imitons volontiers ce que nous approuuons en vn autre, & n'approchons iamais qu'auec contrainte de ceux que nous n'aimons ou n'eftimons pas : tellement que felon les perfonnes que nous admettons à noftre conuerfation, & à noftre confidence, on peut faire quelque iugement de nous mesmes. Auguste fasché de voir son petit fils Claudius, si grossier, escriuit à Liuia en ces termes, *Ie souhaiterois que ce pauure niais se proposast quelqu'vn dont il imitast la façon, le port, la contenance, & le mouuement auec moins de nonchalance:* S'il en eust aimé quelqu'vn de ceste condition, il eust sans doute rendu satisfait le desir de son grand pere. Mais ce seroit abuser du temps que de vouloir prouuer vne chose que personne encores n'a reuoqué en doute, & dont le commun a fait vn Prouerbe, *Que le semblable est aimé & recherché par son semblable;* ie veux vous declarer d'autres marques par le moyen desquelles on pourra estre à peu prés informé des secretes volontés des hommes, puis qu'aussi bien l'on n'a pas tousiours à faire à des gens de qui l'on

Suetone en la vie de Claudius.

connoisse l'extraction, la nourriture, ny ceux auec qui ils ont contracté des habitudes. Toutesfois auant que d'en venir là ie vous aduertiray qu'il est bon de se ressouuenir de certains preceptes generaux & qui sont comme les fondemens de ceste science, puis qu'ils nous font considerer l'âge, la condition, la profession, & la fortune des personnes : Mais dautant que pour s'en instruire, le trauail y est plus requis que l'industrie, veu qu'ils ont esté bien au long deduits par vn grand nombre de bons Autheurs, ie ne m'arresteray qu'à l'vn des poincts de ceste doctrine, & ie pense que vous ne trouuerez pas mauuais que ce soit celuy de l'âge. En cela ie n'auray point la presomption d'en vouloir estre creu, & ie me veux décharger du blasme que

III. PROMENADE. 189

vous me donneriez, qu'à trente-sept ans i'accuse la vieillesse de ses defauts, & que ie trouue à redire à ce qui doit auoir la censure des autres âges. Ce sera d'Aristote que ie prédray la verité de mon discours, dont l'esprit également cultiué dans les assemblées des Philosophes, & dans les Cours des Princes, paroist si meur, si solide & si iudicieux en toutes ses œuures, qu'il ne sçauroit estre peu estimé que de ceux qui ne les ont iamais leües, ou qui ne les entendent pas.

I'ay donc appris de son discours, que toutes les passions des ieunes gens sont plus aiguës que fortes, plus violentes que de durée, & qu'ils se dégoustét en peu de temps des choses qu'ils ont impatiemment attenduës. I'ay inferé de ses paroles qu'il s'en faut peu que tout

Aristote au liure 2. de sa Rhetorique à Theodecte chap. 12. & 13.

ce qui s'y void de vertueux ne prouienne de leurs defauts; si ce n'est que la bonté de Nature respire encore au dedans, où elle agit beaucoup plus que la Raison. Car s'ils sont liberaux, on le peut (ce dit-il) attribuer au peu de connoissance qu'ils ont de la necessité, ne sçachans pas que c'est vne fascheuse maistresse; S'ils sont vaillans, c'est qu'ils ne voyent pas le peril; Et ayans fort peu d'vsage du train & des affaires du monde, il n'y a pas dequoy s'émerueiller s'ils ont plus de candeur & d'ingenuité que de malice. Leur memoire n'estant point chargée de plusieurs choses passées, & en ayans à voir beaucoup dauantage qu'ils n'en ont veu, il est aisé de croire qu'ils se doiuent laisser bien pluftost gaigner à l'esperance qu'à la crainte;

III. PROMENADE.

Et c'est d'où procede ceste grande confiance qui les rend entreprenans & hazardeux pour s'acquerir de la reputation & de la gloire. Les mœurs des vieillards sont entierement contraires à celles-cy ; & pource que la froideur du sang cause en eux de la retenuë & de la timidité, leur esprit tremble aux entreprises aussi bien que les membres de leur corps. Les fautes passées les font estre grandemét considerés en leurs affaires ; & le souuenir des malices qu'ils ont veuës les tient en vne continuelle défiance. A cause aussi que ce qui est honneste regarde plus souuent les autres que nous, ils luy preferent l'vtile, induits par l'amour qu'ils se portent, qui n'est pas petit en ceste saison-là : & n'ayans presque rien à esperer de l'aduenir, ils s'entretien-

nent des choses passées, dont la memoire leur estant agreable, & sentans encor du chatoüillement à les reciter, ils en deuiennent d'ordinaire babillards. Si leur concupiscence s'émousse & diminuë d'vn costé, leur couroux s'aiguise de l'autre, & leur conuoitise va tousiours en augmentant, car ils sçauent que les richesses se perdent tres-promptement, & que l'acquisition ne s'en fait qu'auec du soin & de la peine. Et partant si l'on void qu'ils soient touchés de commiseration pour quelqu'vn, on peut bien dire que c'est par l'imbecilité de leur âge, & non point par ceste humaine debonnaireté qui y rend la ieunesse encline. Quant à l'âge viril qui est le milieu de ces deux extremités, vous iugerez bien qu'il participe de l'vne &
de

de l'autre: c'eſt auſſi pour ce ſujet que ie m'abſtiens de vous en entretenir. Mais ie vous aduertiray que ie n'ay parlé que des humeurs de l'âge, & non point des vices ny des vertus: pource que ie ſuis en ceſte croyãce que tout homme les peut acquerir de fort bonne heure, les conſeruer long-temps, & ſ'en ſeruir touſiours, ou à reparer les manquemens du naturel, ou à retrancher les ſuperfluités de nos appetits, & ie ne veux pas meſme nier que quelques-vns ne ſe ſoiét maintenus dans vne pureté & grande innocence d'ame depuis leur naiſſance iuſqu'à leur mort. Maintenant, de la meſme ſorte qu'on doit mettre l'âge en conſideration, auſſi ne ſe faut-il pas oublier de la condition des perſonnes. La richeſſe & la pauureté ſont cauſe de notables differences entre les hommes, comme pareillement les charges ciuiles & les militaires : & ceux qui sont nais dedans vne grande puissance sont autres que ceux que la Fortune y a poussé, comme le remarque tres-bien vn Historien parlant du faste & de l'arrogance de Seian. *Ceux-là* (dit-il) *ne sont pas si soigneux de se faire rendre de l'honneur, & lors qu'on y manque ils ne s'en faschent pas beaucoup, pource qu'ils sçauent bien que ce n'est point par mespris que l'on fasse d'eux. Mais ceux qui ont esté eleués en dignité affectent d'estre respectés comme chose necessaire à la perfection de leur charge : & si on ne s'acquitte pas de ce deuoir, ils s'en offencent ainsi que d'vne iniure & d'vn grand tort qu'on leur auroit fait.* D'ailleurs il se forme vne grande dissemblance de mœurs entre les personnes de

Dion, liure 58.

semblable condition par la diuersité des genres de vie & des employs auſquels ils s'adonnent; tellement qu'il faut bien obſeruer
les gentils-hommes qui ont eſté
nourris parmy les artifices & les
diſſimulations d'vne Cour, d'vne
autre maniere que ceux qui n'ont
iamais reſpiré que l'air naturel de
la campagne. Qui voudra voir toutes ces differences là, les trouuera
dépeintes de leurs naïues couleurs
dans les Tragedies & les Comedies
des Poëtes anciens : & des mœurs
de toutes les nations de la terre,
dont il ſe faut bien inſtruire quand
il eſt neceſſaire de traiter ou de viure auecques des eſtrangers, les
Geographes en ont fait la deſcri-
ption auſſi bien que de leurs Prouinces. C'eſt pourquoy i'obmets à
vous en dire les remarques : outre

que ie croirois faire vn iugement temeraire, si de ces preceptes generaux ie voulois tirer vne conclusion pour quelques particuliers. On void assez souuent plusieurs hommes nais sous mesme Ciel, noutris ensemble, d'âge égal, & de condition & de profession pareilles, auoir des mœurs dissemblables. Et c'est pour cela qu'il faut que nous ayons recours à des signes particuliers, & qui ne sont pas si trompeurs que ces obseruations generales. Or en ce faict icy, l'ordre veut que nous regardions ce qui nous vient premierement à la rencontre; à sçauoir la façon, le port, le geste, & le visage sur tout, où plusieurs sont d'opinion que nostre ame estale toutes ses passions. Il est vray que la ioye & la tristesse s'y expliquent, & specialement par le ministere de nos yeux : ils sont si fideles à nostre cœur, que quelque sentiment qu'il ait, on void bien qu'ils se l'impriment tout aussi tost. La colere les fait estinceler, là où la modestie y entretient vne lumiere sereine & tranquile : & puisque l'ame en dispose si facilement, ils peuuent seruir de signes au dehors, de ce qui se brasse au dedans. On peut dire la mesme chose de la couleur que les passions enuoyent dessus le visage : ainsi que Diogene iugea de la pudeur d'vn enfant quand il le veid rougir, ainsi la pasleur est vn indice de la crainte ; & en fin l'ame s'émeut rarement sans qu'il en paroisse quelque chose en l'exterieur. Iamais homme ne fut plus puissant en dissimulation que Tibere ; il ne parloit en public qu'à double sens,

& en vne mesme harangue ses discours se combatant presque continuellement il tenoit les Peres en doute de ses intentions. Toutesfois il ne pouuoit pas tousiours empescher que son visage n'en fust l'interprete.

Corneille Tacite liure 1. de ses Annales. Sur ce qu'il representoit vn iour au Senat (à dessein de connoistre ceux qui luy portoient enuie) que ses forces ne suffisoient pas à soustenir le faix entier de l'Empire, mais que si on luy en commettoit vne partie il tascheroit de la bien gouuerner, Gallus luy ayant demandé laquelle il desiroit, il demeura quelque temps estonné & sans parler; puis reprenant ses esprits, il respondit qu'il ne luy estoit pas seant de faire choix en ce dont il s'excuseroit volontiers. Gallus connut bien au changement de son visage qu'il s'estoit offencé de son discours, de sorte qu'il en tourna ingenieusement le sens à l'aduantage de Tibere. Mais cét Empereur plus rusé que luy ne douta point que ce ne fust la crainte plustost que la verité qui luy auoit presté ceste excuse, & deslors il resolut de le perdre comme il fit à la fin, en le chargeant d'vn crime dont il n'estoit point coulpable. Les Medecins connoissent aussi la difference des maladies purement corporelles d'auec celles qui prouiennent de l'esprit par les signes exterieurs: lors qu'Erasistrate veid Antiochus fils du Roy Seleucus auec vn visage pasle & défait, des yeux enfoncés, vn cœur languissant, qu'il ouït son poulmon pousser frequemment de longs souspirs, qu'il sentit son pouls trembloter à

Galen. liure 1. de ses Prognostiques.

la veuë de Stratonice sa belle-mere, & changer de mouuement au seul recit de son nom, il conclud que c'estoit l'amour qu'il auoit pour elle, qui faisoit tout ce rauage. Et certainement ses flammes qui auoient desia seiché les meilleures humeurs de ce corps l'eussent entierement consumé en peu de iours, si le Roy ne se fust priué de sa femme pour la donner à son fils, afin de luy conseruer la vie. L'on peut tout de mesme par d'autres indices, découurir si c'est quelqu'autre passion spirituelle qui rend la santé d'vn homme alterée quand il est malade: car nostre ame n'est point capable de plus de maniemens, que nostre visage, & nos yeux le sont de diuers signes pour les exprimer.

Ce qu'on appelle communément le port, merite bien auſſi que l'on s'y arreſte, veu que *baiſſer la teſte eſt vn ſigne de timidité, la hauſſer d'arrogance, la pancher de negligence, & qu'auoir le col ſi tendu qu'on ne le voye point fléchir monſtre ie ne ſçay quelle humeur ſauuage, & vne ame qui n'a point de politeſſe.* Les geſtes encor, ſont de bons témoins de noſtre naturel; non pas ceux dont les Orateurs ſe ſeruent aux tribunes, les Comediens ſur les theatres, & qui ſont les truchemens des muets, mais ceux-là que l'on fait ſans eſtude, ny premeditation aucune. C'eſt ce qui eſt en nous de plus inuolontaire, & qui decele tous les iours le ſecret de noſtre conſcience, ſans que nous nous en apperceuions: ie ne diray pas qu'il eſt difficile, mais preſque impoſſible d'auoir l'eſprit agité d'inquietudes, & de faire pa-

Quintilian liure 11. chap. 3.

roistre vne contenance d'homme rassis.

A ces remarques ie pourrois ioindre celles du marcher, qui est autre en vn effeminé qu'en vn homme genereux; & des vestemens aussi, dont les vns s'en font estimer prudens, d'autres s'en rendent suspects de bisarrerie, ceuxcy de nonchalance, & ceux-là d'vne trop grande affectation de noueauté: Mais pource qu'il me semble que vous deuez estre desia las d'entendre ces menuës obseruations, ie viendray à celles du discours, afin de passer par aprés aux actions, qui sont les plus certaines traces que nous puissions suiure pour trouuer cét homme que nous cherchons.

C'est vne verité connuë de tout le monde, Timandre, que la parole a esté donnée aux hommes afin de produire leur pensée au dehors: leurs discours sont les ruisseaux par où la fontaine de leur ame s'écoule; quand ils sont nets l'on ne doute point de la pureté de la source, & l'on peut dire aussi qu'elle est trouble si ce qui en sort n'est pas clair. Socrate ne pensoit pas voir vn beau ieune homme qui se tint long-temps deuant luy, à cause qu'il demeuroit dans le silence, & il luy dit, *Parle afin que ie te voye;* en quoy il donnoit à entendre que l'homme n'est point cét exterieur qui nous en paroist, mais l'ame qui est au dedans, dont il faut que nous prenions connoissance par la parole laquelle pour ceste consideration i'appellerois volontiers le visage de nostre ame. Ie pourrois faire valoir encor plus que ceste

Apulée au liure 1. de ses discours fleuris.

authorité vn precepte de nostre Escriture, *La parole découure la pensée de l'homme; Ne loüe personne auant que d'entendre son discours;* Et il me seroit facile de l'appuyer des aduis de plusieurs grands personnages qui ont dit *Que tel qu'est l'homme, tel est son discours; que ses actions & sa vie s'y trouuent conformes; & qu'il n'y a point de meilleur miroir des mœurs que les paroles, ny de plus asseuré témoignage des qualités d'vn esprit*, si ie ne croyois auoir parlé auec verité quand i'ay dit que tout le monde en demeureroit d'accord. Toutesfois ie ne voudrois pas m'amuser à tous les discours que font les hommes, puis qu'il y en a tousiours eu qui se soüillans de plusieurs vices en secret n'ont pas laissé de prescher publiquement la vertu. Ny ie ne tiens point ceste maxime, *Que l'on con-*

L'Ecclesiastique chapit. 27.

Aristote en ses Morales à Nicomaque, liu. 4. chap. 8. Cassiodore liu. 5. ep. 22. Seneque. Isidore, &c.

III. PROMENADE. 205

noiſt les perſõnes par leurs paroles, pour infaillible dans les Cours des Princes, veu que c'eſt vne choſe extraordinaire d'y voir quelqu'vn de qui le cœur & la langue ne ſoient en vne condradiction perpetuelle. Mais ie deſirerois que l'on viſitaſt vn homme dans ſon particulier, & ſeulement aux heures qu'il ne iouë point ſon perſonnage deuant les autres; car il y a peu de gens, & entr'autres de qualifiés, qui ne ſe preparent pour parler, & qui ne compoſent leurs entretiens ſelon les deſſeins qu'ils ont, auant que de ſe produire dans les compagnies. Vne des marques de la verité d'vn diſcours c'eſt quand on le profere auec vehemence, & que les geſtes de celuy qui parle ne languiſſent point, mais ſe déployent à bon eſcient: Ciceron plaidant contre <small>Quintilian liure 11. chap. 3.</small>

vn Callidius qui estoit froid en sa harangue luy dit de bonne grace, *Si tes discours estoient veritables, les prononcerois-tu de la sorte ?*

A mon aduis pourtant le meilleur moyen de découurir les inclinations de quelqu'vn, c'est de tenir registre des choses qu'on luy oira dire à l'improuiste en toutes occurrences & dessus toute sorte d'affaires : car on void bien à ces brusques & soudaines saillies que c'est l'ame qui se réueille, & qu'elle n'a pas eu encores assés de loisir pour se farder. Et ce qu'elle fait alors d'elle-mesme, nous sçauons bien que les passions le luy font faire aussi : voire iusqu'à en extorquer souuent vne confession de ses plus secretes pensées. Le couroux conceu contre quelqu'vn, ou l'affection pour quelque autre, ont maintesfois leué le masque à des dissimulations, reuelé des conspirations, & mis en lumiere des veritéz cachées qui estoient de grande importance. C'est donc ainsi qu'il faut surprendre l'homme dans son giste, ou alors que quelque passion l'incite à se défaire des entraues qu'il donne à son humeur, & de ces freins de respect, d'honneur, de dissimulation & bien souuent d'hypocrisie, dont il se retient quand il est deuant le monde. Mais auec cela ie voudrois que l'on mit ses actions en ligne de compte; dautant que les paroles sont bien l'image de la pensée, & toutesfois il y a souuent beaucoup à dire de la pensée à l'effet.

Or pour ce qui concerne ce poinct icy, lors qu'vn homme fait quelque action, ie desirerois pareillement qu'on s'informast s'il est coustumier d'en faire de semblables: pource qu'en ce cas là c'est le naturel qui se remuë. Et partant puisque les domestiques qui en sont les spectateurs ordinaires en peuuent parler auec plus de certitude, c'est à eux qu'il se faut adresser si l'on desire connoistre l'humeur de quelque personne. On doit par aprés prendre garde si c'est par vn soudain mouuement de l'ame agitée d'ailleurs que d'elle mesme qu'vn homme se porte à quelque chose: car c'est vne folie d'en attendre les mesmes effets, si les mesmes objets qui l'y ont excité ne se presentent à luy derechef. Ceux qui establirent les Areopagites preuindrent sagement en cecy les effets de l'humaine infirmité, ordonnans qu'ils rendroient leurs

Iulius Pollux liure 8.

leurs iugemens de nuict, & qu'en plaidant deuant eux on s'abstiendroit des couleurs de la Rhetorique, dont les harangueurs déguisent vn faict comme il leur plaist. Ce fut de peur que par la triste contenáce des accusés, ou de leurs accusateurs; ou par l'action artificieuse des orateurs, les iuges vinsent à vser d'vne indulgence trop grande, ou qu'ils fussent émeuz à vne seuerité démesurée.

Furius Camillus connut bien en la cause de Manlius qui se plaidoit à la veuë du Capitole, que ceste forteresse autresfois si courageusement defenduë contre les Gaulois par ce criminel, & implorée alors par luy-mesme, retenoit les iuges de le condamner: Il rompit le conseil à l'instant, & l'ayant assemblé le lendemain en vn lieu

Plutarque en la vie de Camillus.

d'où l'on ne pouuoit découurir le Capitole, Manlius y fut condamné à la mort. C'est pour cela que ie vous dy que les circonstances des actions doiuent estre rapportées & pesées auec iugement, auant que d'en inferer quelque chose: Mais sur tout il est necessaire de prendre garde à ce que les hommes font par interest. Et à cause qu'il y a des interests d'honneur, de bien, d'amour, de haine, & que ce sont les plus communs motifs des entreprises des hommes, ie vous feray souuenir de quelques ruses qui ont esté pratiquées par des hommes bien aduisés, afin de s'éclaircir des doutes où ils se trouuoient en de certaines rencontres. On peut là dessus s'en imaginer plusieurs autres, & c'est vn estude qui n'est pas de peu d'vtilité dans le monde, veu

III. PROMENADE.

qu'il n'y a presque point d'hommes qui ne tendent à leurs fins particulieres, & pas vn qui ne les cache.

Vous sçauez bien que le iugement donné par Salomon sur le differend de deux meres, à qui appartiendroit vn enfant, fit renommer sa grande Sagesse iusques aux Prouinces les plus eloignées de la Iudée : il suiuit en effet la seule adresse pour connoistre la vraye mere de l'enfant, & tout ce qui s'est fait depuis en de semblables occurrences, n'a esté qu'vne imitation de ceste admirable procedure. Ie croy que les Poëtes qui ont escrit aprés luy qu'Vlysse auoit esté découuert par Palamede en ont pris l'inuention là dessus : car ils disent que ce Roy charmé des caresses de sa femme, voulant sexempter du voyage de Troye, feignit d'estre insensé, & que comme il labouroit le long du riuage de la mer, Palamede ietta son fils Telemaque deuant sa charruë, dont Vlysse pressé des sentimens de la Nature détourna ses bœufs, laissant à iuger à Palamede que sa folie n'estoit qu'vne feinte. Depuis ce temps-là Vlysse enuoyé pour reconnoistre Achille qu'on nourrissoit sous vn habit de fille auec plusieurs de ce sexe, mesla parmy quelques affiquets propres à des femmes, vn petit corcelet & vne lance. Et soudain qu'Achille les eut choisi entre tout ce qu'il voyoit, il ne douta plus que ce ne le fust ; & luy remonstrant la honte & l'ignominie dont il se chargeoit, il le fit renoncer à ses habits & à sa compagnie, & l'emmena deuant Troye, où les oracles asseuroient que sa presence estoit necessaire.

Les Areopagites firent de mesme à vn enfant qui auoit emporté vne lame d'or tombée de la couronne d'vne Diane. L'ayant fait venir en iugement ils luy presenterent des poupées, des osselets, & d'autres iouets d'enfant auec ceste lame d'or : & comme il l'eut prise de rechef sans toucher au reste, ils declarerent sa premiere action auoir esté vn sacrilege, & sans entrer en consideration de l'âge, ils chastierent le crime. C'estoit bien authoriser ce que disoit le Philosophe Chilon, que comme la pierre de touche fait discerner le bon or d'auec le mauuais, aussi l'or estoit l'espreuue des bonnes & des mauuaises ames. Ce n'est donc pas sans sujet si plusieurs personnes

Elian liu. 5. de son Histoire diuerse.

Diogene Laertien en la vie de Chilon.

O iij

pour iuger de quelqu'vn, le veulent considerer dans le ieu, croyans que c'est où l'humeur se tire hors de ses enuelopes : & il est bien vray que les auares entre autres y donnent de bonnes preuues de leur naturel. Car le desir du gain leur fait dire tant de choses indignes d'estre pensées par d'honnestes gens, que ceux qui les voyent hors de là monstrer quelque trait de liberalité estiment auec raison que ce n'est que pour acheter de la reputation, qui ne leur sçauroit arriuer par vne autre voye. A cause aussi que le vin eschauffe l'humeur qui predomine en l'homme, plusieurs en des festins iettent sur le tapis des propositions premeditées, & s'en seruent comme d'vne sonde pour sçauoir le fonds des sentimens de quelqu'vn ; ce qui me re-

III. PROMENADE. 215
met en memoire l'inuention de
Denys le tyran de Syracuse, pour Valere le
connoistre si deux hommes qui Grand.
luy auoient souhaité du mal en
beuuant, y auroient esté portés par
l'yuresse, ou par vne mauuaise volonté. Il les fit venir souper auec
luy, & dautant que l'vn se retint de
boire pendant que l'autre ne s'y espargnoit pas, ceste circonspection
luy fit iuger qu'il auoit commis sa
faute par malice. Il l'en fit punir
tout incontinent; pardonnant à
l'autre, pource qu'il creut que le
vin l'auoit fait entrer dans la médisance de son compagnon. Mais
Phryné, ceste courtisane fameuse,
fut-elle moins subtile à l'endroit
de Praxitele, qui luy donnoit la
plus belle de ses statuës, à conditiō qu'elle seule en feroit le choix?
comme elle veid qu'il auoit beu
O iiij

autant de vin qu'il luy en falloit pour declarer la verité, elle attitra vn homme qui luy vint crier d'effroy que sa boutique estoit bruslée. Alors tout ému de ceste nouuelle, il demanda si le Cupidon estoit sauf; d'où ceste femme ayant appris que c'estoit la meilleure piece, elle la demanda, & Praxitele s'acquitta de sa promesse. Ie pourrois ioindre à ces inuentions de découurir le sentiment de quelqu'vn, que les Italiens prennent de la défiance de ceux qui leur font des caresses extraordinaires, comme s'ils auoient quelque mauuais dessein; & que les Espagnols enseignent à dire vn mensonge pour tirer vne verité de celuy à qui ils parlent : Toutesfois puisque le premier aduis n'est pas de grand vsage que contre des hommes trom-

Pausanias au 1. liure.

III. PROMENADE. 217

peurs, ny le second que pour sçauoir finement vn secret, ie ne suis pas resolu de m'y arrester plus long-temps.

Mais ie ne desire point que nous finissions ceste Promenade, sans voir vne application de ce que nous venons de déduire; & remettans au discours que nous ferons de la Prudence, à móstrer les fruits qu'on peut recueillir de ceste connoissance des hommes; ie suis d'aduis que pour ceste heure nous nous contentions de voir la pratique de nos regles dessus quelque sujet remarquable.

Auant que Iules Cesar eust vsurpé la puissance souueraine dedans Rome, il n'y auoit personne qui ne fust en peine de ses desseins, & qui n'en fist quelque iugement selon les apparences qu'il en voyoit; &

trois grands personnages à sçauoir Sylla, Caton, & Ciceron, ayans pris leur augure chacun dessus vn signe, Sylla rencontra beaucoup mieux que ne firent les deux autres. Caton ne se pouuoit persuader *qu'vn homme qui estoit sobre & qui ne beuuoit point de vin consentist à la subuersion de la Republique;* Ciceron considerant sa façon de viure auec le peuple en eut quelque leger soupçon, mais *quand il contemploit sa cheuelure si curieusement agencée, & comme il gratoit sa teste du bout du doigt seulement, il ne s'imaginoit point que la conspiration contre l'Estat fust là dedans.* Sylla tout au contraire, dit de bonne heure aux principaux citoyens de Rome, *qu'ils se deuoient garder de ce ieune homme qui ne serroit iamais sa ceinture.* Or si l'ambition & la conuoitise de regner ne pouuoit

Suetone en la vie de Iules Cesar.
Plutarque en la vie du mesme Cesar.

III. PROMENADE. 219

estre eschauffée que par le vin, Caton eust eu de la raison en sa conjecture; mais d'autres deuant Cesar se trouuent auoir aspiré à la domination de leur pays qui estoient sobres aussi bien que luy. Ciceron non plus ne deuoit pas s'en tenir au soin que ce mesme homme apportoit pour ne troubler point l'ordre de ses cheueux; luy qui sçauoit bien qu'Alcibiade, le plus remuant de son temps, auoit esté fort curieux de sa bonne mine. Pour ce qui est de Sylla, ce ne fut pas sans apparence qu'il iugea que celuy qui en sa ieunesse ne pouuoit souffrir la contrainte d'vne ceinture, auroit estant homme le desir de se voir libre & affranchy de toute subjection : Ie pense neantmoins que quand il parloit ainsi de Cesar, c'estoit autant pour le designer, que pour dire qu'il en falloit mal iuger par cét indice.

Ma raison est qu'il en auoit d'autres apparences bien plus pregnantes. Car fut-ce pas vne chose estrange que Cesar en sortant de l'adolescence osa demáder au peuple vne place de Prestrise qui vacquoit, veu qu'il estoit allié fort proche de Marius, & que cela arriua durant que les horribles carnages que Sylla faisoit faire épouuantoient tout le monde ? C'est pour cela qu'il disoit qu'en ce ieune homme il y en auoit plusieurs tels que Marius: & c'estoit aussi de ses paroles & de ses actions qu'il en falloit apprendre quelque chose de veritable. Or Ciceron qui auoit sceu pendant son Consulat tout le secret de la coniuration de Catilina, n'auoit-il pas d'assés suffisan-

III. PROMENADE. 221
tes preuues que Cefar y auoit trempé? Et Caton mefme le pouuoit-il ignorer aprés luy auoir oüy prononcer cefte harangue fi artificieufe que nous trouuons dans Sallufte? Sçauoient-ils pas que pour renuerfer leur credit (cependant qu'affiftés de Catulus Luctatius ils f'efforçoient de maintenir la dignité du Senat) cét efprit ambitieux auoit reconcilié Craffus & Pompée & f'eftoit ioint à eux, non par vn defir d'augmenter leur puiffance qui eftoit tres-grande, mais afin de f'en feruir à l'accroiffement de la fienne, & le tout à la ruine de la Republique? Ses profufions en des ieux & des feftins publics, où Plutarque dit qu'il abyfma la magnificence de tous ceux qui en auoient fait auparauant; les largeffes de bled qu'il folicitoit

pour le peuple ; & ces careſſes dont il eſtoit ſi prodigue, viſoient-elles à vn autre but qu'à la faueur de la populace, afin d'auoir le plus grād nombre de ſon coſté? Mais ce qu'il affirmoit vn iour qu'il euſt mieux aimé eſtre le premier en vne petite ville où il paſſoit, que le ſecond dans Rome ; ce vers d'Euripide qu'il auoit ſi ſouuent à la bouche

Qui veut fauſſer le Droit, que ce ſoit pour regner,
Sois iuſte en autre choſe.

& tant d'autres diſcours ſemblables, ne donnoient-ils pas aſſés à connoiſtre qu'en conſpirāt la perte de la liberté, il aſpiroit à l'eſtabliſſement de la Monarchie? C'eſtoit donc par tous ces indices-là que Caton & Ciceron deuoient preſentir les remuëmens de ce perſonnage, comme ils firent quand le temps d'y remedier fut passé? Et c'est aussi ce que j'auois intention de vous dire, Timandre, à sçauoir que quand on veut faire iugement de quelqu'vn, il est necessaire de concerter tous les signes ensemble, de considerer meurement ceux qui sont moins trompeurs que les autres, & ceux dont il y en a vn plus grand nombre. Aprés cela ie ne pense pas qu'vn Honneste homme puisse estre deceu en ses conjectures, car il s'asseurera par ce moyen des hommes auec qui il sera bon de faire amitié & confidence entiere, comme aussi de ceux auec lesquels il faudra vser de precaution, pour se garantir de leurs surprises.

IV. PROMENADE.

Des Sciences qui sont necessaires à un Honneste homme.

JE NE doute point que vous ne trouuiez inutile la plus grande partie du discours dont ie desire que nous nous entretenions auiourd'huy, Timandre; & ie m'asseure bien que vous auriez de la peine à m'en excuser, s'il ne nous falloit estre long-temps à l'ombre de ces arbres, & à la fraischeur que ces ruisseaux entretiennent en ce lieu, puisque le Soleil nous enuoye vne chaleur extraordinaire. Car ie vous ay oüy dire que de mesme qu'vn ancien regarda si cét homme auoit des yeux qui demandoit

pourquoy

pourquoy la beauté eſtoit aimable, vous douteriez auſſi que celuy-là euſt les ſentimens d'homme qui s'enquerroit pourquoy la ſcience eſt aimée de tant de gens. Aprés cela ie crains que vous n'eſtimiez ſuperfluës les loüanges d'vne choſe, qui ne ſçauroit à voſtre iugement eſtre blaſmée de perſonne. Mais puis qu'il y a eu des eſprits ſi monſtrueux qu'ils n'ont point eu de honte de nier vne diuine Prouidence, quoy qu'ils euſſent deuant leurs yeux la ſtructure ſi bien ordonnée de cét Vniuers; & que d'autres encor trouuent tous les iours à reprendre aux œuures de la Sageſſe infinie; vous deuiez bien croire que la ſcience auroit ſemblablement ſes ennemis, ou afin de parler auec plus de raiſon ſes enuieux. Car ie ne penſe point que ce soit par haine que plusieurs s'en mocquent; & s'ils ne desesperoient d'en iouïr, i'oserois bien iurer qu'ils en feroient la recherche. Vous ne vous attendez pas que ce soit des ignorans volontaires que ie veüille parler, puisque comme les tenebres sont opposées à la lumiere, chacun sçait sans qu'on le die que l'ignorance l'est à la science : & pour moy, aprés l'aduertissement d'Aristippe qu'il est plus dangereux de rencontrer quelqu'vn de ces gens-là qu'vn mendiant, *pource que l'vn n'est necessiteux que d'argent, là où l'autre a besoin d'humanité*, ie me garderay bien toute ma vie d'aller heurter contre ces pierres. Ie n'ay en effet pour eux que de la compassion, voyant que non seulement ils ne se contentent pas de se pardonner leur ignorance, & de

Diogene Laertien en la vie d'Aristippe.

f'y plaire; mais encore de ce qu'au lieu de respecter le merite que d'honnestes gens se sont acquis par leur trauail & par leurs veilles, ils s'en rient sotement, & leur tournent à mespris cela dont les Sages feroient gloire, si leur modestie souffroit qu'ils se glorifiassent de quelque chose. Ceux-là donc à qui i'ay à faire ne doiuent pas estre tenus pour des hommes entierement ignorans: mais il est bien veritable qu'ils sont beaucoup moins sçauans que temeraires, de calomnier la Science qui enseigne aux autres les moyens de se defendre, & d'accuser. Ils ont d'ailleurs des raisons tellement ridicules, que nonobstant le peu de commerce que i'ay auec les bónes lettres, i'espere bien d'en faire connoistre la foiblesse; & que vous iugerez vous-mesmes que ceste sorte d'esprits ressemble à ceux qui ayans la veuë debile, quand ils viennent au grand iour priueroient le Soleil de la moitié de sa lumiere s'ils en auoient le pouuoir, pource qu'ils la trouuent trop brillante.

Le premier dégoust qu'ils nous en donnent, c'est qu'ils nous font peur de son abord, disans qu'elle a vn sourcil seuere, des humeurs arrogantes, qu'elle prend de l'authorité par tout où elle est, qu'on la void tousiours preste à quereller quelqu'vn. En fin que S. Paul a dit *que la Science enfle*, & qu'en suite de la cheute où le premier homme fut poussé par le trop grand desir de sçauoir, plusieurs doctes personnages se sont precipités dedans les erreurs, dedans les troubles de religion, & dedans l'atheïsme.

Auant que de respondre à ceste accusation, ie vous diray Timandre, que de tout temps on s'est plaint de ce que les Republiques ne commettroient personne à la recherche des esprits, pour connoistre à quoy ils estoient propres, afin de les y appliquer par aprés. Car on eust par ce moyen-là empesché beaucoup de desordres d'Estat; & les particuliers se fussent faits riches d'honneur & de gloire sans que le public en eust receu de dommage. De là ie desire que vous inferiez que plusieurs esprits se sont adonnés aux lettres à qui il eust esté necessaire de les defendre; ou du moins qu'il les eust fallu ietter dans les disciplines auec lesquelles leur naturel se fust accordé pour faire du bien à tous, & n'estre nuisible à personne. C'est vne chose veritable qu'vn homme ambitieux & enclin à l'iniustice, quád il est armé d'vn bon sens, & fortifié des preceptes de la Science Politique, est capable d'ébráler vn Estat, si sa fortune seconde tant soit peu sa malice. Ie voudrois aussi qu'on retint ce genre d'esprits dans les bornes de la Philosophie Morale, pour les détourner par ses enseignemens & par ses beaux exemples, du mal où leur naturel les porteroit; & ie ne permettrois point qu'on leur découurist les secrets de la Politique, puis qu'auecques les moyens de bastir vn Estat on y apprend ceux de le détruire. Mais à vostre aduis est-ce vn vice des Sciences ou de l'esprit qui s'y adonne; & n'est-ce pas faire iniustement que d'imputer à la saincte Theologie les erreurs d'Origene, de Tertullian, voire de plusieurs Heresiarches? N'ont-ils pas au contraire, donné à connoistre qu'ils n'en auoient point la parfaite intelligence au faict de leurs doutes? ou plustost qu'emportés du vent, & de la superbe d'vn esprit opiniastre & particulier, ils ne luy vouloient pas deferer? Ne fut-ce pas la mesme occasion du peché d'Adam, & n'a-t'on pas tort de l'attribuer à la Science, puisque son crime fut vne desobeïssance & vn orgueil si démesuré, qu'au grand mépris des commandemens de son Createur, quoy que paistry d'vne fresle argile, il osa bien aspirer à vne souueraine independáce? C'est encor ce mesme vice qui nous produit auiourd'huy les Athées & les prophanes; Se laissans flater à leurs appetits à qui la Religion ordonne des bornes qu'ils ne peuuent souffrir, ils ont introduit des preceptes de libertinage. Mais quoy qu'ils fassent bouclier de la Philosophie, elle n'a iamais esté de leur party. Ses maximes sont tirées des principes de la Nature, qui est trop estroitement attachée aux volontés de Dieu, pour donner sujet à quelqu'vn d'esperer qu'elle en voulust ruiner la croyance, ny l'adoration. Elle nous enseigne au contraire à lire dans ce grand liure du monde les effets de son admirable sagesse; & nous imprimant vne respectueuse crainte de sa redoutable puissance, elle fait horreur à nostre esprit de toutes les pensées où il y a quelque meslange d'impieté. I'aduouë que des Sophistes abusans de ses inuentions se sont efforcés assez souuent de seduire la

croyance des simples, & qu'on
nous aduertit sagement de ne nous
laisser pas surprendre à leurs artifices; toutesfois qui la voudroit
supprimer pour cela, ne ressem-
bleroit-il pas à ces furieux qui s'ar-
meroient contre leurs Princes legitimes, sous couleur que d'autres
auroient conuerty leur puissance
en tyrannie ? Si nous auons des
scrupules si delicats, nous ne trouuerons rien dont nous osions nous
seruir, puisque toutes choses nous
peuuent nuire. Il faudra décrier
l'argent, sur la consideration de
l'auarice & de la prodigalité ; il
faudra defendre l'vsage des viandes, pource que quelques-vns sont
tombés malades au sortir de table;
& iusques aux choses sainctes on
les craindra, puis qu'il y a des ames
hypocrites qui se seruent des ieus-

S. Paul aux Colossiens, chap. 2. vers. 8.

nes & des aumofnes afin de tromper le monde. Or ce ne font pas les inftrumens que nous employons à nos mauuaifes actions qui font coupables de la faute, & dignes du blafme qu'on en reçoit. Vne efpée dont vn mefchant homme fait vn homicide, ne doit pas eftre appellée en iugement, puis qu'entre les mains d'vn vertueux elle n'auroit feruy qu'à quelque action genereufe; & l'on peut dire auſſi que la Science ne communiqua iamais d'orgueil à ceux qui n'en auoient point l'ame entachée. Ie m'eftonne que ceux qui difent que S. Paul y a trouué de l'enflure ne confiderent à quel fujet il en parloit de la forte, & qu'ils ne lient les chofes precedentes aux fuiuantes: car outre qu'il l'entend d'vne fcience feparée de la charité qui en eft l'af-

IV. PROMENADE. 235

saisonnement, on void bien que c'est plustost aux doctes qu'à la doctrine qu'il en veut, puis qu'il dit immediatement après, *Que si quelqu'vn pense sçauoir quelque chose, il n'a encores rien connu comme il faut connoistre.* Et c'est pour cela qu'en vn autre endroit il témoigne *que celuy qui ne consent point à la doctrine de pieté est enflé & ignorant, & qu'il languit autour des questions & debats de paroles*, estant veritable qu'entre ceux qui font profession des lettres, vn meschant Grammairien qui n'aura iamais rien fait que racler la suye de quelque autheur enfumé, pour nous en découurir les paroles, fera plus du renfrongné qu'vn homme consommé dedans les plus solides connoissances. La raison est que telles gens tiennent encor par vn bout à l'ignorance, *qui apporte tous-*

_{En la 1. aux Corinth. chap. 8.}

_{En la 1. à Timothée, chap. 6.}

iours de la confiance, ainsi que la science est accompagnée de crainte, selon que le reconnut S. Ierosme, après l'aduis qu'il en auoit eu des Grecs : & comme en vne balance le bassin le moins chargé s'éleue, & celuy où il y a plus de poids se baisse deuers la terre, aussi *d'autant moins que quelqu'vn a d'entendement, d'autant plus s'efforce-t'il de l'estendre & au haut & au large.* C'a esté pour vous effacer l'impression que l'authorité d'vn si grand esprit auroit peu faire sur le vostre, au deshonneur des Sciences, que ie vous ay dit toutes ces choses : & ie veux pour la mesme raison continuer la confirmation de ceste verité, par des exemples irreprochables.

Lors que les Sciences arriuerent d'Egypte & de la Phenicie en la Grece, ceux qui rechercherent les

En vne epistre à Euagrius.

Quintilian.

premiers leur conuerfation creurent en auoir découuert tous les fecrets, & confentirent qu'on leur donnaft le tiltre de Sages : Mais ayant efté mieux reconnuës auec le temps par Pythagore, celui-cy f'apperceut bien que ceux qui l'auoient precedé f'eftoient trompés, & qu'ils auoient par trop prefumé de leur efprit. De forte qu'il fe contenta du nom de Philofophe, c'eft à dire d'eftudiant, aimant, ou afpirant à la Sageffe. Aprés luy, ce nom-là fut pris par tous les profeffeurs des bonnes lettres qui enfeignerent en Grece ; & à mefure qu'ils f'aduancerent en fuffifance ils diminuërent de la bonne opinion de leur connoiffance, la iugeant de fort petite eftenduë. Socrate le premier de tous en fit vne tres-franche confeffion, ne fe vantant que de sçauoir vne chose qui estoit de ne sçauoir rien du tout: en quoy il fut suiuy des Academiques, qui publierent qu'on ne pouuoit rien asseurer dequoy que ce fust, & des Pyrrhoniens aussi, qui reuoquoiét mesmes en doute qu'on deust nier ou affirmer quelque chose. Par là vous pouuez iuger que les plus sçauans n'estoient pas les plus enflés d'orgueil, puis qu'ils n'osoient se preualoir d'aucune science : Et si quelqu'vn s'en est acquis la possession, il n'est pas croyable qu'il en ait fait le vain, puisque la verité qui est pleine & solide, & la presomption qui est vuide & legere, ne sçauroient compatir ensemble. Pourquoy pésez-vous que Theophraste se soit plaint de la Nature qui auoit donné vne si longue vie aux Cerfs & aux Corbeaux, & si peu d'années aux hommes, sinon à cause que la mort preuient la vraye connoissance des Sciences & le parfait vsage de la Sagesse; & qu'en mesme temps qu'elles commencent à viure dans l'esprit des hommes, ils sont contraints de déloger de ce monde? Cependant la Grece n'eut point d'homme capable de succeder à son Aristote que celui-cy : & tous ceux aussi qui n'ont pas esté en cela de son sentiment, n'ont iamais eu la bonne teinture de sa doctrine. Void-on rien de plus humble qu'Hippocrate, ce Medecin si sçauant qu'il semble estre venu au monde pour reparer les infirmités de la nature des hommes? Il confesse en plusieurs endroits de ses œuures qu'il s'est maintesfois trompé, ce que le plus ignorant Empyrique n'aduouëroit iamais de foy. Les Muses s'offenceroient si quelqu'vn vouloit arracher à Virgile la couronne immortelle qu'elles luy ont tissuë de leurs propres mains, & par-auanture ses loüanges n'auroient pas esté trouuées mal-seantes en sa bouche, puis qu'il eust dit la verité, & de bonne grace; Si est-ce que deux ou trois écetuelés, ialoux de sa gloire, n'eurent en échange de leurs mépris iniurieux en son endroit, que des témoignages de sa modestie. Ciceron s'estoit estonné de son stile ne voyant que ses premieres œuures; il auoit les bonnes graces d'Auguste qui se connoissoit tres-bien en Poësie; Mecenas l'aimoit cherement; & les meilleures plumes de son siecle s'estoient employées à le loüer: Cela n'empescha pas que ie ne sçay quel homme

homme nommé Peron, vn Philistus, & quelques autres Poëtastres ne blasmassent par tout ses escrits & en sa presence mesme. Or il s'émeut aussi peu des loüanges de ceux-là, que des médisances de ceux-cy, ne voulant point oster au public qu'il faisoit iuge de ses œuures, la liberté de les improuuer. Bien éloigné de l'orgueil & de l'arrogance de ces mauuais rithmeurs, qui composeroient volontiers des Satyres contre ceux qui refusent leur applaudissement à leurs sotises; & de ces esprits querelleux, qui dés le commencement de leurs liures intimident les Lecteurs, comme s'ils n'auoient pas le droit de censurer ce qui leur a esté donné. Ie pourrois alleguer vn nombre infiny d'autres personnages d'vne eminente science, & particuliere-

Q

ment des venerables Peres de l'Eglise, qui tout pleins qu'ils en estoient ne se sont jamais departis de l'humilité Chrestienne. Si ie ne pensois que vous croyez maintenant, qu'il n'appartient qu'à ceux qui ne connoissent pas bien encor la Science de se persuader faussement qu'ils la possedent, & de faire ostentation d'vne suffisance imaginaire.

Aprés les calomnies dont l'on tasche de noircir les Sciences en matiere de Religion, l'on s'efforce de les rendre suspectes aux Estats, supposant qu'elles pervertissent les esprits au preiudice notable de la Republique. Tantost on les accuse d'en dérober plusieurs au bien & au seruice des autres, en les arrestant à des contemplations inutiles, & à vne maniere de vie solitaire, faineante, & qui leur abastardit le courage. Par fois on dit que les sçauans sont mal propres au gouuernement, Ou pource que la diuersité des exemples qu'ils ont dans la memoire les rend irresolus, & qu'en vne ressemblance de deux Estats, la dissemblance des circonstances estonne si fort leur iugement qu'il ne sçauroit s'en demesler, ny donner vn conseil bien sain, Ou pource qu'ils ont de la peine à démordre des maximes de leurs liures, quoy qu'elles ne soient pas admissibles en tous temps, ny en tous gouuernemens. Et auec cela on leur reproche que les siecles & les Estats florissans en lettres, ont esté beaucoup plus trauaillés de guerres & de seditions que ceux où l'on ne faisoit profession que de la Vertu militaire, comme si la

Q ij

Science auoit alteré & corrompu les mœurs des hommes, d'où par aprés ce seroit ensuiuie la ruine ou du moins le changement de l'Estat.

Pour ce qui concerne le premier reproche fait aux Doctes, Que d'ordinaire ils se laissent enchanter par les Sciences, & trainer par elles, dans l'ombre & le silence de quelque seiour escarté de la compagnie des autres hommes, pour y viure en vn repos presque pareil à celuy des morts, il s'en faut beaucoup que cela soit tousiours veritable, & s'il l'a esté en quelquesvns, il n'a pas tousiours esté à reprendre. Plusieurs qui se sont éloignés du bruit & de la foule des peuples, les ont plus vtilement seruis en vacquant à la meditation, que s'ils eussent continuellement vefcu parmy eux. J'aduouëray bien que Democrite auoit tort comme gouuerneur de fa ville d'Abdere, d'eftre fi affidu aux Anatomies, où il cherchoit les caufes naturelles de quelques maladies qui eftoient inconnuës en ce temps-là: & toutesfois (ainfi qu'Hippocrate le témoigna depuis) le dommage que la fufpenfion de fes occupations politiques euft peu apporter à fes Citoyens, ne contrepefoit point le bien qui arriuoit de fon eftude à tous les hommes enfemble. C'eft pour vous faire voir, Timandre, que l'oifiueté des fçauans eft toufiours ferieufement employée: Et de mefme qu'il y a eu des Roys qui de leur cabinet ont donné de la peine à leurs ennemis, & diffipé des armées fans fe mettre à la campagne; ainfi les Doctes y trauaillent à des œuures, qui seruent par après d'armes au public pour faire la guerre au vice & à l'ignorance. L'Empire des Lettres n'est point borné ny par des mers, ny par de certaines montagnes; ceux qui en ont l'administration prescriuent les deuoirs à tous les hommes en general, & les déterminations de Platon, d'Aristote, de Plutarque, de Seneque, & d'autres semblables hommes, seruent auiourd'huy de regle à tous les honnestes gens de la terre. On ne sçauroit donc pas nier qu'ils ne soient grandement vtiles au public; mais vous l'allez connoistre encor plus particulierement Timandre, par les exemples que ie vous veux rapporter. De toutes les Sectes des anciens Philosophes, la Pythagorique s'est le plus attachée à la contemplation : & nous n'auons point oüy parler d'aucune qui aimaſt les delices & le repos à l'égal de celle d'Epicure. Celle-là faiſoit garder à ſes diſciples vn ſilence de cinq ans afin d'accouſtumer leur eſprit à la ſpeculation, s'éleuoit continuellement vers les Cieux pour en remarquer les mouuemens, conſideroit les proprietés des nombres & des figures Mathematiques, & ne parloit des choſes naturelles que par proportions, en ſeparant les formes d'auec leur matiere. De crainte meſmes que l'ame épurée dans ces exercices, vint comme par contagion d'vn corps nourry de viandes pleines de ſuc & de ſang à en contracter quelque ſoüillure, elle defendoit l'vſage des chairs, renuoyant ſes ſectateurs aux herbes des iardins, & aux fruicts les moins vaporeux, leur commandant de les manger tels qu'ils auoient esté assaisonnés par le Soleil & les Elemens. L'autre Secte n'ayant pour obiet de sa felicité qu'vne vie tranquile, nette de passions, exempte de soins & d'affaires, fuyoit toutes les occasions qui luy pouuoient apporter de l'inquietude. Et c'est pour cela qu'elle s'éloignoit de la veuë du reste des hommes, & qu'elle disoit que le Repos en la Solitude estoit l'vnique port où l'on pouuoit demeurer à l'abry de tous les vents, & de toutes les tempestes de la vie. Neantmoins ny Pythagoras, ny Epicure ne dogmatiserent iamais contre le bien public; Au cötraire le premier escriuit en vne lettre à Aximenes, *Que la recherche des Sciences n'estoit pas tousiours conuenable au Sage, & qu'il*

[marginal note:] Diogene Laertien en la vie de Pythagore.

IV. PROMENADE. 149

valoit mieux s'adonner quelquesfois au seruice de sa Patrie; Qu'aussi ses fantaisies ne luy estoient pas si cheres, qu'il n'interrompist bien ses estudes pour s'empescher des troubles ciuils qui auoient armé l'Italie contre elle-mesme. Pour ce qui regarde Epicure, il est vray qu'ayát esté tousiours contraire à Zenon, qui vouloit que le Sage s'entremist des affaires publiques si quelque accident ne l'en empeschoit, on ne deuoit pas s'attendre qu'il s'en meslast de son bon gré. Toutesfois en vne occasion pressante, & où l'Estat auroit besoin de la suffisance de quelqu'vn des siens pour estre bien administré, il leur conseilloit de n'en refuser pas la peine. On le louë aussi de n'auoir point quitté son pays au fort des guerres; & de ce que dans la desolation de ses compatriotes il monstroit

Seneque au traité de la vie heureuse.

D. Laertien en sa vie.

de rares exemples de patience, ne faisant ses repas que de pain & d'eau, & ses banquets d'vn peu de formage. Auec cela nous auons vne preuue bien claire qu'il n'aimoit point tant à se recueillir dans soy-mesme, qu'il en perdist l'affection qu'il deuoit auoir pour les autres : Car il est l'autheur de ceste belle Sentence, *Que faire du bien à autruy n'est pas seulement chose plus honneste que d'en receuoir, mais encore beaucoup plus plaisante.* C'est donc vne calomnie de dire que les sçauans se détachent des interests du public, comme s'ils ne s'estimoient pas en estre eux-mesmes vne partie. Et si quelques-vns d'entr'eux se trouuent auoir fuy le ministere de l'Estat ; c'estoit sans doute en vn gouuernement populaire desia si corrompu qu'ils y iugeoient leurs

[marginal note: Plutarque au traité Qu'il faut qu'vn Philosophe conuerse auec les Princes.]

remedes inutiles, & peut-estre nuisibles à eux-mesmes : Imitans en cela Cleanthes qui disoit en vn tel rencontre, *Si mes comportemens estoient mauuais ie me rendrois déplaisant aux Dieux; S'ils estoient bons, ie serois mal voulu des hommes.*

Stobée au 43. discours.

Aprés s'estre persuadés que les esprits des gens doctes croupissoient dedans l'oisiueté & la paresse, ils sont tombés en cét erreur, Qu'il ne se pouuoit faire que leurs courages ne s'y chargeassent de roüille, & n'en deuinsent impropres aux fonctions militaires; mais ils donnent bien à connoistre par là, qu'il est impossible de se rendre ennemy de la Science, sans l'estre en mesme temps de la Verité. Car si nous prenons les grands Estats pour nostre objet, Sçait-on pas qu'aprés que les Sciences eurent passé d'Orient en Occident les Empires firent le mesme chemin? Que la Grece, aprés qu'elle eut butiné le sçauoir du Leuant, y alla se faire riche du reuenu de ses Prouinces sous l'heureuse conduite d'Alexandre? Que l'Italie s'assujettit entierement la Grece par armes, lors qu'elle fut deuenuë plus sçauante qu'elle? Que nostre Charlemagne qui porta le Sceptre de l'Empire en France, rendit nostre nation conquerante en mesme temps que sçauante? Bref peut-on dire que Pallas ait demeuré auec son attirail militaire en quelque lieu, sans celuy de la Science? Certainement la force eust esté inutile sans la conduite, & le conseil deuoit preceder & assister l'execution; car quelque puissance que ce soit, si elle en est destituée, C'est vn Samson à qui l'on a coupé le poil fatal, C'est vn Polypheme que l'on a priué de la veuë. Ie sçay que l'on m'opposera la force de Sparte, Republique haïssant les lettres iusqu'à bannir les sçauans, puissante en hommes, florissante en armes, grande en reputation, & qui se rendit le Chef de la Grece aprés auoir triomphé de la docte Athenes. Mais qui ne sçait pas que ce fut en vn temps où les Atheniens prestoient la main à leur ruine par leurs desordres; le peuple se laissant mener à la discretion des harangueurs qui le flatoient, & rejettant les aduis des plus habiles aux sciences, aussi bien qu'au gouuernement? Auec cela, Sparte n'estoit pas du tout ignorante; car le dessein de Lycurgue ayant esté d'en faire vn peuple vaillant, il voulut qu'on enseignast aux enfans l'histoire des genereux personnages, & qu'on leur recitast tous les iours leurs plus heroïques actions. Or c'estoit vne doctrine suffisante pour la direction d'vn petit Estat comme le leur. Mais c'est assez de repliquer, Qu'en fin ceste grande puissance des Lacedemoniens fut renuersée par les Thebains, lors qu'ils se furent aduisés de fier leurs forces à la conduite d'Epaminondas l'vn des plus sçauans hommes dont l'on ait oüy parler : Et vous n'ignorez point Timandre, que ce ne soit à luy qu'on en doit attribuer toute la gloire. Car deuant que les Thebains l'eussent creé Chef de leur armée, on ne parloit d'eux que comme de gens grossiers ; & s'ils auoient de la proüesse, les effets n'en auoient point encore paru.

IV. PROMENADE.

Mesmes, on sçait bien qu'ayant esté par les sourdes menées de quelques ialoux de son authorité démis de sa charge de Capitaine, il ne laissa pas de suiure l'armée, estimant qu'en quelque condition que ce fust, la vertu trouuoit à s'occuper. Et comme la Fortune luy eut fait raison de ceste iniustice, l'armée Thebaine ayant esté mise en déroute par l'inexperience des Chefs; Les soldats se ressouuenans qu'eux qui fuyoient, auoient pendant qu'il estoit leur Chef donné tousiours la fuite aux autres l'éleurent sur le champ pour commander. De sorte qu'ayant rangé les troupes en meilleur ordre, & tournant visage vers l'ennemy, il empescha le progrés de sa victoire. Bref on peut dire que Thebes estoit redeuable à sa suffisance non

Diodore Sicilien liure 15. de ses Histoires.

seulement du gain des batailles de Leuctres & de Mantinée, mais de la plus belle gloire qu'elle eut iamais, puis qu'après qu'il fut mort elle perdit la Principauté de la Grece qu'elle auoit acquise de son viuant, & qu'à peu de temps de là elle fut entierement ruinée.

Mais quoy! les armes ne subsistent-elles pas sans les lettres dedans l'Empire Ottoman, & ne les en ont-elles pas chassées? Ie l'aduouë Timandre, mais comme cét Estat là n'a pû s'accroistre que par les diuisions de l'Empire du Leuant, il ne se maintient aussi que par les troubles & les partialités de la Chrestienté. C'est pourquoy ie ne me mets pas en peine de ceste objection, ny de ce qu'on dit que des Sçauans ont par fois brouillé les Estats, veu que d'autres ont fait

le

le mesme, & se sont armés contre leur Patrie, ainsi que fit Coriolanus, *dont le naturel estoit farouche au rapport de Plutarque, à cause qu'il ne l'auoit pas adoucy par les lettres.* Ny ie ne veux point combattre l'authorité de M. Caton qui estima la science nuisible à sa Republique, puis qu'il s'en dédit par aprés, s'y adonnant auec tant d'ardeur qu'il se rendit sçauant homme, encor qu'il estudiast en cest' âge, où comme disoit le Philosophe Lycon, *c'est chercher le droit auec vne regle tortuë.* Et neantmoins ie serois bien aise que vous fissiez reflexion sur l'exemple du vertueux Epaminondas; de l'inuincible Alexandre qui se faschoit de la publication d'vne science qu'Aristote luy auoit enseignée, comme si elle eust deu estre reseruée à vn Roy; & de no-

Diogene Laertien en sa vie.

R

Sigisbert en la Chronique.

stre redoutable Charlemagne qui escriuit en vers les guerres & les belles actions des anciens Roys, pour vous asseurer que la science ne relasche non plus de la vigueur & du courage des particuliers, qu'elle diminuë de la force & de la grandeur des Estats. Que si i'en auois le loisir, il me seroit facile de verifier qu'entre les excellens Capitaines, le nombre de ceux qui ont accouplé les lettres aux armes est plus grand que celuy des autres. Mais i'aime mieux vous faire connoistre, nonobstant ce que l'on dit que la Milice est vn art qui ne s'apprend que par l'vsage, & qu'il est mesme impossible d'en bien parler sans y estre experimenté, Qu'on a veu des personnes dés leur premier employ dans les armées, s'acquitter de tout ce qu'eust deu faire vn vieux Capitaine; leur bon sens, & leur grande science ayant suppleé au defaut de la pratique. Plusieurs sans doute, estimeroient que c'est vn Paradoxe que i'aduance; mais vous en allez connoistre la verité en vn Grec, & en vn Latin, aussi Honnestes hommes qu'on en veid iamais sortir des deux fameuses villes d'Athenes & de Rome: Le premier a esté Xenophon, qui fut eleué aux Sciences & à la Vertu par Socrate, & qui pour la douceur de son style fut surnommé l'Abeille du pays d'Attique. Comme il veid l'occasion d'aller à la guerre auec le ieune Cyrus qui auoit la conqueste de la Perse dans la fantaisie, il se rendit volontaire en ses troupes, quoy que Socrate y eust resisté, en luy remonstrant qu'il se mettroit par ce moyen dans la hai-

R ij

ne de ses citoyens, à cause que Cyrus auoit assisté les Spartiates contr'eux aux guerres passées. Aprés donc que Cyrus eut esté tué au combat, enuiron quatorze mille Grecs qui l'auoiët suiuy, se voyans bien auant dedans l'Asie, ils ne sçauoient à quoy se resoudre ; particulierement quand ils virent les deputés & les heraults d'Artaxerxes, qui leur vindrent demander leurs armes. Quelques Chefs leur firent des responses dignes de la generosité Grecque ; Et Xenophon qui n'auoit aucune charge s'estant aduancé, *Il ne nous reste plus*, dit-il, *que nos armes & nostre valeur, qui sans armes nous seroit inutile : En les gardant nous esperons d'en frapper nos ennemis, en les rendant nous craindrions de perdre nos vies* ; L'vn des deputés oyant ce discours, repartit en souriant que

Xenophon au liure 2. de la guerre du ieune Cyrus.

Xenophon estoit encor ieune homme, & qu'il ressembloit à ces Philosophes, qui iugent des choses sans experience. Mais à peu de iours de là, partie des Chefs de l'armée ayant esté tués, & partie retenus prisonniers par les Perses sous pretexte d'vn pourparler, Xenophon aprés auoir eloquemment exhorté les Grecs à bien faire, en cas qu'il fallust venir aux mains auec l'ennemy, fut choisi d'vn commun consentement, pour les remener en leur Patrie. Et qui considerera la difficulté des passages par des torrens, des riuieres peu gueables, des montagnes couuertes de neige : Combien de nations il fallut combattre ; le peu de commodité qu'ils auoient de mener des viures, & en fin tous les dangers qu'on peut courir en mille lieües de chemin par des pays ennemis, & dont ils ignoroient les langages; celuy dis-ie qui mettra toutes ces difficultés en consideration, iugera bien que ceste retraite est digne qu'on la compare à des conquestes. L'autre Capitaine a esté Lucullus, l'vn des mieux versés aux Langues & aux Sciences qui fust à Rome de son viuāt, & long-temps depuis. Or pour vous oster tout sujet de croire que ie luy dresse vn Panegyrique, ie vous rapporteray ce qu'en a dit Ciceron, qui estoit trop habile homme, pour n'estre pas fidele au recit de ce qui s'est passé de son âge. *Lucullus ayant esté* [Au liure des Questions Academiques intitulé Lucullus.] *enuoyé par le Senat (ce dit-il) pour faire la guerre à Mithridates, il ne fit pas seulement plus que ce que chacun s'estoit promis de sa vertu, mais il surpassa encore la gloire de ceux qui l'auoient precedé. Et* cela est d'autant plus admirable en luy, qu'on ne s'attendoit pas fort qu'il en rapportast la loüange d'vn excellent General d'armée, ayant consumé toute son adolescence aux affaires du barreau ; & la longue durée de sa Questure, dans la paix de l'Asie, tandis que Murena faisoit la guerre en la Prouince du Pont. Mais l'incroyable grandeur de son esprit luy suffisoit, & il n'auoit point besoin de pratique. Ayant donc employé tout le temps du voyage & de sa nauigation à la conference d'habiles gens, & à la lecture des histoires, il arriua en Asie Capitaine accomply, estant party de Rome ignorant en l'art militaire. Puis il dit vn peu aprés, Qu'il se rendit si entendu en tout ce qui concernoit la guerre, soit pour les batailles, soit pour les sieges, pour les combats sur mer, & pour toute sorte de machines & appareil de guerre, que Mithridates le plus grand Roy qu'on *eust veu depuis Alexandre, ayant reconnu ce qu'il valoit, confessa n'auoir iamais entendu parler d'vn meilleur Capitaine.*

Voila donc les armées conduites par la Science, c'est à dire la force guidée par l'esprit qui luy est necessaire : & si l'on nous dit que des ignorans n'en ont pas moins fait, l'on sçait aussi qu'ils ont fait plustost des saccagemens & des pilleries que des guerres, & que le nombre des hommes y seruoit plus que la vaillance, comme il parut en ce débordement des peuples Septentrionnaux, quelque temps après la diuision de l'Empire.

Maintenant, pource qu'on reproche aux Sçauans leur peu d'adresse au maniement des affaires, à cause qu'ils sont ébranlés tout à la fois de plusieurs considerations

IV. PROMENADE. 265

qui se representent à eux; c'est vouloir qu'ils soient priués de la faculté de faire choix des exemples qui se conforment à l'estat present, par l'application de toutes les circonstances. La Science au contraire enseigne ce secret-là : Et c'est où ceux qui n'ont que l'experience sont grandement sujets à manquer, pource que deux accidens remarquables & pareils aduiennent rarement en quelque Estat que ce soit en vn mesme siecle. Cependant puisque en ceste vieillesse du monde on ne sçauroit plus rien voir qui ne soit arriué d'autres fois, & que l'Histoire en tient registre : En des rencontres d'affaires extraordinaires, ceste Histoire & les Sciences Politiques donneront de meilleurs aduis à ceux qui les consulteront auec Prudence (sans laquelle i'aduouë que la Science n'est pas de grand vsage) que ne feroit vn vieux Ministre d'Estat qui n'auroit point dans sa memoire l'image d'vn temps semblable à celuy où il se verroit. Ie ne veux pas nier que la Science Morale de quelques doctes hommes, par vn zele mal conduit de faire du bien, ne les ait fait faillir en des siecles corrompus, en les poussant à reduire d'abord les choses à leur premier estre, à faire rebrousser le courant du temps, & à n'apporter pas le temperament requis à l'estat des choses presentes. Mais on a veu des Politiques de pratique faire bien pis. Car c'est vne moindre faute de s'attacher à la droite & exacte obseruation des loix d'vn Estat, que de gauchir par trop en suiuant les voyes obliques de la deprauation.

Et quant aux raisons d'Estat dont ces gens trop flexibles, & plus souples que le bien public ne requiert, se seruent pour excuser leur lasche conniuence aux desordres; il est aisé à voir que ce ne sont que des pretextes dont ils couurent le pernicieux desir de l'aduancement de leurs affaires, ou la mauuaise crainte d'estre dépoüillés de leurs charges. C'est pour cela qu'ils se sont tousiours efforcés de decrediter les habiles gens, haïssans les yeux qui pouuoient apperceuoir ou leurs fautes ou leur malice : Mais dautant que ie me persuade auoir suffisamment iustifié les sciences des defauts qu'on y presume faussement, sans qu'il me soit necessaire de découurir les vices & les imperfections de leurs ennemis, ie veux dire maintenant quel iugement en ont fait ceux qui les ont bien reconus. Car pour ce qui est du blasme qu'on donne à plusieurs d'auoir le cerueau si fort empesché des meubles de la Science, que l'esprit ne se sçauroit tourner là dedans, sans en ietter quelque piece à bas, de sorte que tantost Aristote se produit en leurs discours, tantost vne allegation de Platon, & qu'ils ont tousiours le nom ou la sentence de quelque autheur en la bouche, sans tirer iamais rien de leur fonds, C'est vne imperfection de l'homme, & non pas de la Science. Et partát, comme ce n'est point la viande qu'vn malade rejette sans estre digerée, qu'il faut accuser de crudité, mais la debilité de son estomach qui ne la peut conuertir en nourriture; c'est aussi aux entendemens qu'on doit imputer ce defaut, n'ayant pas eu la force de tourner en aliment, & de reduire en leur substance, les bonnes choses que les Sçauans leur ont enseigné. On ne dit pas aussi que ces gens-là sçauent, mais seulement qu'ils se ressouuiennent: Non que j'estime blasmables ceux qui parent leur discours des ornemens qu'ils auront empruntés dedans les liures des grands personnages, pourueu que ce soit auec moderation. Car comme les citations sont bien souuent superfluës, & particulierement en des discours familiers, aussi est-il necessaire quelquesfois d'appuyer son sens de celuy d'vn Honneste homme, sur tout quand l'on est en debat auec des esprits qui ont bonne opinion de leur suffisance, ou que les raisons qu'on allegue de part & d'autre semblent auoir pareille force: Mais pource qu'il nous faut toucher derechef ceste chorde au discours de la Prudence, où nous parlerons du iugement naturel, ie ne veux point differer dauantage de rendre à la Science l'hôneur qu'elle doit iustement pretendre, & les loüanges qui luy sont deües par tous les esprits, & toutes les langues.

Ie seray pourtant bien plus retenu que ceux-là qui mettoient la souueraine felicité en sa possession; car il est vray que l'ignorance est vne bonace à plusieurs personnes, dans laquelle leurs années coulent plus doucement que ne fait la vie de beaucoup de Philosophes: Cependant leur opinion n'a pas esté sans quelque apparence raisonnable: De mesme que les amimaux ont leur fin limitée autour de leurs appetits sensuels, l'homme doit auoir la sienne en vn objet purement intelligible. Et c'est pour cela que Diogene fit ceste replique à vn homme qui luy disoit qu'il n'estoit pas né à la Philosophie, *Pourquoy doncques vis-tu si tu n'es pas né à bien viure?* Des Payens mesmes ont creu que la beatitude dont l'on iouït au Ciel seroit imparfaite, si le sçauoir en estoit à dire; & la preference de Iupiter à Neptune au rapport d'Homere n'a pas esté seulement à cause du droit d'aisnesse ; mais pource qu'il sçauoit beaucoup plus de choses que luy. Qu'est-il besoin de sortir de chez nous-mesmes, puisque ceste verité là nous y apparoist par nos propres sentimens? Desire-t'on la vie pour vne autre fin que pour al-

Plutarque au traité d'Isis & d'Osiris.

Homere liure 13. de l'Iliade.

longer la connoissance, esperant tousiours de voir quelque chose de nouueau? Et y a-t'il quelqu'vn si viuement persecuté de mal-heurs, qui ne s'aime mieux en cét estat-là, pourueu qu'il demeure en son bon sens, que de sentir du plaisir, & estre priué de iugement? Or mon dessein n'est pas de vous declarer d'où i'estime que dépende le souuerain bien, Timandre: ie ne vous celeray point toutesfois qu'il me semble que les Sciences y conferent quelque chose. Car les anciens Grecs donnoient trois noms à la Felicité, à sçauoir Eudemonie, Eutychie, & Eupragie, qui signifient connoissance du bien, acquisition du bien, & vsage du bien; tellement que sans qu'il soit necessaire de vous le dire, vous voyez que de ces trois conditions, la Science en

est

est la premiere. Et quoy que Socrate n'ait point distingué la Science de la Sagesse, croyant qu'il estoit impossible de connoistre les choses bonnes & honnestes sans les appliquer à son vsage, ny les mauuaises & deshonnestes sans les éuiter: si ne manquons-nous pas d'exemples de plusieurs Sçauans qui ont vescu comme ceste Medée d'Ouide qui disoit, *Xenophon liu. 3. de ses Memoires.*

Mon deuoir & l'Amour combattent dans mon ame; *Liure 7. de sa Metam.*
Ie reconnois mon bien, mais mon desir s'enflame
A l'objet de mon mal, & ie le vay suiuant.

C'est ce qui m'a fait iuger qu'il y auoit de la difference entre la Vertu & la Science, deuant mesme que i'eusse appris que la Vertu est vne habitude de la volonté, & la Scien-

S

ce vne habitude de l'entendement: Il faut neantmoins confesser qu'elles s'accordent bien ensemble, & ie ne croy pas que ceux-là se soient beaucoup eloignés du but, qui ont dit que c'estoient elles qui composoient la felicité de nostre vie. Car quand l'on a découuert en quoy consiste nostre bien, si l'on vient à l'obtenir il ne nous reste plus aucune chose à desirer: Or la Science est le flambeau de la Verité, qui écartant les tenebres de l'ignorance nous manifeste ce qu'il y a de bien & de mal en toutes choses; & la Vertu nous portant à l'amour de l'vn & à la haine de l'autre, purifie nostre ame & la rend dessus la terre telle ou peu s'en faut que si elle estoit dedans les Cieux. Ainsi, combien que la Science ne soit pas la Sagesse, du moins ne peut-on nier que ce ne soit vn moyen de l'acquerir, veu qu'elle nous instruit de ces graues & sains preceptes : Et pour n'auoir pas sujet d'en douter, escoutez vn peu ie vous supplie ce qu'elle diroit, si elle vouloit attirer quelqu'vn à sa recherche, comme on tient que la Vertu & le vice firent autresfois à qui auroit le ieune Hercule.

Ie ne trouue point estrange de me voir blasmée par des esprits qui ne me connoissent pas; Ceste mauuaise opinion qu'ils ont de moy, ne leur vient que de l'auoir trop bonne d'eux-mesmes. Si vne fois ils s'estoient donné la patience d'entrer en ma conuersation, ou bien ils se declareroient tout à fait meschans; ou bien ils ne me traiteroient pas auec des mépris & des iniures. Car ils reconnoistroient bien toſt que ie ne fais profeſſion de haïr le vice, que pour l'amour que ie porte à la Vertu, & que c'eſt pour le ſeruice de la Verité, que ie fais la guerre à l'ignorance. Mes biens ſont ſi vniuerſellement vtiles, qu'il n'eſt point d'âge ny de condition qui n'en puiſſe receuoir quelque profit : Les ieunes en retirent de ſalutaires inſtructions ; les hommes faits, de bons conſeils ; les vieillards, des recreations pour leur eſprit ; les riches, des aduis pour acquerir de l'honneur ; les pauures, dequoy ſoulager leur neceſſité ; ceux qui ſont en proſperité, des preceptes pour n'en abuſer ny ne ſ'en enorgueillir pas ; & les malheureux, de la conſolation à leurs miſeres. Ils peuuent ſ'aſſeurer auec cela que ce ſont des biens ſur qui la Fortune n'a point de puiſſance :

plusieurs au sac de leur ville s'en sont allés auec nonobstant la pillerie des ennemis; d'autres après le naufrage les ont trouués aussi bien qu'eux dessus la riue où ils auoient esté portés tous nuds à la faueur d'vne planche; & ie puis dire mesmê qu'on ne les perd pas auec la vie, puisque l'ame ne s'en dépoüille point, lors qu'elle se défait de ses organes. Cependant ils ne causent point de détourbier aux occupations, ny aux necessités ordinaires des hommes. Au contraire, ils leur seruent de compagnie en la solitude, d'entretien aux compagnies, de desennuy dans l'oisiueté, d'assaisonnement en leur repas, les accompagnant encor dans le lict, où ils charment l'inquietude des longues veilles, & la frayeur des songes, à cause qu'ils donnent à l'ame

S iij

une certaine trempe qui la rend capable de resister à tout ce qui voudroit troubler son repos. Ce sont des graces que i'ay apportées du Ciel lors que i'en suis descenduë: Et que ie communique abondamment à ceux qui veulent s'adonner aux exercices que ie leur propose. On n'en doutera iamais si l'on considere auec attention que tout ce qui se void & se sent est l'objet de mes connoissances: quand i'ay osté à quelqu'vn le bandeau que l'ignorance met deuant l'esprit de tous les humains, & que ie luy ay découuert mes secrets, il pense estre vn petit Dieu dessus la terre. En effet il est en mon pouuoir de donner accés à son esprit, aux lieux les plus secrets de l'Vniuers; Tantost ie luy marque le temps prefix par la Nature à la reuolution de chacun de ces flambeaux qui brillent au plus haut étage de son palais: Tantost ie l'abaisse dans le pourpris des Elemens, où ie luy fais voir comme ils se transmuent par vicissitudes les vns aux autres: Et par fois ie luy monstre comme ceste mesme Nature, quád elle produit quelque corps, en fait les fondemens & premieres pieces de terre, y porte la nourriture par le moyen de l'eau, y estend le Sentiment inspirant l'air au dedans, & y cause le mouuement & l'accroissement par la chaleur du feu qui est plus actiue, plus penetrante, & plus vigoureuse que toutes les autres qualités elementaires. Ie luy fais comprendre par quelle secrette force, ceste pesante masse qui est habitée des creatures viuantes se souftient en l'air sans aucun appuy; de quelle sorte l'eau ayant son inclination au centre de la terre tasche d'y aller tout droit, ce qui l'empesche de s'épandre ny d'vn costé ny de l'autre de son riuage; & aussi comment en general les parties de ce tout se pressans également l'vne l'autre pour arriuer au milieu, donnent par necessité vne forme ronde aux voûtes celestes, & font vn grand globe de ce monde. De là ie luy fais obseruer les causes de tout ce qui se produit en l'air, sur les eaux, dans les abysmes, au sein de la terre, & dedans ses concauités: puis l'arrestant autour de soy, ie luy rameine deuant les yeux ce qu'il a de commun auec le reste des creatures, & ceste rare piece qui le fait de meilleure condition qu'elles. Ce qu'on dit qu'Atlas souſtint le monde n'a esté feint que sur ce que ie chargeay son esprit de ceste connoissance de toutes choses; Et la reuelation que ie fis des secrets de la Nature à Promethée, a fourny de sujet aux Poëtes, pour dire qu'il auoit sacrilegement dérobé le feu du Ciel afin d'en monstrer l'vsage aux hommes. Mais auec cela ie découury des adresses aux premiers Legislateurs, pour ramasser les peuples qui viuoient épars sur la terre à la maniere des bestes; pour les étreindre des liens d'vne societé commune; pour leur faire perdre leur humeur sauuage; & pour les assujettir à des loix, & leur faire prendre des coustumes ciuiles : C'est aussi de moy seule que l'on apprend les moyens de les y entretenir. Ce fut moy qui donnay à Pericles ces foudres qu'il élançoit dans les assemblées du peuple d'Athenes, les estonnant de sorte qu'il les emportoit çà & là à sa discretion : Et ces admirables chaisnons que l'Hercule Gaulois auoit dessus sa langue, dont il lioit les affections & les volontés de ceux qui s'arrestoient à l'escouter, estoient de mon inuentiõ. Ie ne diray point que la Vertu ne pense pas estre bien establie dedans vne ame, si ie ne l'en ay mise en possession : & quoy que tout ce que ie dis semble témoigner que mon humeur est austere, i'ay pourtant l'Histoire & la Poësie à ma suite, dont l'vne sçait dire agreablement la verité, & l'autre publier vtilement vn mensonge. Que s'il me plaist de reduire mes idées à l'action, ne formeray-ie pas l'innocente felicité des plus beaux sens exterieurs des hommes, puisque mon Optique charme la veuë, & que ma Musique enchante l'oüye ? Mais n'ay-ie pas surpris d'estonnement la Nature, lors qu'ayant instruit l'Art, i'ay fait que Salmonée a imité le tonnerre, qu'Archimede fortifiant la chaleur temperée du Soleil, la fait bruler comme du feu; qu'il a compassé dans des cieux artificiels le mouuement de tous les Astres; & qu'il s'est pû vanter d'auoir assés de force pour détacher la terre du lien où elle est, s'il y auoit ailleurs vn corps plus massif pour l'attacher?

Ce sont là, Timandre, quelques effets du miraculeux pouuoir de la Science : Mais qui voudroit nombrer toutes ses vtilités auroit besoin d'vn siecle pour n'en dire qu'vne partie, puis qu'il est vray que tous les lieux, tous les temps,

& toutes choses en fin sont le sujet de ses entretiens. Or il s'en faut beaucoup que ie veüille obliger l'esprit d'vn Honneste homme à courir par tous les endroits d'vne mer si spatieuse : si ie demandois qu'il fust vniuersellement sçauant, ce seroit en exiger dauantage que de ceux-là mesmes qu'on fait Professeurs aux Academies des lettres. La Nature d'ailleurs, n'a pas esté si liberale enuers tous les hommes, que de les auoir rendus capables de toutes les doctrines ensemble. Celuy qui a dit que nos esprits estoient des champs animés, a tresbien pensé, puisque comme vn mesme champ n'est pas propre à toutes sortes de plantes, aussi ne le sont pas nos esprits à toutes sortes de Sciences. Pour les vnes il faut la Memoire heureuse & fidelle ; c'est

Clement Alexādrin, au Pedagogue.

folie d'aspirer aux autres sans vne Imagination subtile & penetrante; & il y en a qu'on ne sçauroit acquerir qu'à force de Iugement. Mais ces trois facultés se rencontrent rarement assez puissantes en vn mesme homme, pour fournir à la multiplicité des connoissances; & c'est pourquoy nous n'en reconnoissons que trois ou quatre iusqu'à present, dont le temperament de l'esprit ait esté proportionné à toutes les differences du Sçauoir. Toutesfois quand ceste difficulté cesseroit, ie permettrois volontiers à l'Honneste homme, & le souhaiterois mesmement, qu'il mesurast sa carriere dans la vie contemplatiue, & ne s'y exerçast qu'autant que cela le rendroit propre à l'action: si ce n'est que sa condition l'obligeast de s'y engager plus auant, car i'ay toufiours fort blafmé ceux-là qui font ignorans en ce qu'ils profeffent. Si quelque Iuge des Cours fouueraines ne fçauoit pas les Loix, les Couftumes, les Ordonnances des anciens Empereurs,& celles de nos Roys: Si vn Secretaire d'Eftat ne mettoit pas bien par efcrit, ignoroit les Langues, ne f'eftoit pas inftruit dans les traités de paix, d'alliances, de ligues; f'il méprifoit la connoiffance des diuers gouuernemens des Eftats, de leurs forces, de leurs Prouinces, des mœurs de leurs peuples afin de regler là deffus les negociations : Si vn Marefchal de Camp n'auoit eu le foin d'eftudier dans les liures militaires toutes les manieres de faire marcher des troupes par pays amy ou ennemy; d'affeoir vn camp pour paffer, ou de le fortifier deuant quelque place; d'ordonner d'vn siege, & d'vne attaque ; de ranger des troupes en bataille ; de les faire retirer ; En fin quiconque ne se seroit pas adonné aux connoissances qui concernent sa condition, ie l'en estimerois tres-indigne. Or ce n'est pas ce que ie traite maintenant ; ie ne desire point icy faire vne distribution des Sciences selon les diuerses professions des hommes, & ie veux declarer seulement quel estude conuient & est mesmes necessaire à celuy qui veut deuenir Honneste homme.

Vous remarquerez donc s'il vous plaist que l'esprit humain estant desireux de connoistre a regardé toutes choses de tous costés, & qu'en fin il a découuert qu'on en pouuoit parler en trois manie-

res ; déduisant ce qu'elles sont toutes ; celles qui sont à souhaiter ou à fuir ; & les conuenances qu'il y a des vnes auec les autres. La premiere de ces connoissances est appellée Physiologie, pource qu'elle a toute la Nature pour objet ; la seconde considere ce qu'il y a de bon & de mauuais aux actions des hommes, & on luy donne le nom de Morale ; la troisiéme comprend toutes les Sciences qui sont nommées Logistiques, c'est à dire rationnelles : Et c'est de ces trois pieces que les anciens ont composé leur Sagesse, laquelle ils disoient estre *la connoissance des choses diuines & humaines.* Mais puisque nous n'auons pas intention d'éleuer nostre esprit iusques à ce haut degré de Sagesse, où Salomon seul d'entre les Iuifs
est

est paruenu; & Socrate entre les Payens s'il faut croire à leurs oracles, il n'est pas necessaire que nous assujettissions l'Honneste homme à la recherche de tant de choses. Ie tiens pour moy qu'il sera suffisamment docte, s'il est instruit dans les deuoirs de la vie, & s'il n'ignore rien de ce qu'il luy faut faire, ny de ce qu'il luy faut éuiter. Or en cela, ny les Sciences naturelles, ny celles qui sont purement speculatiues, ne luy seroient pas de grand vsage, & c'est assez qu'il soit versé dedans les Morales. Ie sçay bien que la Physique deliure l'esprit de beaucoup de craintes superstitieuses, ainsi qu'il se veid vn iour à Athenes, où les deuins ayant mis tout le peuple en effroy sur la naissance d'vn Agneau qui n'auoit qu'vne corne, Anaxagore les ras-

seura leur difant qu'infaillible-
ment cela prouenoit de ce que le
cerueau de cét animal eſtoit reſſer-
ré en forme oualé, ce qu'il fit voir
par la diſſection. Et l'on ſçait auſſi
que des Philoſophes ont deſabuſé
des peuples de pluſieurs foles erreurs qu'ils auoient, tenans pour
prodiges, & preſages de malen-
contre, de certaines impreſſions
aëriennes, ou d'autres choſes, qui
nonobſtant qu'elles fuſſent extraordinaires, n'auoient rien qui té-
moignaſt vn déreglement de la
Nature. Mais encor que l'Honneſte homme n'en ſçache point la
cauſe, il ne ſera pas moins preparé
à tous euenemens, s'il a muny ſon
eſprit des preceptes de la Philoſophie Morale. Car ils ſont d'vne ſi
merueilleuſe efficace contre ce que
tous les accidens ont de terrible &

d'épouuentable, qu'à leur rencontre, voire mesmes inopinée, son ame ne s'en émeut aucunement.

Il n'y apprendra pas moins la methode qu'il faut tenir pour iuger sainement de toutes sortes d'affaires, bien qu'il ne sçache ny la diuision, ny la definition, ny l'antecedent & le consequent, ny les rapports & les disconuenances des choses, ny generalement ces adresses par où la Logique meine la raison à la connoissance de la verité. Car puisque ceste Logique se mesle parmy toutes les autres Sciences afin d'en ranger les parties, & d'en establir les preuues; il est impossible d'en auoir acquis parfaitement quelqu'vne, sans que nostre esprit en ait conceu l'ordre & la disposition. Tellement que nostre Logique naturelle trauaillant selon ces idées d'ordre, les pratique sur d'autres sujets, combien qu'elle ne sçache pas que ce sont des regles d'vne Science. Que si i'auois bonne grace de m'alleguer, ie vous dirois qu'ayant sceu demonstrer plusieurs propositions Mathematiques, deuant que d'apprendre la Logique; ceste seconde connoissance me fit découurir l'artifice dont ie n'auois pas sceu les loix, ny les termes quand ie m'adonnois à la premiere; & toutesfois s'il m'eust fallu chercher quelque chose, en faire iugement, & le confirmer par raisons, ie n'eusse pas laissé de m'y gouuerner alors ainsi que l'on m'en aduisa depuis, à cause de cét ordre de demonstrations Mathematiques, que i'auois peint dedans mon imagination. Ce n'est pas que ie ne l'admire si fort, que ie ne la repute vne inuention presque diuine, la nommant l'eschelle tres-seure, par où l'Entendement peut monter à la Verité : mais puisque nous appellons l'Honneste homme au commerce du monde plustost qu'à la speculation, nous ne l'obligerons point à passer par ces épineux détours de la Dialectique, estimant qu'il trouuera assez dequoy se fortifier le iugement dans les connoissances que nous luy allons proposer. Ce sera donc la Philosophie Morale que nous luy recommanderons, & toutes les Sciences qui sont de son train ordinaire; & certes il n'y en a point d'autres qui nous puissent découurir en quoy consiste l'honnesteté. Elles seules meritét le nom de Philosophie ; & Ciceron à mon aduis ne songeoit pas à donner ce tilere-là à d'autres, en ce bel eloge qu'il en a composé. O *Philosophie* (dit-il) *qui conduisant nostre vie nous fais rechercher la Vertu, & chasser les vices au loin, sans toy que fussions-nous deuenus, & non pas nous seulement, mais qu'eust-ce esté de tous les hommes ensemble? C'est toy qui nous as fait des villes, & qui as connié les hommes dispersés par le monde à entrer dans vne societé de vie, les approchant premierement par l'habitation, puis les alliant plus estroitement par les mariages, & en fin les entretenant dedans ceste communauté par mesme langage & mesme escriture. Des bonnes loix sont de ton inuention, tu t'es monstrée la maistresse des mœurs & des disciplines: c'est aussi à toy que nous recourons; nous demandons ton aide & ton assistance, & de mesme qu'autresfois nous nous estions donnés à toy en partie, maintenant nous nous y resignons*

Ciceron liure 5. des questions Tusculanes.

entierement. Car c'est vne chose tres-veritable qu'il vaudroit mieux viure bien vne seule iournée, & dans la pratique de tes preceptes, que d'auoir vne immortalité de vie où l'on pecheroit.

Ie pourrois bien vous faire voir Timandre, que ceste opinion que i'ay touchant les Sciences d'vn Honneste homme est conforme à celle de Socrate, qui s'entretenoit tousiours auec ses amis de discours moraux, leur conseillant pour ce qui estoit des autres Sciences de borner leur estude là où ils verroient que l'vtilité finiroit, sans se monstrer curieux du reste. Et auec cela ie vous ferois bien remarquer vn sentiment tout pareil en Seneque, veu qu'en diuers endroits de ses œuures, on void bien qu'il n'estime les Sciences liberales qu'entant qu'elles peuuent seruir de pre-

Xenophon liure 4. de ses Memoires.

paratifs aux Morales. Ie n'aurois pas mesmes beaucoup de peine à vous les rendre recommandables, non seulement par l'estime qu'en ont tousiours fait plusieurs autres personnages iudicieux, mais encor par la representation de leur valeur propre. Ce furent elles en effet, que Xenophon apprit en conuersant auec Socrate, & qui le rendirent si Honneste homme. Ce fut par la pratique de leurs preceptes que Lycurgue fit deuenir si souple l'humeur farouche de ce ieune homme qui luy auoit creué vn œil. Et ce fut par leur moyen qu'Antisthene changea si heureusement le naturel sauuage de Diogene; que celui-cy amena Crates du débordement à la continence; & que Crates, de delicat qu'estoit Zenon, en fit le plus constant, & le plus patient de tous les hommes. Mais i'espere que quand nous parlerons de la vie Actiue d'vn Honneste homme, vous reconoistrez mieux ces verités-là de vous mesmes, que ie ne sçaurois vous les faire apperceuoir maintenant ; & c'est pour ceste raison que ie veux taire les fruits qu'on peut recueillir de ces Sciences. Ie vous diray toutesfois comme en passant que Socrate en fut le premier autheur ; & pour ce sujet on disoit de luy qu'ayant trouué la Philosophie qui voyageoit par les Cieux & par les Elemens, il l'auoit amenée dedans les maisons, & dedans les villes. Cependant nous n'auons rien de luy que ce que Platon & Xenophon en ont rapporté dans leurs liures, où il y a de tres-salutaires auis pour la conduite de la vie ; mais ils sont déliés, sans aucun ordre, & estendus en de longs discours à la maniere des Grecs. Or depuis eux Aristote rangea ces matieres selon sa methode, c'est à dire en vne forme excellente, & grandement instructiue : si est-ce que ne les ayant pas accompagnées des exemples qui y estoient conuenables, il n'y a gueres que des gens de lettres qui en puissent receuoir le contentemét qu'elles sont capables de donner. Qui les voudra voir parées de tous leurs ornemens, sera comme ie pense satisfait, s'il les considere dans les escrits de Plutarque : sans doute c'est celuy qui les a traitées plus agreablement que nul autre. Car combien que Seneque ameine le lecteur où il veut, par ie ne sçay quelle force qui sort de toutes ses paroles, Plutarque ne laisse pas de faire le mesme effet, mais par vne douceur si attrayante que chacun y preste son consentement. Et au lieu que l'autre entraine, on peut dire que celui-cy se fait suiure tres-volontiers. C'est ce qui m'en fait recommander la lecture à quiconque desire former ses mœurs à l'Honnesteté. Et ie m'asseure qu'à la premiere veuë elle se recōmandera si bien d'elle-mesme, qu'il aduoüera qu'elle est persuasiue au bien, efficace pour la correction des manquemens ordinaires des hommes, & qu'on sort de son entretien plus vertueux, ou du moins plus desireux de le deuenir, qu'on n'estoit en y entrant. Que si de la Morale il faut que ie passe à la Politique, puis qu'à dire le vray c'est vne Science dont ie ne desirerois pas que mon Honneste homme fust ignorant; ie vous diray sur le sujet de Plutarque, qu'il n'est pas abondant en ses preceptes, comme en ceux de la Morale. I'aduouë que des vies de ses hommes Illustres on en peut tirer de tres-belles instructions: mais quant à ses traités particuliers sur ceste matiere, il y a peu de choses applicables à l'vsage present de nos affaires. Ie puis dire le mesme de tous les anciens, à cause de la dissemblance de nos Estats à ceux des siecles passés: & neantmoins auant que d'auoir leu les Politiques d'Aristote, nul ne doit presumer de pouuoir deuenir grandement entendu en ces matieres. Il se trouue aussi quelques petites pieces tres-excellentes chez les anciens, parsemées çà & là, dont la connoissance est tres-vtile à ceux qui desirent se mesler de l'administration des affaires ; comme l'on pourroit dire, l'Instruction de Ciceron à son frere pour sa conduite en son Proconsulat d'Asie, & les remonstrances que l'on fit à Iules Cesar lors qu'il fut paruenu à la souueraineté de l'Empire.

Mais certes, la gloire de ces anciens ne brille point si fort, qu'elle obscurcisse celle de quelques-vns de nos modernes. Ils ont fait paroistre que les secrets de ceste Science ne leur estoient point cachés, & les Italiens entr'autres par la force, & l'heureuse viuacité de leur imagination, nous ont enrichis d'enseignemens politiques. Ils escriuent maintenant ce que leurs predecesseurs pratiquoient ; & ils fournissent aux autres peuples de la terre des preceptes pour se gouuerner sagement. Car on void bien que ce qu'ils ont le mieux retenu de ces grands Romains a esté l'adresse de la negociation, où encores ils employent plus de ruse que de candeur, & ne se departent iamais de leurs fins particulieres. Mais pource que ce n'est pas icy que ie veux parler des Vertus ny des defauts des hommes, & que nous desirons seulement aduertir vn Honneste homme des choses qu'il ne doit point ignorer; S'il a du commerce dans les Cours, ie luy conseillerois sur toute chose d'estre curieux de s'instruire des interests generaux des Princes qui regnent de son temps, de leurs forces, de leurs alliances, & des maximes generales du gouuernement de leurs Estats.

La Science Morale & la Politique seront donc le principal entretien des honnestes gens, afin d'apprendre à bien regler leurs mœurs & leur conduite, soit en vne vie priuée, soit dedans vne publique : mais il est presque impossible d'arriuer à la perfection de l'vne ny de l'autre, sans estre esclairé de l'Histoire qui est leur commun flambeau. Ie diray plus, Que l'Histoire est vne Morale & vne Politique tout ensemble, & mesmes qu'elle contient les effets dont celles-là n'ont que les raisonnemés. Car comme vous auez oüy dire que dans le temple d'Esculape, où chacun alloit enregistrer le remede qu'il auoit esprouué salutaire en sa maladie, les Prestres ayans par ce moyen-là découuert les qualités des sucs, des plantes, & de plusieurs autres choses, vindrent en remontant des effets aux causes à composer la Medecine, qui se perfectionna puis après par de nouuelles experiences: Ainsi en faisant reflexion sur les mœurs des bons & des meschans, & considerant ce qui maintenoit l'ordre parmy les communautés, & par où le desordre s'y glissoit, on a tiré iudicieusement des consequences de ce qui estoit à faire, & de ce dont il falloit s'abstenir tant en particulier qu'en public, d'où la Science des mœurs, & celle des polices ont tiré leur origine. L'Histoire cependant fournit les exemples qui ont donné lieu à de telles considerations : de façon que les Morales & les Politiques ne sont qu'vn suc exprimé de sa substance. Et c'est pourquoy l'Empereur Basile en ces belles instructions qu'il donnoit à Leon son fils pour se bien gou-

IV. PROMENADE. 305

gouuerner lors qu'il feroit paruenu à l'Empire, *Ne negligez pas*, luy dit-il, *la lecture des Histoires anciennes: car vous y trouuerez sans peine, ce que les autres ont bien eu de la peine à recueillir. Vous y apprendrez quelles Vertus ont rendu ceux-là gens de bien, & pour quels vices les autres ont esté reputés meschans; Vous y verrez toutes les differences de la vie humaine, & à combien de changemens toutes choses sont assujetties. L'Inconstance des affaires du monde vous y apparoistra, & les cheutes notables des Empires les plus puissans: Bref vous y remarquerez que les mauuaises actions sont tousiours suiuies de quelques peines; que les bonnes ne sont point fraudées de belles recompenses, de façon que vous fuirez celles-là de crainte de tomber entre les mains de la Iustice diuine; & vous vous adonnerez aux autres pour meriter leurs salaires qui*

V

vous seront infallibles.

Or Timandre, aprés le conseil de ce sage Empereur ie ne pense pas qu'il fust necessaire deconuier personne à la lecture de l'Histoire: si toutesfois ie connoissois que quelqu'vn s'y portast auec de la negligence, ie ioindrois à ce discours plusieurs autres considerations. Ie luy dirois que l'Histoire est d'vne compagnie si diuertissante, qu'elle se peut vanter d'estre la seule de toutes les Sciences qui est vniuersellemét aimée des hommes: & ce qui s'y trouue encor de singulier c'est qu'elle rajeunit sans cesse, & que sans diminution de ses premieres beautés, elle en reçoit tous les iours quelques traits noueaux. Elle communique mesme ce bon-heur à tous ceux qui la frequentent, par son moyen les ieunes gens deuiennent vieux sans aucun affoiblissement de leurs forces, & elle remet les vieillards en leurs ieunes années sans qu'ils perdent rien de leur Sagesse. Il y en a eu qui nous ont laissé la peinture de la Philosophie; Mais si ie vous faisois vne exacte representation de l'Histoire, vous diriez que quiconque n'en deuiendroit extrémement passionné, seroit priué de tout sentiment humain. Elle a des yeux si vifs qu'ils ne prennent iamais les choses qui ne sont qu'apparentes pour des reelles & solides: & quoy que l'vn s'égare dans la vaste estenduë des temps, & que l'autre se promeine par tous les lieux de la terre marquant les regions & les peuples, on n'apperçoit point toutesfois d'extrauagance en leurs regards. La Verité parle toutes sortes de langues par sa bouche, distinctement, clairement, & auec des termes propres, coulans, riches, mais qui pour cela ne sont point enflés: Elle releue le fonds de sa narration de sentences, & y entremesle par fois des pointes qui brillent d'vne lumiere tresagreable. Iamais elle ne dit les conseils qu'elle n'en declare les euenemens, & ne publie point d'actions sans en manifester les causes & les motifs, ou sans donner assez de moyens de les comprendre: de sorte que par ses recits l'on peut sçauoir sans grande peine, laquelle de la Prudence ou de la Fortune a fait succeder vne entreprise. Au reste on ne sçauroit entendre ailleurs tant de varietés que quand on l'entretient auec elle ; & en outre elle les assortit si artistement que les choses qui ont esté lamentables, ne sont pas déplaisantes quand elle les dit. Lors qu'elle raconte la mort des trois cens naturels Spartiates, qui se sacrifierent à l'honneur de leur pays au destroit des Thermopyles sous la conduite de Leonidas, ceux qui l'oyent en sont touchés de compassion, mais pourtant auec vne secrette ioye à cause d'vne resolution si magnanime ; Et semblablement quand elle represente comme vne maison de Rome qui estoit celle des Fabiens, se chargea seule du faix de la guerre contre les Veientins; & que trois cens tombés dans les embusches de leurs ennemis y demeurerent, n'ayans laissé qu'vn enfant de leur famille, qui fit repulluler plusieurs autres grands personnages. Les Philosophes Stoïques ne pensent point déroger à leur secte qui recommãde l'impassibilité quand ils se sentent émeuz par ses illustres exemples, car ils sçauent bien qu'elle n'emporte iamais les ames que du costé de la Vertu. Y a-t'il en effet quelqu'vn, lors qu'elle recite l'action de Sceuola, qui ne souhaitast d'auoir esté en sa place, & qui en ce moment là ne s'imagine qu'il sentit, comme dit Seneque, plus de plaisir d'auoir sa main dedans le feu dont il expia son erreur, que s'il l'eust euë dessus le sein d'vne belle fille? Mais il vaut mieux que vous vous donniez le contentement de vous en instruire vous-mesme par la lecture des Historiens: & pource qu'il y a bien du choix à faire à cause qu'ils n'ont pas tous declaré la verité de l'Histoire, ie vous monstreray les marques par où vous connoistrez ceux qui l'ont traitée auec la candeur, l'ingenuité & la simplicité qu'elle desire.

Combien que Ciceron ait dit que *l'Histoire estoit le recit des choses passées & eloignées de la memoire de nostre âge*, si est-ce que ce mot d'Histoire emporte en sa signification Grecque ce qui a esté veu & connu par nous. Mais ainsi que le nom exprime la verité de la chose, ce grand homme en a voulu dire l'vsage, & chacun sçait bien que les Histoires ne s'écriuent point pour ceux qui ont veu ce qu'elles representent. Or comme sans hasarder sa reputation l'on ne peut raconter faussement quelque action à ceux qui en ont esté les spectateurs, on ne sçauroit aussi faire le mesme à la posterité sans blesser sa

Au liure 1. de l'Inuention.

conscience: de sorte qu'il faut bien prendre garde à ne la parer pas du mensonge au lieu de la verité, & à ne défigurer pas celle qui est auec raison nommée l'Image des choses. Il y en a bien peu toutesfois, que la haine ou l'affection ne pousse à traiter plus fauorablement vn party que l'autre, & à qui leurs interests ne fassent quitter celuy de la verité: de graues Autheurs ont remarqué, quelque protestation que Corneille Tacite eust faite de la suiure, qu'il l'auoit abandonnée en de certaines occasions. Ils nous disent qu'aprés auoir eu de si mauuais sentimens des Dieux, qu'il s'éforçoit de faire connoistre qu'ils ne prenoient aucun soin des affaires de la terre, il n'a pas laissé de loüer l'Empereur Vespasian comme vn ministre choisi par eux pour

Corneille Tacite, liure 4. de son Histoire.

operer des miracles, ayant redonné la veuë à vn aueugle, & la santé à vn malade en la ville d'Alexandrie : Mais qu'il est croyable qu'il auroit déguisé ceste action, & y auroit bien fait trouuer quelque fourbe comme en plusieurs autres, s'il n'eust esté obligé à la memoire de ce Prince, qui mit le premier sa famille en honneur, & dedans le chemin de la gloire. Comme en ce poinct ils le taxent de flaterie, ils l'accusent de mensonge en quelques autres ; dequoy ie voudrois bien qu'il fust innocent, pource que ie suis son admirateur. Car combien que i'aye reconnu que pour ses grandes habitudes à la Cour de Rome, son esprit s'estoit si fort accoustumé à la défiance qu'il ne peut la cacher en ses escrits ; Qu'il s'est arresté par fois à des ombrages & à des soupçõs; Que n'ayant pas esté dans tous les Conseils, il s'en est imaginé les resolutions; Qu'en plusieurs choses secrettes dont il n'auoit point sceu la verité, il a dit la vray-semblance; Et qu'il n'a pas moins affecté d'instruire les hommes aux ruses politiques qu'à son Histoire: Cela ne fait que m'estonner dauantage, considerant vne fertilité d'esprit si prodigieuse. Mais afin de ne rompre point le fil de nostre discours, il faut considerer si l'Historien peut auoir eu quelque particuliere passion pour ceux qu'il fait venir sur les rangs: car il aura de la peine à s'empescher de dresser des panegyriques aux vns, & des inuectiues contre les autres. Quelques-vns disent que la ialousie que Platon & Xenophon auoient l'vn de l'autre

IV. PROMENADE.

fut cause que celui-cy traita mal en son Histoire, Menon, qui estoit amy de celuy-là, le dépeignant tel, qu'il le rend digne de l'infortune dont il fut enueloppé, & excuse en quelque façon la longue cruauté du supplice dont Artaxerxes le fit mourir. Herodote pour auoir esté mal traité des Corinthiens, s'en ressent en ses escrits, où (contre toute verité) il les fait fuir honteusement en ceste memorable iournée de Salamine: & il a laissé beaucoup de choses au silence qu'il pouuoit dire à l'aduantage de ce peuple, & qui mesmement eussent embelly son Histoire, comme entr'autres la priere solemnelle & les vœux que firent leurs femmes à Venus, afin qu'il pleust à ceste Deesse d'échauffer leurs maris à l'amour de la bataille contre les Per-

Au liure 2. des guerres du ieune Cyrus

Plutarque, de la malignité d'Herodote.

ses, & de leur inspirer le desir de s'y porter virilement. Il n'y auroit rien à redire en Salluste s'il n'auoit point obmis à dessein, & par la haine qu'il auoit pour Ciceron, les honneurs publics qui luy furent decernés par le peuple Romain aprés qu'il l'eut deliuré de Catilina : car il vaudroit mieux oster de sa narration ce qui fait à la honte de quelqu'vn, que ce qui tourne à sa gloire. C'est ce qu'obserue Thucydide, en parlant de son precepteur Antiphates, de ne noircir point son papier des marques d'infamie dont il fut noté par les Atheniens : Et ce qui rend son affection d'autant plus excusable; c'est que sa haine a esté si moderée qu'elle n'eut iamais la force de luy faire dire du mal de Brasidas qui auoit causé son bannissement. Ainsi Plu-

Thucydide liure 8.

Marcelle en la vie de Thucydide.

tarque louë vn Philiſtus de n'auoir point couché dans ſon Hiſtoire toutes les iniuſtes violences du tyran Denys, à cauſe meſmement qu'il les exerça deſſus les peuples barbares, & qu'il décrit ce qui ſ'eſt paſſé entre luy & les Grecs: Combien qu'à dire le vray, Pauſanias en parle autrement, aſſeurant que c'eſtoit pour l'eſperance que l'Hiſtorien auoit d'eſtre rappellé à Syracuſe.

Plutarque de la malignité d'Herodote.

Pauſanias en ſes Attiques.

L'on peut auſſi par ignorance inſerer des menſonges en ſon Hiſtoire, & les Autheurs en ſont bien plus excuſables que ceux qui en publient par malice : Plutarque ayant luy-meſme teſmoigné qu'il n'auoit pas vne intelligence parfaite de la langue Latine a ſemblé demander tacitement pardon, en cas qu'il vint à commettre des erreurs aux vies des Illustres personnages de Rome. Le peu de connoissance que Tacite monstre auoir eu de l'origine, des coustumes, & de la croyance des Hebreux, l'a fait tout de mesme nommer par Tertullian grand forgeur de mensonges; & en outre, pource qu'estant homme d'Estat, & par consequét ennemy de toutes nouuelles Sectes comme capables de subuertir auec le temps la tranquilité publique, il auoit escrit contre les Chrestiens dont la croyance commençoit de son temps à prendre pied dedans Rome. Herodote qui estoit suspect à soy-mesme, pource qu'il recitoit des choses fort anciennes, & sur la foy de plusieurs qui n'en auoient gueres, qualifia ses liures du titre des Muses, à cause de la liberté qu'elles ont de

En son Apologetique.

dire des fables ; & toutesfois pour ne meriter pas le nom de Pere de l'Histoire seulement à cause de l'elegance & netteté de son discours, il leur fait produire la verité vn peu aprés le milieu de son ouurage, qu'il rend si belle que l'esprit le plus stupide en seroit épris. Mais c'est qu'il estoit paruenu aux affaires de son temps, & qu'il décharge en ses derniers liures sa memoire, de laquelle il ne pouuoit pas estre trompé. A dire le vray pour rendre vne Histoire digne de foy il est necessaire que celuy qui l'escrit ait esté present aux actions qu'il recite, ou qu'il les ait apprises de ceux qui y ont assisté ; encor ne doit-il pas employer les memoires de toutes sortes de personnes, mais de ceux-là seulement qui ayans esté parties de l'action le peuuent instruire des causes, des conseils & du but où l'on aspiroit. Ce fut de la sorte que Thucydide se gouuerna lors qu'il voulut composer la sienne : car outre qu'ayant esté Capitaine des Atheniens il auoit vne parfaite connoissance des affaires de son temps qui se passa tout en guerres, il n'espargna rien pour gaigner des hommes intelligens dans le party contraire qui peussent l'instruire de tout ce qui s'estoit passé dedans leurs armées. De là vient que les belles actions des Lacedemoniens ne sont non plus oubliées en ses escrits, que celles de ses citoyens d'Athenes qui leur faisoient vne guerre tres-sanglante; & s'il est loüable, comme disent plusieurs, & entr'autres Ciceron, d'auoir surpassé tous les Historiens Grecs en l'art de bien dire, ayant si bien

Au liure 2. de l'Orateur.

bien sceu presser les choses que le nombre des sentences égale presque celuy des paroles auec vn tel agencement que l'on ne sçauroit iuger qui sont celles qui prennent leur embellissement des autres; il l'est encor dauantage pour la verité qui reluit en sa narration. Aussi Denys d'Halicarnasse qui pour en faire vn tres-seuere iugement a examiné son discours iusques aux syllabes, confesse qu'il n'a pas dit vn seul mensonge volontaire, & que sa conscience est nette & sans tache; mais c'est d'auoir renuersé l'œconomie, & confondu l'ordre des parties de l'Histoire qu'il le reprend. On deuoit de mesme attendre de Polybe vne histoire tres-veritable, veu qu'il auoit esté gouuerneur de Scipion l'Africain, & qu'il l'accompagna en toutes les guerres qu'il fit, ayant toufiours de belles charges dans fes armées; & il eftoit encor à prefumer qu'elle feroit remplie de preceptes tres-profitables eu égard à fa doctrine, à l'importance des affaires dont il traitoit, à la fuffifance du Chef qui les conduifoit, & à la redoutable puiffance des ennemis. Or donc puis qu'il n'y a perfonne qui puiffe eftre mieux inftruit de la verité des motifs, des deliberations, des traités fecrets, des fourdes menées, & des interefts ou volontés des Princes que leurs miniftres, ce feroient ces gens-là que i'eftimerois capables de trauailler aux Hiftoires, mais pource qu'ils ont ordinairement les occafions de flater leur maiftre, & de parler glorieufement de leur party, il les faut connoiftre d'vn naturel fort genereux auant

IV. PROMENADE. 323

que de leur dôner toute sa croyance. Paul Ioue pour auoir eu de grandes intelligences en la Cour de Rome, où de son temps toutes les affaires du monde se concertoient, n'a pas toutesfois déployé sa conscience dans son Histoire, ny rapporté ce qu'il y pouuoit auoir appris: & ce qu'il dit auec tant de faste que Charles le Quint l'incita d'escrire, n'est qu'vne preuue aux Lecteurs que sa plume estoit partiale. Il en eut aussi la recompense deuë aux flateurs, en ce que cét Empereur l'en méprisa depuis & le tint pour vn escriuain fort lâche; d'où l'on peut iuger quelle opinion en ont conceuë non seulement ceux des partis contraires, mais ceux-là mesmes qui n'y ont point esté interessés. L'humeur franche de nostre Philippes de

X ij

Commines l'a bien sceu garantir de ce reproche ; il s'est maintenu libre entre les vertus & les defauts de son Loüys onziéme, & ayant loüé les vnes il n'a point eu de peur de marquer les autres. Et ie ne sçay pourquoy il a teu ce que ce Roy auoit fait contre le bien public, & qui seruit de pretexte au party qui se forma contre luy, ne le pouuant ignorer puis qu'il auoit entrée dans les conseils. Paraduanture est-ce vne oubliance pareille à celle dont on l'accuse de n'auoir pas declaré les raisons qui firent aduancer les Princes vers Paris, aprés vn second conseil tenu pour cét effet: car de n'auoir point rapporté celles qui donnerent lieu à la resolution que prit le Roy aprés le combat, on ne le peut attribuer qu'à sa negligence, veu qu'il témoigne que le Seigneur de Contay appuya son aduis de tres-belles & tres-iudicieuses raisons, que vous deuriez souhaiter, Timandre, n'estre pas demeurées dans le silence, puisque ce grand homme qu'il qualifie du nom de Sage, estoit l'vn de vos predecesseurs, & qu'il a laissé sa maison dedans la vostre. Mais pour n'encourir le blasme qu'on luy donne d'auoir fait de trop longues digressions, que toutesfois i'excuse volontiers, puis qu'à l'imitation de Polybe c'est pour nous y enseigner de belles choses, (car ie ne pretends pas vous entretenir de la forme de l'Histoire, ce que ie laisse aux Rhetoriciens, mais seulement de la matiere) ie reuiens à nos ministres d'Estat, & autres hommes politiques, ausquels on void rarement vne autre condition necessaire pour bien descrire vne Histoire. C'est qu'ils sont la pluspart ignorans de l'art militaire; & neantmoins ie vous laisse à penser combien il importe de sçauoir exactement rapporter l'ordonnance d'vne bataille, l'attaque ou la defense des places, de quelles gens, de quelles armes, de quelles munitions, de quels engins on s'y est seruy, l'aduantage ou desaduantage des lieux, bref toutes les circonstances qui concernent la guerre, & lesquelles bien souuent sont cause de l'aduancement ou de la ruine des partis, voire mesme du gain ou de la perte des Prouinces. En effet combien la lecture de Guicciardin seroit-elle plus vtile, s'il eust esté assez sçauant en l'art militaire, pour nous instruire de tout ce qui se passa aux sieges, aux

IV. PROMENADE. 327
rencontres, & aux batailles dont il n'a dit qu'vne parole, excepté de celle de Rauenne qu'il a descrite si entierement, que quelques-vns m'ont asseuré en Italie qu'il n'auoit fait que la transcrire des memoires d'vn homme d'experience en la guerre, qui s'y estoit rencontré. Croyez-vous pas aussi qu'on verroit Q. Curse plus souuent dans les mains des Capitaines qu'en celles des gens d'estude, s'il auoit accompagné l'histoire d'Alexandre de son histoire ; ie veux dire s'il auoit declaré son attirail de guerre, sa façon de la faire, ses attaques, ses combats, s'il auoit fait ses descriptions vn peu plus militaires que Poëtiques, & en somme s'il auoit armé auec plus de soin vne vie toute guerriere ? Il ne deuoit pas au moins permettre que la po-
X iiij

stérité cherchaft l'ordonnance de la Phalange Macedonienne ailleurs que dedans ses liures; pourueu toutesfois qu'il l'euft rangée auec moins de confusion qu'il n'a fait l'armée de Darius sur le poinct de la bataille. Tous ceux qui escriuent des choses eloignées de leur siecle tombent assez souuent en ce defaut-là, & i'ay toufiours creu que tels Historiens (i'excepte ceux qui font des histoires generales) sont plus ostentateurs de leur bien dire qu'amateurs de la verité, ce qui se void en leur style, dont la clairté & la douceur ne sont point temperées de la grauité necessaire au genre d'escrire historique. Il s'en est trouué qui ont desiré en Polybe des paroles plus douces, & vn style plus poly & mieux orné qu'il n'est; mais se doit-on fascher qu'vn homme qui fort des batailles, foit vn peu chargé de poussiere? Qu'en escriuant des amourettes on foit foigneux si l'on veut de l'agencement de ses paroles: qu'on prenne garde que l'elegance en soit sans rides & sans taches: i'y permets encor si l'on veut la frifure, le fard, & toutes les mignardes affetteries dont vne femme qui veut plaire, forme des attraits & des charmes dessus son visage & dessus son sein: Pour ce qui est de l'Histoire, il faut que son style soit graue en traitant des affaires de la Paix, & on le doit éleuer tant soit peu, & luy faire prendre vn air martial, quand on le iette dans la guerre. Mais pour retourner à ceux qui escriuent les choses faites de leur siecle on y remarque encores ce defaut, Qu'ils cachent le naturel & les fins des principaux autheurs des mouuemens lors qu'ils y reconnoissent du mal, & qu'estans comme l'on dit des Polyphemes pour leurs imperfections, leurs vices ou leurs intentions sinistres, ils sont des Argus pour voir le peu de bien qui s'y trouue. Non que ie veüille blasmer les loüanges qu'ils donnent lors qu'elles sont meritées; car l'histoire ayant pour but de détourner les hommes du mal, & de les porter à l'amour du bien, doit rendre l'vn odieux, & ne priuer point l'autre de la gloire qui luy appartient. Entre plusieurs belles qualités dont Monsieur de Thou a fait que son histoire est la plus recommandable de celles de nos derniers siecles, i'y trouue cela de singulier que n'ayant point espargné ceux dont les actions meritoient d'estre blasmées, il a aussi accompagné la mort des personnes vertueuses d'vn bel eloge de leur vie. Car le Lecteur par ce moyen reçoit auec le plaisir de l'histoire quelque amendement en ses mœurs, & se sent émouuoir doucement aux grandes choses. Et n'est-il pas vray Timandre, quand vous oyez ce qu'il rapporte de la mort de Monsieur vostre oncle, qu'*encores que les Espagnols eussent esté chassés de Han, & que le chasteau fust rendu, on n'entendoit point toutesfois ces cris de ioye accoustumés en vne Victoire, & l'on ne voyoit point ces visages gays, & qui se font feste l'vn à l'autre. Mais de mesme qu'en vn grand deüil, les soldats & les chefs alloient la face triste & baissée auec vn morne silence, à cause de la mort de celuy qu'ils auoient respecté pendant sa vie comme vn grand Capitaine, & dont*

_{Monsieur de Thou au liu. 112. de ses histoires.}

ils pleuroient la perte comme de leur pere bien aimé. Car ils s'attendoient bien que sa mort alloit estre suiuie de quelque déconfiture, & deslors ils presagerent les maux qui arriuerent depuis sur la frontiere. Et il ne fut pas regreté seulement en ceste Prouince dont il auoit la Lieutenance de Roy, & où ses predecesseurs auoient tousiours tenu le premier rang, mais il causa vn pleur public par tout le Royaume. Certes c'est vne chose asseurée que le Roy touché de ceste nouuelle en ietta des larmes, & qu'aprés auoir essuyé ses yeux il dit d'vne voix basse, que Han n'estoit point de telle importance qu'il eust deu couster le sang d'vn grand Capitaine, & qui auoit si vtilement seruy la France : & que si Dieu luy eust donné le choix, il auroit pour cōseruer la vie à Humieres perdu tres volontiers non pas Han tout seul, mais plusieurs autres telles places de la frontiere. Or outre la splendeur de sa naissance, de tres-grãds biens prouenus de ses ancestres, vn courage égal à ses biens, & vne liberalité à les despenser qui excedoit sa puissance, il auoit vn certain agréement en son visage, & auec ce ie ne sçay quoy qui sent son homme de condition, la douceur de ses mœurs s'y faisoit assés connoistre. Tellemẽt qu'ayant outre toutes ces graces vn esprit qui n'auoit rien de commun, non seulement il s'acqueroit l'estime & les respects d'vn chacun, mais encores il rauissoit les affections de tout le monde. Quand donc Timandre, on vous en fait ce veritable recit, n'auez-vous pas vne incroyable satisfaction de ce que par ses actions il s'est acquis vne loüange immortelle, & ne vous sentez-vous pas à l'instant saisi d'vn indicible desir de vous rendre heritier legitime de sa gloire? Pour moy ie ne suis point de ceux qui voulant que l'Histoire soit vne narration seiche, l'improuuent pour peu qu'elle paroisse sententieuse, raisonnée, & semée des loüanges de ceux dont elle recite les actions: Ie sçay qu'vn Historien ne doit point s'enhardir de publier vn mensonge, mais puis qu'il ne doit pas craindre non plus à escrire vne verité, il peut donner des loüanges legitimes. Non qu'il soit à propos de s'y estendre à la maniere des Orateurs: & c'est vn vice que commettent presque tous ceux qui escriuent du viuant des personnages qu'ils amenent sur les rangs en leurs histoires. Si Tibere eust esté tel que Velleius Paterculus le dépeignit durant son Empire, Rome se seroit vantée de n'auoir iamais eu de Prince plus accomply en toutes sortes de Vertus. Mais quoy!

puisque d'vn monstre tel qu'estoit Seian, il en fait l'exemplaire d'vn parfait Ministre d'Estat, a-t'il deu gaigner d'autre estime parmy les gens d'honneur que d'auoir eu vne plume venale, & de celles-là qu'on void dans les Cours des Princes s'é-leuer au gré de ceux qui en posse-dent les faueurs? Or ie ne vous en sçaurois dire dauantage sans vous declarer les loix de l'histoire, & ce n'est pas le but que ie me suis pro-posé; vous m'excuserez mesme si ie ne vous informe pas des plus vtiles Histoires, & si i'obmets les moyens qu'on donne pour en re-cueillir du fruit. Car tous ceux qui les ont leües aussi bien que Lucul-lus, dont ie vous parlois tantost, ne se sont pas seruis si bien que luy des conseils dont elle est riche, & comme luy ils ne les ont pas remarqués. C'est vn discours que i'ay iugé deuoir estre inseré auec ceux de la Prudence : car bien qu'il semble (puisque ceste Vertu s'occupe à regler les employs des hommes) qu'il seroit à propos de la ranger sous la vie Actiue; neantmoins à cause que c'est vne Vertu Intellectuelle, nous ne sçaurions donner des bornes à la vie contemplatiue d'vn Honneste homme, sans comprendre la Prudence au dedans, & les moyens d'y habituer son esprit.

V. PRO-

V. PROMENADE.

De la Prudence en general.

QVE la Promenade nous doit reüssir heureusement auiourd'huy, Timandre, puisque dés l'entrée, vn objet s'offre à nos yeux qui se rapporte si bien à ce dont nous sommes resolus de nous entretenir! Car voyez-vous pas que ceste allée, & ces canaux qui la bordent semblent s'estrecir à mesure qu'ils sont eloignés de nous? & cela ne procede que de ce que les mesmes choses paroissent grandes ou petites selon l'ouuerture de l'angle sous lequel elles sont veuës. Ces arbres qui sont proches de nous forment vn angle mousse dessus

Y

nos yeux; & les especes de ceux qui en sont loin, n'y tombent qu'à angles aigus; ce n'est donc pas vne merueille, si ceux-cy paroissét plus grands, & éloignés entr'eux d'vne plus grande distance que les autres qui sont au bout de l'allée, & si par consequent toute l'allée semble former vne pyramide. Ceux qui ignorent les principes de l'Optique ont creu de cét effet & de plusieurs autres, que les sens estoient trompés, & particulierement celuy de la veuë : mais ils me pardonneront si ie leur dis qu'ils se laissent eux-mesmes surprendre, & que les yeux estans bien sains, voyent les choses selon qu'elles apparoissent. Pour leur sembler autres qu'elles ne sont, on ne doit pas dire qu'ils se trompent : le mouuement des objets, leur éloigne-

ment, leur affiette, leur figure, la
difpofition du lieu qui eft entr'eux
& nous, & plufieurs autres accidens alterent fouuent leurs efpeces, & les rendent autres en leur ef-
coulement qu'en leur fource. Or
l'œil ne fçauroit voir que ce qu'il
reçoit; & il ne reçoit pas les objets,
mais feulement les efpeces qui s'y
impriment ainfi qu'elles feroient
deffus vn miroir. Il void bien que
l'Arc en Ciel eft peint de belles
couleurs, que le col du pigeon eft
agreablement bigarré, & il affeure
le mefme de plufieurs autres chofes, quoy qu'il n'en foit rien en effet; en tout cela pourtant il ne fe
trompe point, car le fens de la veuë
n'eft que pour receuoir les chofes
apparentes, & quant à la realité des
objets, fans l'affiftance de quelque
autre faculté, il ne la fçauroit re-

Y ij

connoistre. Voicy donc Timandre vn rencontre bien fauorable pour nous, qui desirons nous entretenir de la Prudence : car quelques-vns tiennent que c'est vne Prouidéce humaine, d'autres l'ont nommée l'œil de l'ame, & nous n'auons pas mesme de terme plus propre pour exprimer l'imprudence de quelqu'vn que de l'appeller aueugle. Les Egyptiens en peignant vn œil dessus vn Sceptre vouloient signifier la Prudence qui le doit gouuerner ; Vlysse le plus prudent des Grecs aueugla Polypheme, c'est à dire le trompa ; & s'il m'estoit permis de mesler la Verité auec la peinture, & la fable, i'alleguerois Salomon qui dit que *le Sage a des yeux en sa teste, & que le fol marche dans les tenebres*, c'est à dire qu'il ne se sert point d'yeux. I'ay eu

[marginal notes: Ciceron au liure 1. des loix. Philon Iuif en la vie d'Abraham.]

long-temps de la peine à trouuer pour quelle raison les Poëtes feignent l'Amour estre aueugle, veu qu'il naist en nous par les yeux, & qu'ils sont les entremetteurs de ce commerce des cœurs; à la fin ie me suis apperceu qu'ils vouloient par là marquer les extrauagances des amoureux, & tous les déreglemens d'vne ame à qui la passion a osté l'vsage de la Prudence. Si quelque Rhetoricien auoit ce sujet à traiter en vne declamation, il luy seroit bien aisé d'approprier toutes les parties de l'œil, & leurs vsages, à toutes les pieces necessaires pour former ceste Vertu là : mais outre que nostre entretien ne nous sçauroit permettre de si longues digressions, il faut ramener nostre consideratiõ sur le premier poinct duquel nous auons parlé. Aussi bien suis-ie certain que si vous m'accordez que nos yeux ne se trompent point, vous ne consentirez pas la mesme chose pour la Prudence : chacun tient en effet qu'elle est fautiue, & que ceux qui s'y sont fiés d'ordinaire en ont esté bien souuent circonuenus. Afin donc de vous resoudre ceste difficulté, souuenez-vous s'il vous plaist de ce que i'ay dit, que les especes auant que d'estre receües en l'œil estoient desia telles qu'elles y sont, & que rien ne s'est changé en ceste reception : or il n'en va pas ainsi pour le regard de l'Entendement, car il compose luy-mesme ses sciences particulieres, par le moyen de certaines connoissances generales dont la Nature l'a reuestu en naissant. Que si dauanture il ne compose point comme il faut, on n'en doit pas esperer vne science certaine, ny vne parfaite Prudence : mais aussi lors qu'en faisant ceste composition il y obserue toutes les regles necessaires, il void la fin de ses desseins dés le commencement, si quelque rencontre extraordinaire de la Fortune ne l'en empesche. I'espere qu'au progrés de ce discours vous verrez comment il se doit conduire en ceste operation, & que vous ne douterez point de ce que ie vous en asseure : mais auparauant, il faut sçauoir ce que les Philosophes ont determiné de la Nature de la Prudence. Soyez attentif ie vous supplie à vne cōparaison que ie veux prendre de nostre Sens commun, & ie me promets que vous conceurez facilement ce que i'entreprens de vous expliquer.

Les Philosophes tiennent que tous les organes de nos sens exterieurs aboutissent à vn sens plus reculé, auquel ils rapportent ce qu'ils ont receu de diuers endroits: & pour vous donner à connoistre que cela se fait sans confusion, considerez vn peu comme les especes de diuerses couleurs, de diuers sons, & de diuerses odeurs, se retrouuent souuent en vn mesme poinct de l'air, sans que les vnes se meslent parmy les autres. Or de mesme qu'en vn cercle où il y a des lignes qui de la circonference vont se terminer coniointement au centre, on peut dire que ce terme, eu égard aux diuerses lignes, est plusieurs choses, & n'en est qu'vne, eu égard à leur vnion; Il en est ainsi du sens commun (disent-ils) pource que si l'on en iuge selon ses diuerses correspondances auec tous les sens qui s'y vont décharger des especes qu'ils ont receuës, il sera en quelque façon plusieurs choses; & si on le considere en ce que par vn seul acte de sa puissance il decide de tous objets pour differens qu'ils soient l'vn de l'autre, on n'en peut dire autre chose sinon qu'il est indiuisible. Sçachez donc maintenant que selon l'aduis de plusieurs grands personnages, c'est tout de mesme de la Prudence : Ils nous asseurent qu'elle seule comprend toutes les Vertus ; & que selon les sujets où elle s'applique on luy donne diuers noms, l'appellant Iustice quand elle distribuë à vn chacun ce qui leur appartient; Force quand elle souffre ce qui se doit endurer; Temperance lors qu'elle fait choix de ce qu'il faut suiure ou

Plutarque au traité de la Vertu Morale.

fuir; mais qu'en effet toute sorte de Vertu n'est autre chose que Prudence. Socrate entr'autres a esté de ceste opinion, laquelle on ne sçauroit condamner de tout poinct; pource que *quand il auroit erré en pensant que toutes les Vertus fussent autant de Prudences; il parloit sainement disant qu'elles n'en pouuoient estre destituées.* Et pour n'en rechercher point la raison dans Platon, puis qu'Aristote qui traite le mesme sujet est beaucoup plus resolutif, ie vous diray en ses termes, *Que toute Vertu est vne habitude qui se conforme tousiours à vne droite raison, & opere par icelle: & que ceste droite raison n'est autre chose que la Prudence.* Philon Iuif qui s'attache aussi fort aux opinions de Platon, que celui-cy faisoit à celles de Socrate, n'a pas voulu s'en éloigner en ce poinct. Les

Aristote aux Morales liure 6. chap. 13.

Au Menon & en l'Alcibiade 1.

Aristote au lieu sus allegué.

Au liure 1. des allegories de la Loy.

Vertus, dit-il, ont leur siege en l'ame, c'est à sçauoir la Prudence en la partie raisonnable, la Force en l'Irascible, & la Temperance en la Concupiscible, Quant à la Iustice, elle naist de l'obeïssance que ces deux facultés inferieures rendent à la superieure. De sorte que selon son aduis, il n'y auroit point de Vertu, si la faculté concupiscible & l'irascible rompoient le frein de la raison, & si elles ne se laissoient conduire par la Prudence. Vostre esprit par-aduanture est en peine du choix des deux opinions, à sçauoir, si la Prudence comprend toutes les Vertus, ou si les Vertus ont chacune leur essence particuliere; & ie vous diray pour resolution, puisque la Prudence reside en l'Entendement, & les autres Vertus en la Volonté; & en outre puisque celles-cy tendent à vne fin, & que celle-là en découure & ordonne les moyens, qu'elle doit estre distinguée, & separée d'auec les Vertus Morales. Néantmoins à cause qu'elle enseigne à discerner les choses bonnes, d'auec les mauuaises, & celles où il n'y a ny bien ny mal, nous induisant à élire les premieres, à rejetter les secondes, & à se gouuerner indifferemment touchant les autres, il nous est impossible de faire passer aucune action pour vertueuse, si la Prudence ne l'a conseillée auparauant. En effet les autres Vertus ne respirent que par elle ; c'est elle qui les anime, qui leur enseigne leur office, & qui leur prescrit ceste mediocrité qu'elles ne doiuët point outrepasser. Mais afin de vous faire mieux conceuoir la grandeur de son merite &

de sa valeur, ie desire vous entretenir de tous ses vsages.

Il m'est impossible toutesfois auant que d'entamer ceste matiere, de ne repartir point aux plaintes dont plusieurs personnes offencent tous les iours vne Vertu si rare, & si accomplie: car elle n'est point capable, disent-ils, de nous procurer les biens, ny de nous faire éuiter les mal-heurs de ceste vie, la Fortune seule en ayant l'entiere disposition & la souueraine puissance.

Or Timandre, à considerer seulement l'humeur de ceux qui la blasment ainsi, i'ose attendre de vous que vous n'entrerez iamais dans leur sentiment. Car ou ce sont des esprits chagrins, à qui le meilleur ordre du monde blesse la fantaisie; ou des ignorans, qui ne sçauroient penetrer au trauers des motifs, des projets, & de la conduite des entreprises qui sont suiuies d'vn succés auantageux; ou bien des enuieux, qui ne pouuans souffrir la gloire de ceux qui en ont acquis par leur bon sens, employent toute leur industrie à faire curieusement, mais vainement obseruer qu'ils en sont venus là par quelques rencontres fortuits. Et mesmes si tous les hommes ne se veulent flater, il n'y en a pas vn qui ne confesse que dans les disgraces que son imprudence a attirées dessus luy, il a esté bien aise d'en accuser la Fortune, pour auoir sujet d'entretenir ses esperances. Ne pensez pas, ie vous supplie, que pour cela i'adhere à l'opinion de ceux qui n'admettent point du tout de Fortune, & qui tiennent qu'elle n'a

V. PROMENADE. 351

son estre que dans les fables de la Poësie. Car c'est vne chose certaine que tout ce qui agit ne paruient pas à sa fin, à cause de certains obstacles qui l'en détournent: & qu'il s'en produit des effets que l'on doit appeller fortuits, puis qu'ils n'ont point esté recherchés, ny mesmes preueuz. C'est pourquoy celuy qui frappa sa marastre d'vne pierre au lieu d'vn chien à qui il la iettoit, remercia la Fortune de ce que son coup n'estoit pas perdu : & Nealces aprés n'auoir peu representer naïuement l'escume d'vn cheual qu'il auoit au reste bien peint, iettant par dépit l'esponge où il nettoyoit ses pinceaux contre le tableau, vid que la Fortune luy presta son secours, & que par ce coup d'esponge elle donna la perfection à son ouurage. Il s'en est trouué aussi qui par des blessures ont receu fortuitement la guerison de certains maux qu'on estimoit incurables: & tout le monde sçait l'accident rapporté en vn Epigramme Grec, d'vn desesperé, qui sur le poinct de se pendre à vn arbre apperceut au pied la terre fraischement remuée, où ayant trouué de l'or caché par vn vsurier, il l'enleua & mit son licol en la place, de sorte que l'vsurier y retournant s'en seruit, perdant à ce rencontre le desir de viure, où l'autre auoit perdu celuy de mourir. Toutesfois, outre que ces accidens se font voir rarement, ils ne se font pas voir en toutes sortes de sujets, ny d'occasions. Il y a des choses qui en sont plus susceptibles les vnes que les autres, & il n'est pas du tout impossible à la Prudence de les éuiter,

éuiter, si elle iuge qu'ils soient à craindre. C'est pour ceste raison qu'vn Poëte dit que pourueu qu'elle nous guide, nous pouuons nous vanter que l'assistance d'aucune Diuinité ne nous manque: Et si le ieune Denys aprés la perte du Royaume que son pere luy auoit acquis, disoit qu'il ne l'auoit pas laissé heritier de sa Fortune pour le conseruer, c'estoit pour excuser les fautes de son mauuais gouuernement. Car l'experience nous a par plusieurs fois confirmé ceste verité, Que la Prudence attire mesme la Fortune à sa suite. Et afin que vous n'en soyez point en doute, Timandre, prenez la peine de ietter vos considerations dessus les affaires de la guerre, & sur ce qui s'est passé de tout temps dans les Cours des Princes, puisque c'est là

Iuuenal liure 1. Satyre 10.

Z

où, comme chacun en demeure d'accord, ceste Fortune fait voir ses plus remarquables & ses plus prodigieux effets.

Quelqu'vn pourroit-il me nier que de toutes les plus grãdes guerres qui furent iamais, les plus aduisés Capitaines n'en ayent remporté les plus heureux euenemens? Ces grosses armées Persiennes dissipées par les Grecs; les Romains vainqueurs de tant de nations; ceste défaite des Sarrazins (la plus nombreuse que i'aye encore leuë) par nostre Charles Martel, qui fit couler du sang à la Loire durant trois iours, & toutes les plus fameuses déroutes dont l'Histoire tient regiſtre, donnent-elles pas à connoistre que la Victoire va du costé du bon sens, & non pas de la multitude? Vous me direz peut-estre que les vns estoient plus vaillans que les autres, & ie l'aduouë aussi Timandre; Mais d'où procede ceste vaillance aux soldats que de leur bon ordre & discipline militaire, dont ils prennent vne tres-grande confiance dans le combat; & ceste discipline que de leurs Chefs? Iamais les Lacedemoniens ne furent plus vaillans que sous le regne d'Agesilaüs; C'estoit au temps de la guerre du Peloponese; Il les auoit menés en Afrique, & exercés long-temps contre les Perses, & on se fust mocqué de celuy qui leur eust voulu comparer les Thebains. Cependant la Prudence d'Epaminondas conduisant ceux-cy, remporta deux fois la victoire sur les Lacedemoniens. Desirez-vous vn exemple plus pregnant? Considerez Pompée aux prises auec Cesar.

Z ij

Celuy-là auoit triomphé des trois parties du monde, & en vn mot il estoit appellé Grand. Si est-ce que la Fortune de Cesar surmonta la sienne, à cause qu'il auoit vne plus grande connoissance de l'art Militaire. Car il n'est rien de plus vray, que le bon-heur d'vn Chef naist de l'authorité qu'il s'est acquise parmy les soldats: laquelle authorité luy vient par le moyen de sa Vertu, & ceste Vertu de sa science, ou pour mieux dire de sa Prudence militaire. C'est pourquoy ceste sentence est ordinairement en la bouche des bons guerriers, Que personne encor ne s'est proposé la Vertu pour guide, qui n'ait eu la Fortune pour compagne; ce que l'on explique de ceste sorte, Que nul n'a vaincu qui n'ait peu vaincre, nul ne l'a pû qui ne l'ait sceu,

& nul ne l'a sceu qui n'ait eu ceste Prudence dont nous parlons.

Vous m'arrestez icy Timandre, & me dites que tous ceux qui ont bien pesé les actions de Cesar, disent qu'il s'est quelquesfois éloigné des preceptes de la Prudence, pour tenter les hazards de la Fortune; ce qu'ils remarquent particulierement au passage de la Tamise, la seconde fois qu'il alla en Angleterre. Il n'y auoit qu'vn gué en ceste riuiere, & encore bien fascheux à ce qu'il rapporte luy-mesme, au delà duquel les Anglois s'estoient campés, & remparés le long du riuage d'vne bonne palissade. On l'aduertit qu'outre cela ils auoient fiché des pieux dans le gué, que l'on ne pouuoit apperceuoir, & neantmoins pour toutes ces difficultés il ne se diuertit point de sa

Cesar au liure 5. de la guerre des Gaules.

résolution. Au contraire, il fit commandement à la caualerie de marcher deuant, & la fit suiure de ses gens de pied à qui l'on ne voyoit que la teste hors de l'eau; dequoy les Anglois resterent si fort estonnés, que n'ayans pas le courage de resister, ils abandonnerent leur logement à la desesperée vaillance des soldats Romains. Ie vous confesse que ceste action sera tousiours admirée d'vn chacun, & que peu de gens se mettront en deuoir de l'imiter en de semblables rencontres, comme par trop hazardeuse. Ie tiens pourtant que César connoissoit si bien l'affection de ses soldats, & le mépris qu'ils faisoient de toutes sortes de dangers, qu'il deuoit auec raison esperer de forcer le passage; non pas peut-estre si aisément qu'il fit, à cause qu'il n'eust sceu preuoir la fuite des Anglois, qui fut à dire le vray vn effet de sa bonne Fortune. Car ie ne veux pas nier absolument, que la Fortune quelquefois ne se mette d'vn party, & ne se declare contre vn autre, veu ce que Cesar en dit luy-mesme en ses Commentaires, à qui l'on s'en doit rapporter à mon aduis autát qu'au témoignage d'aucun autre. Mais ie vous feray souuenir de l'action qui mit fin à toutes ses guerres de la Gaule, tant elle estonna tous ceux qui en ouïrent parler: & vous confesserez, ie m'en asseure, que sa Prudence en ceste occasion-là obtint la victoire sur le nombre & la valeur de ceux à qui il auoit à faire, sans qu'on puisse dire que la Fortune ait deu s'attribuer aucune partie de la gloire. C'est du siege de la

Au liure 6. de la guerre des Gaules.

ville d'Alexia dont ie desire vous faire la narration; là où Vercingentorix tres-renommé Capitaine des Gaulois, pressé par Cesar, s'estoit retiré auec quatre vingts dix mille combattans. Ceste ville-là estant situee sur la croupe d'vne montagne, ne se trouua point capable d'vn si grand nombre de soldats: tellement que Vercingentorix fut contraint de les loger sur le penchant de la montagne prés des murailles de la ville, où il les renferma du costé de dehors, d'vn bon fossé, & d'vne muraille seiche de six pieds de hauteur. Cesar donc mettant en balance l'experience du chef ennemy, la forte assiette de son camp, & le nombre de ses gens, auec l'armée Romaine qui n'estoit que de six legions, ne creut pas pouuoir emporter le lieu de viue force : mais estimant qu'en peu de temps les viures dont la place estoit mal pourueuë seroient consumés, il se resolut d'y tenir le siege. Or pour s'asseurer contre les sorties, il tira entre son camp & la ville vne tranchée d'onze mille d'estenduë : & toutes les nuicts il faisoit entrer ses gens en garde dans vingt-trois forts qu'il éleua aux endroits les plus aduantageux, Pendant qu'on estoit après ce trauail, la caualerie d'Alexia descendit en vne plaine au dessous de la ville, & vint de furie charger les Romains, qui la repousserent encore plus vertement : par cét essay Vercingentorix connut sa foiblesse, & l'impossibilité qu'il y auoit de sauuer ses gens. Il s'aduisa donc auparauant que la circonuallation de Cesar fust acheuée, d'enuoyer en vne nuict toute sa caualerie hors de là, & d'escrire aux autres Chefs des Gaulois qu'ils eussent à le venir secourir dans vn mois, n'ayant des viures que pour ce temps-là; ce que Cesar ayant appris par le rapport de quelques prisonniers, il songea à se fortifier plus puissamment qu'il n'estoit. Pour cét effet, ayant creusé le fossé le plus proche d'Alexia iusques à vingt pieds, & luy donnant pareille largeur, sans aucun talud, il en fit vn autre de quinze pieds à quatre vingts pas de là, puis vn troisiéme tout semblable; & ayant fait conduire de l'eau dans ce dernier fossé, de deux riuieres qui estoient assez voisines, il éleua au derriere vn rempart, auec vn parapet à creneaux, le tout de douze pieds de haut, & fit le long du cordon auec

V. PROMENADE.

ques des pieces de bois fourchuës, cét ouurage que nous appellons maintenant vne fraize. Il fortifia ce rempart d'vn grand nombre de tours qui se flanquoient l'vne l'autre de quatre vingts pieds de distance; & pour garantir contre les frequétes saillies des ennemis ceux qui estoient à ce trauail, & le pouuoir garder, auec peu de soldats, voicy ce qu'il fit entre la premiere & la seconde tranchée. Assez prés, & tout à l'entour de celle-cy, il fit vn petit fossé de cinq pieds de profondeur, où il planta par files des troncs d'arbres ébranchés & aiguisés, à cinq pour file, entrelassés ensemble par bas; & il n'en laissa sortir que les pointes au dessus de la terre. Plus delà il fit huict rangs de fosses en eschiquier, larges de fonds, & estroites d'ouuerture: &

y ayant fiché bien auant des pieux gros côme la cuisse, dont les bouts pointus & brulés sortoient de quatre doigts au dessus de la terre, il les couurit des menus rameaux que l'on en auoit esbranchés, ce qu'il auoit desia fait aux troncs du premier fossé. Au deuant de tout cela, il enfonça en diuers endroits iusqu'à fleur de terre, de petites pieces de bois où l'on auoit attaché des pointes & des crochets de fer, afin de donner de la difficulté aux ennemis dés le premier abord : Et s'estant logé derriere tous ces trauaux, il renferma son camp de la mesme maniere, du costé par où deuoit venir le secours. Ainsi la derniere de ses tranchées estoit de quatorze mille de circuit, & toutes ensemble elles pouuoient faire vingt-quatre lieües Françoises. Ie ne veux pas vous arrester à la consideration que sans doute vous aurez, de tous les soins qui repasserent dans son esprit lors qu'il estoit aprés ceste circonuallation, veu qu'en mesme temps il auoit à se defendre des ennemis qui faisoiét souuent des sorties; qu'il falloit enuoyer aux forests couper des arbres; qu'il estoit necessaire de se munir de viures ; & tout cela au milieu d'vn pays ennemy. Comme donc il eut acheué son ouurage (& ce qui est presque incroyable, en vn mois de temps) le secours des Gaulois arriua ; il estoit de deux cens quarante mille hommes de pied, & de huict mille cheuaux sous la conduite de quatre Chefs. Sans aucun delay ils firent & leurs approches, & leur attaque; dont ceux qui estoient dans Alexia sestans apperceuz, ils sortirent de leur costé, & comblerent le premier fossé de clayes, de fascines, & de plusieurs autres choses qu'ils auoient preparées pour cét effet. Mais à quoy bon differer dauantage à vous dire comment le tout succeda? Aprés trois furieuses attaques de toutes parts, dont il y en eut vne de nuict, vn des Chefs Gaulois ayant esté tué, vn autre fait prisonnier, plus de soixante drapeaux gaignés, & plusieurs soldats estans demeurés sur la place, ou par les sorties de la caualerie de Cesar, ou par les armes de iect tirées des defenses, ou s'estans embarrassés parmy les chaussetrapes & les pieux qui estoient entre les deux premieres tranchées; Vercingentorix, le plus redouté Capitaine des Gaulois fut contraint de se rendre, & tout ce grand appareil de forces venuës à son secours, se veid dissipé par la seule Prudence de Cesar.

Voila l'exéple que i'ay creu vous deuoir choisir entre plusieurs: & s'il m'estoit loisible de vous rapporter les plus signalées actiós des autres grands Capitaines, ie sçay bien que vous aduoüeriez qu'ils doiuent à leur Prudence toute leur gloire, ainsi que l'asseuroit Fabius Maximus, au témoignage de Tite-Liue ; lequel autheur parlant aussi de la victoire remportée par les Volsques dessus les Romains, *La Fortune*, dit-il, *ainsi qu'il est presque tousiours arriué, suiuit la Vertu en ceste bataille.* Tite-Liue
au liure 22.
Le mesme
au liure 4.

Mais Timandre, passons du camp à la Cour, c'est à dire entrons dans vne autre guerre, où les coups se

tirent sous le masque, & où y ayant presque autant de partis que de particuliers, il est bien difficile de discerner les amis d'auec ceux qui ne le sont pas. Croiriez-vous bien que tout ce qui s'y passe doiue estre mis entre les effets de la Fortune? Certes il ne faut pas que vous vous le persuadiez ; car s'il est vray que par la seule faueur des Princes plusieurs se sont veuz admis aux plus éminentes charges de l'Estat, il est veritable aussi qu'ils ne s'y sont pas conseruës long-temps sans leur Prudence, ou sans vne Prudence substituée. Que si vous n'estiez point si fort des-interessé en ce faict, ie vous rapporterois bien ce que l'Histoire nous a laissé de la conduite de quelques Fauorits, soit de celle qui a fait durer les vns en puissance, soit de celle qui a causé

V. PROMENADE.

sé la cheute des autres. Ie n'oserois toutesfois laisser en arriere quelques maximes des plus aduisés, pour acheuer la preuue que i'ay entrepris de vous faire, que la Prudence à la Cour, est meilleure gardienne des faueurs des Princes que la Fortune.

I'ay donc trouué que les Fauorits qui ont subsisté longuement, sont entrés en credit par vne humble deferéce aux opinions de leurs maistres, en ce qu'ils n'approuuoient pas seulement leurs legitimes intentions, mais encore apportoient de la conniuence à leurs defauts, pourueu qu'ils ne trainassent point aprés eux quelque dommage public: & à dire le vray, celuy qui peut faire du bien ne le fait pas d'ordinaire à ceux qui ne s'adiustent point à ses humeurs. Aprés

A a

leur auoir gaigné le cœur par ceste complaisance, ils croyoient qu'il ne leur seroit pas defendu d'aspirer à des charges, lors qu'ils en verroient les occasions : & pour induire le Prince à preuenir leurs demandes, ils n'affectoient rien plus que de le mettre en opinion que leur fidelité seroit inuiolable & incorruptible. Ainsi le Prince estimoit plustost se faire vn seruice, que donner vne grace, lors qu'il les éleuoit en dignité : Et si par bonheur il leur estoit permis de choisir, ils preferoient tousiours les vtiles aux éminentes, de peur d'exciter l'enuie des Grands. Mais dessous des titres modestes, ils s'emparoient d'vn pouuoir qui n'estoit pas mediocre : & toutesfois le Prince n'en pouuoit entrer en défiance, pource qu'ils luy faisoient connoiſtre que c'eſtoit pour s'aſſeurer contre ceux-là meſmes qu'il haïſſoit & tenoit pour ſuſpects; ſçachans bien que rien ne vieillit moins dans l'eſprit des Souuerains que la haine, & que la ialouſie de leur authorité. Pour ceſte meſme raiſon, ils luy laiſſoient toute entiere la gloire de leurs propres actions, ne craignant rien à l'égal du trop grand applaudiſſement des peuples: car ils n'ignoroient point que le plus faineant Prince de la terre pretend que l'honneur acquis par la vertu des ſiens luy appartient. Et auec la meſme moderation d'eſprit, ils refuſoient par fois des faueurs du Prince, le ſuppliant d'en gratifier ceux qui eſtimoient les meriter: ſoit qu'ils creuſſent que donner tout à vn ſeul, eſtoit faire tort à tous les autres: ou que leur première condition se representant souuent à eux leur defendist d'aspirer à vn estat où ils n'auroient plus de souhait à faire qui ne fust pernicieux à celuy qui les y auroit eleués : ou bien qu'ils eussent apprehension (pour parler selon le vulgaire) que la Fortune lassée de les porter chargés de tant de biens, les iettast à terre. Ceste crainte leur faisoit encor rechercher l'alliance de quelques personnes puissantes, afin qu'en cas de disgrace ils ne demeurassent pas sans vn appuy : leur plus grand soin mesme estoit de s'entretenir en l'amitié de tous ceux qui approchoient de leur maistre, de peur qu'en quelques rencontres ils émeussent sa mauuaise humeur, ou se rendissent les ministres de sa haine, s'il en conceuoit contr'eux. Et ce qu'ils en desiroient, ils le pratiquoient aussi pour d'autres ; n'ayans rien en si grande horreur que de voir rendre de mauuais offices à quelqu'vn. Il falloit mesmes que ce fust pour des considerations importantes à l'Estat de leur maistre, s'il leur arriuoit de luy conseiller d'vser de sa puissance absoluë. Voila les moyés par lesquels plusieurs se sont maintenus dans vne longue possession des bonnes graces de leurs Souuerains : & pour ne vous laisser pas sans quelque exemple, ie vous diray ce que l'Histoire témoigne de M. Agrippa, qui fut si fort aimé d'Auguste, qu'il luy donna sa niéce en mariage, l'honora des plus belles charges de l'Empire, le loüa mort par vne harangue funebre, & le fit enterrer dans la sepulture qu'il s'estoit preparée, & où il fut

Au lieu de son histoire. 14. porté aprés son trespas. Telle fut la fin de la vie d'Agrippa (ce dit Dion) sans contredit le plus homme de bien de son temps; & qui n'vsa des faueurs & de l'amitié d'Auguste, que pour son seruice, & le bien de la Republique. Car autant qu'il surpassoit tous les autres en vertu, autant s'estimoit-il inferieur en merite à Auguste; Et tout ce que cét Empereur luy donnoit d'authorité, & de puissance, pour recompense de ses sages conseils, & de ceste grandeur de courage qu'il apportoit à le seruir, il l'employoit à s'acquerir les affections & les bonnes graces des autres. Cela fut cause qu'il ne donna iamais de dégoust à l'Empereur, ny d'enuie à aucun de ses subjets. Au contraire il luy asseura tellement l'Empire, qu'il n'eust pû souhaiter vne meilleure forme d'Estat pour son respect; & en mesme temps il s'obligea tout le peuple d'vne si bonne façon, qu'il passoit pour *le plus populaire dont l'on eust encor oüy parler,* Or Timandre, il me seroit fort aisé de vous découurir aussi les adresses dont quelques-vns se sont seruis pour réchauffer les affections des Princes, lors qu'ils y sentoient de la froideur : mais à cause qu'ils s'aidoient de ceste Prudence qui tenant de la ruse degenere en fin en malice, ie ne croy pas que nous y deuions nous amuser. Ie vous tiens d'ailleurs trop raisonnable pour ne pas estimer (& mesmes sans toutes ces preuues) que la Prudence qui est clairvoyante, peut éuiter les desordres de la Fortune qui est aueugle : & je ne pense pas qu'il faille vous confirmer en ceste opinion, par celle qu'en auoient tous les grands personnages de l'antiquité, qui l'estimoient à l'égal de quelque Diuinité. Et Homere, disoient-ils, par ceste Minerue qui garantit Vlysse des dangers de la mer; qui le rendit insensible aux charmes de Circé, inflexible aux allechemens des Syrenes, & qui le fit passer par tous lieux pour épouuentables qu'ils fussent, ne vouloit designer que la singuliere Prudence qui reluisoit en ses actions. Que si quelqu'vn à ceste authorité vouloit opposer ce trait de la Sagesse de Salomon, *Les pensées des hommes sont craintiues, & leurs prouidences incertaines*, ie luy respondrois qu'il veut dire de la pluspart des hommes : pource que si la Prudence n'estoit d'aucun effet, Iesus-Christ ne l'eust pas tant recommandée à ses Disciples. Mais par-aduanture ne nous sommes-nous que trop estendus dessus cette matiere, puisque nostre dessein

Apulée au traité du Dieu de Socrate.

En S. Marc chap. 10.

n'eſt pas de faire comme les Orateurs, qui diſpoſent finement les eſprits dés le commencement de leur harangue, en leur repreſentant l'importance de la choſe qu'ils leur veulent perſuader. Nous connoiſſons aſſez bien le merite de la Prudence, & ce qui nous reſte à faire, c'eſt de rechercher les moyens de l'acquerir.

Ie ſçay bien Timandre, que pluſieurs tiennét que pour faire éclorre ceſte Minerue, il eſt neceſſaire à l'exemple de Iupiter d'appeller Vulcan, c'eſt à dire le trauail à ſon aide. Et neantmoins, de meſme que Vulcan n'euſt pû faire enfanter, ſi Iupiter n'euſt conceu auparauant, il eſt impoſſible à quelque eſprit que ce ſoit d'engendrer la Prudence, ſi la Nature luy a dénié la diſpoſition conuenable. Quelques-vns mesmes ont creu qu'elle dépendoit d'vne certaine difference de temperament: Et cét excellent Medecin qui a rapporté les Vertus de l'ame aux humeurs du corps, disoit que comme le sang rendoit les hommes ioyeux, la pituite debonnaires, la bile noire constans, la iaune aussi les faisoit prudens, pourueu qu'elle ne dominast point auec excés en eux, dautant qu'ils en deuenoient temeraires, de mesme que frenetiques si elle s'échauffoit extraordinairement. Ses sectateurs encherissans sur ceste opinion ont asseuré qu'en vain vn homme s'adonneroit aux employs où la Prudence est requise, si de naissance il n'auoit apporté le temperament propre à cela: pource, disent-ils, que c'est la Nature seule qui rend l'homme habile. Et de mesme que

Galen au traité que les mœurs de l'ame suiuent le temperament du corps.

Iean Huart en son examen des esprits, ch. 4.

ce seroit perdre sa peine, d'aiguiser vne lame de plomb, à cause qu'elle n'a pas la dureté necessaire pour couper; c'est aussi à leur iugement vn effort déraisonnable, de vouloir porter la Nature aux choses pour lesquelles elle a de la repugnance. Or il me semble que ie puis bien me dispenser de vous dire quel est selon eux ce temperament requis à la Prudence : vous vous contentez, comme ie croy, de sçauoir que ce que le commun appelle bon Sens naturel, est la disposition, sans laquelle nous ne deuons point pretendre à ceste Vertu. Et veritablement il n'y a point sujet d'esperer que celuy en qui ceste faculté d'esprit est imparfaite, puisse deuenir Honneste homme ; Quand il seroit sçauant, sa science ne luy seruira que de pieces confuses qu'il ne sçauroit ranger pour son vsage. Qui plus est, ses propres experiences luy seroient autant de pieces inutiles: pource qu'il n'auroit pas l'adresse de les accompagner de leurs circonstances necessaires pour produire quelque bon effet. Mais d'ailleurs seroit-il bien possible que la Nature fist en quelques ames de si riches magazins de Prudence, que sans autre soin vn homme s'en trouuast muny pour toutes sortes d'occasions? Certes il n'y a que des esprits presomptueux, & enflés de la bonne opinió d'eux-mesmes, qui puissent estre preuenus d'vne si absurde croyance. Comme il n'est point de terroir pour fertile qu'il soit, qui ne demande la main du laboureur, il n'y a point d'ame qui n'ait besoin d'estre cultiuée, si l'on desire qu'elle rapporte de bons fruits. On ne me sçauroit perſuader que les premiers hommes qui n'eſtoiét inſtruits que de la Nature, fuſſent auſſi aduiſés que l'ont eſté ceux des derniers âges. Priués qu'ils eſtoient de la connoiſſance des actions vertueuſes & vicieuſes, dont il y a eu des exemples depuis eux, leur Prudence ne pouuoit ſurpaſſer celle des enfans de noſtre ſiecle. Ceſte Vertu, diſoit le Poëte Afranius, eut l'Vſage pour pere, & la Memoire l'enfanta ; il eſt vray qu'on ne la void point paroiſtre qu'en des gens de ſcience, & d'experience. Or ce ſont deux pieces qui ont beſoin encor de quelques aides pour rendre la Prudence accomplie, & voila, Timandre, ce qu'il faut que nous recherchions maintenant, & ce qui doit eſtre le plus particulier soin de celuy qui veut deuenir Honneste homme.

Il est necessaire qu'en la composition de ceste Vertu, la Nature y apporte du sien, & que nostre raison y contribuë aussi de son industrie: de celle-là dépend la disposition, sans laquelle on ne sçauroit deuenir Prudent, & celle-cy applique la forme de la Prudence dessus ceste disposition naturelle. Il faut estre nay propre à receuoir la vraye opinion des choses, par l'instruction d'autruy, d'où nous sommes appellés disciplinables; ou à la conceuoir de soy-mesme par la subtilité, viuacité, & clairté d'vn esprit qui en découure les causes & les moyens d'y paruenir: or ce sont des qualités qui ne s'acquierent point ny par experience, ny par vsage. Et toutesfois nous les pouuons accroiſtre par noſtre trauail, & c'eſt à luy qu'elles ſont redeuables de leur merite lors qu'elles ſont deuenuës vertueuſes. Car quand ceſte docilité & viuacité naturelles ſont mal employées, elles ſe tournent en aſtuces, ruſes, fineſſes, tromperies, & elles contraƈtent de pernicieuſes habitudes. Auec ces facultés la Nature en met encore vne en quelques eſprits pour préſentir les choſes, & pour penetrer dans les euenemens dés le commencement de l'entrepriſe: ſi eſt-ce que telles adreſſes ne ſont pas certaines, & tout cela ſe peut appeller des Principes de Prudence, & non pas ſa perfeƈtion. C'eſt de l'experience, & de la connoiſſance des choſes qu'elle ſe tire; d'où il arriue que les ieunes gens, quoy qu'ils ayent l'eſprit plus vif,

& plus penetrant que les vieillards, ne sont pas comme eux capables d'vne Prudence parfaite. Ne voyôs nous pas qu'ils apprennent plustost les Sciences Mathematiques, que la Physique ? La raison est, qu'en celles-là il ne faut point considerer de matiere, & qu'elles se demonstrent à l'œil, où au contraire la Physique estant attachée à vne matiere sujette à plusieurs changemens, a besoin de l'experience de plusieurs choses singulieres pour establir sa verité. De sorte que ses Principes mesmes ne sont pas bien connus qu'aprés y auoir fait vn grand progrés, & ceux qui les estudient les recitent plustost qu'ils ne les croyent. A plus forte raison les ieunes gens ne sont pas susceptibles d'vne Prudence exquise, si la Nature ne les a gratifiés de ces dispositions

Aristote liure 6. des Morales.

positions dont nous venons de parler, auec eminence; & si en outre ils ne se sont exercés à bon escient aux choses dont ie desire vous entretenir presentement. Car ie vay vous découurir tout ce que l'homme doit apporter du sien afin de former son esprit à la Prudence; ne me contentant point de la simple peinture de ceste Vertu, comme font presque tous ceux qui escriuent de la Morale.

Son principal & plus particulier office est donc de prescrire aux Vertus ceste mediocrité dedans laquelle il est necessaire qu'elles se contiennent, pour ne degenerer pas en des qualités vicieuses; mais ie reserue ce discours aux entretiens de la vie Actiue, & ie declareray maintenant sa plus commune fonction, qui est, lors qu'on se

Bb

propose quelque fin, de disposer les moyens qui nous y peuuent conduire. Premierement, il est necessaire de les trouuer & de se les representer tous deuant soy : en cela il est besoin, Ou d'vne singuliere viuacité d'esprit pour inuenter (de laquelle nous ne parlerons point, puisque comme ie vous l'ay dit, c'est vne grace de la Nature,) Ou de la science des preceptes; Ou de la memoire des occasions pareilles à celle où l'on se trouue; qui est vne connoissance qui s'acquiert par les histoires, ou que nous deuons à nostre propre experience. Aprés tous les moyés découuerts, il faut élire ceux qui sont les plus propres au sujet dont il s'agit : c'est en quoy l'art de deliberer se fait voir, qui doit estre accompagné d'vne Intelligence des choses pre-

V. PROMENADE.

sentes, & d'vne Preuoyance pour les futures. En troisiéme lieu, ayant fait le choix des moyens propres, il les faut mettre adroitement en pratique; de grandes circonspections sont requises en ceste execution, & des precautions tres-soigneuses, afin d'éuiter les obstacles desia preueuz. Voila donc trois considerations sur lesquelles i'ay intétion de vous arrester pour les examiner curieusement; & en effet elles ne doiuent pas estre seulement regardées comme en passant. Que si nous nous démeslons bien des difficultés que nous y rencontrerons, i'estimeray nostre Promenade n'auoir pas esté infructueuse.

Pour ce qui est de la science des Preceptes, vous sçauez ce que ie vous en ay desia dit en parlant de la Philosophie Morale, & des Politiques : par elles en effet nous distinguons les biens d'auecques les maux, tant particuliers que publics. Le Pape Iules II. auoit accoustumé de dire, qu'*aux hommes de basse condition les lettres estoient de l'argent, aux nobles de l'or, & aux Princes de belles perles* : Cela particulierement se peut croire des Morales & des Politiques, veu que tous leurs preceptes sont autant de maximes de la Prudence, qui est la Vertu, comme dit Aristote, requise specialement en ceux qui ont de la puissance & de l'authorité sur les autres. La Morale, & la Politique, seront donc les sciences dont celuy qui veut agir prudemment en toutes ses actions, doit faire sa prouision : & neantmoins ie ne sçaurois m'empescher de vous dire,

Au 5. liure des Politiques, ch. 2.

qu'à mon iugement elles n'aduancent point vn homme à la Prudence, à l'égal de la connoiſſance de l'Hiſtoire. Car elles ne nous enſeignent que des regles generales, là où l'Hiſtoire a vn nombre infiny de particuliers aduis ſur quelque rencontre d'affaires que ce ſoit. La Raiſon meſme ne peut auoir de témoin plus exprés pour confirmer ce qu'elle propoſe, que quelque exemple tiré de l'Hiſtoire ; ce qui fait que tous ceux qui ont intention de perſuader quelqu'vn, luy alleguent pluſtoſt des exemples que des raiſons. Iuſques à des fables qui ont porté la marque d'vn Exemple, elles ont eu maintesfois la force de faire admettre la raiſon parmy des gens à qui la fureur, ou la ſtupidité auoient aliené les ſens. Quand la populace de Rome ai-

Tite-Liue Decade 1. liure 2.

grie contre les nobles, sortit de la ville en intention de s'aller habituer ailleurs, Menenius Agrippa pour l'appaiser, vsa-t'il d'autre artifice que de celuy d'vn Apologue? Ne leur fit-il pas comprendre par ce moyen, la necessité de leur reconciliation auec les Grands, & ne les ramena-t'il pas tout doucement en la ville? Et l'Orateur Grec, pour empescher l'effet des desseins de Philippe de Macedoine, qui faisoit esperer vne bonne paix aux Atheniens, moyennant qu'on luy enuoyast, comme il disoit, les plus factieux de leur ville, ne se seruit-il pas vtilement de la fable du Loup qui offroit la paix aux Brebis, à condition qu'elles luy liureroient leurs Chiens? Ie n'auois pas resolu de vous en dire dauantage, mais puis qu'Aristote qui est se-

Au liure 2. de sa Rhetorique, chap. 20.

rieux par tout, rapporte bien l'Apologue de Stesichorus, ie ne le veux pas obmettre.

Comme les Himmeriens eurent éleu Phalaris pour leur Capitaine, auec puissance absoluë, & les voyant sur le poinct de luy accorder des gardes pour sa personne, voicy de la sorte que Stesichorus leur parla. Vn cheual ayant tout seul vn pré pour son pascage, vn cerf y vint vn iour, & y fit vn tres-grand degast. Aussi tost le cheual alla se conseiller à vn homme des moyens de se vanger du cerf, & luy demanda si tous deux en pourroient pas venir à bout. Oüy, respond l'homme, pourueu que vous veüilliez receuoir vne bride, & souffrir que ie monte dessus vous, auec vn espieu à la main. La condition fut acceptée par le cheual,

Bb iiij

l'homme monta dessus, tellement que pour se vanger il fallut qu'il seruist à l'homme. Prenez garde aussi, dit Stesichorus, qu'en pensant vous vanger de vos ennemis, vous ne souffriez la mesme chose que le cheual. Vous auez desia receu la bride en receuant vn Capitaine souuerain; si vous luy accordez des gardes, & luy permettez de monter dessus vous, tenez-vous certains d'vne seruitude. Ces feintes, à dire le vray, ne sont pas mal employées quand il faut émouuoir vn peuple; car pourueu qu'il ait le sens touché, il ne considere pas si c'est d'vn objet faux, ou veritable. Plusieurs Payens sur l'exemple des crimes que les Poëtes attribuoient à leurs Dieux, se sont rendus coulpables de beaucoup d'actions mauuaises; Et vn ieune homme dans Terence, épris de la beauté d'vne ieune fille, s'enhardit de faire vn effort à sa virginité, voyant vn tableau, où Iupiter en qui il croyoit, estoit aux embrassemens auec Danaé. Or les comparaisons ont ou peu s'en faut la mesme efficace; comme quand l'on dit que les Magistrats ne doiuét point estre tirés au sort en vne Republique (si ce n'estoit d'entre ceux qui seroient desia reconnus dignes de la Magistrature) pource que ce seroit autant que de prendre vn Pilote au hazard, & ne le choisir pas selon la suffisance requise à conduire vn vaisseau dessus la mer. Mais il n'y a rien qui égale la force des Exemples ; & c'est pourquoy lors qu'il est question de deliberer de quelque chose, les habiles gens font valoir ceux qu'ils trouuent se

En son Eunuque.

pouuoir approprier à ce que l'on met en deliberation. Et les Orateurs qui en connoiſſent bien l'importance, n'ont point de moyen plus puiſſant pour en ruiner l'authorité, quand leurs aduerſaires en alleguent, que de les declarer fabuleux, s'ils ſont vieux; & s'ils ſont veritables, d'y faire trouuer de la diſſemblance auec le faict dont l'on traite. Que ſi la conformité y eſt entiere, ils recherchent ſi l'Exemple eſt honneſte, & ſi la choſe a deu eſtre faite de la ſorte. Car il eſt vray qu'on en tire des inductions bien preſſantes dedans les Conſultations; & lors que le conſeil eſt pris, s'il ſe trouue appuyé de quelque exemple, on en tient ou peu s'en faut l'euenement aſſeuré. Mais tous exemples ne ſont pas de miſe quand on delibere de quelque chose, & ie vous veux dire les obseruations qu'il y faut faire, dont ie me suis instruit dedans Aristote. *Le rapport ne s'en doit pas faire* (dit-il) *comme d'vne partie au tout, ou du tout à vne partie, ny mesme comme du tout à prendre en gros au tout; mais de partie à partie, du semblable au semblable, & tout cela sous vn mesme genre.* Il en fait la demonstration sur le sujet des Estats populaires; Denys, dit-il, aspirant secretement à la tyrannie, fit instance afin qu'on luy accordast des gardes; Pisistrate fit la mesme chose, & par ce moyen-là se rendit maistre de tous ceux qui estoient ses égaux: C'est ce que Theagenes fit aussi à Megare; On peut establir de là ceste maxime, Quiconque aux Estats populaires demande qu'on luy octroye des gardes, aspire sous main à la tyran-

Au liure 1. de sa Rhetorique, chap. 2.

nie, & à la ruine de la liberté. Vous iugez facilement combien l'on se rend aduisé par la lecture de l'Histoire, & que c'est vne pepiniere tres-fertile de bons conseils pour toutes sortes d'affaires: Mais il paroist bien aussi que pour se seruir vtilement de ses exemples, il les faut considerer de tous biais, afin de voir s'ils se rapportent entierement au sujet present, & sur lequel on delibere. Qui ne sera pas suffisamment adroit pour conferer leurs circonstances, & pour connoistre si elles conuiennent par tout, se doit plustost tenir aux preceptes de la Philosophie Morale, si c'est vn homme priué, & à ceux de la Politique, s'il s'agit de quelque affaire d'Estat: Car la moindre particularité obmise en vne actió, la peut rendre differente de celle qu'on s'eſtoit propoſée d'imiter. Et c'eſt alors que les imprudens accuſent la Fortune des ſuccés ineſperés; tellement que les Politiques ont raiſon de ne ſe fier pas touſiours à ceux qui ont l'Hiſtoire deſſus la langue, & qui n'ont pas ceſte faculté d'eſprit qui fait comparer, diſtinguer, & approprier les choſes preſentes aux paſſées. Car de meſme qu'vn Sculpteur qui a l'idée d'vne figure qu'il veut faire en bois, en marbre, & en bronze, ſe propoſe quant & quant de trauailler diuerſement ſelon ces matieres differentes: Et comme vn Peintre imitant quelque tableau, ne copiera pas ſeulement trait aprés trait, mais aura ſoin de meſler ſes couleurs afin qu'elles ne ſoient ny plus claires ny plus brunes qu'en l'original, & n'en fera point ny les reliefs plus vifs, ny les ombres plus espaisses : Il faut aussi en matiere d'Exemples faire vn rapport de partie à partie, & dans vne mesme nature de choses, ne tirant pas à consequence l'ordre apporté sur quelque accident en vn Royaume, pour ce qui se doit faire en semblable occasion dedans vn Estat populaire, & ne se persuadant pas que ce qui est arriué à vn, puisse aduenir à tout autre.

Au livre 1. de son Histoire. C'est vne chose perilleuse, dit Guicciardin, *de se gouuerner par les exemples, s'il n'y a vne concurrence non seulement generale, mais encor de piece à piece ; si les choses ne sont reglées par la mesme Prudence : & si en outre ce qui est de la Fortune ne s'y rencontre.* Et pource qu'il dit cela sur vne resolution que prit Pierre de Medicis, conforme ce luy sembloit à vne

autre qui auoit heureufement fuc-
cedé à Laurens de Medicis fon pere, vous ferez, commē ie croy, bien
aife de fçauoir quelle diffemblan-
ce il y eut entre celle du pere &
celle du fils, & ie vous la rapporteray de mefme que celuy qui a efcrit des Confiderations ciuiles fur
l'Hiftoire de Guicciardin. Noftre *Remy Flo-*
Charles V I I I. defirant pour la *rentin, au liure 1. con-*
conquefte de Naples paffer fans *fider. 3.*
empefchement fur les terres des
Florentins, les rechercha d'amitié,
& fit tant par fes pratiques, qu'il fe
rendit enclines les affections de la
plus grande partie du peuple, & de
la nobleffe. Mais Pierre de Medicis qui auoit toute l'authorité parmy eux, fut le feul qui ne voulut
point fe departir de la faction Ar-
ragonnoife. Le Roy propofant des
conditiōs aduantageufes fi on luy

donnoit passage, vsoit aussi de menaces en cas qu'on le luy refusast: Pierre differoit là dessus ses responses, prenant excuse sur l'absence des plus notables citoyens, qui estoient en ceste saison-là dans leurs maisons de la campagne. Car il esperoit au secours du Pape & du Roy de Naples; ce qui le retint d'accepter la ligue offerte par le Roy, & de luy accorder le passage. Les François resolus de se le faire par force, attaquerent la premiere place dont on leur dénia l'entrée: sur quoy tous les Florentins ayant pris l'estonnement commencerent à médire publiquement de Pierre de Medicis, comme ayant rejetté le conseil des mieux sensés, pour consentir à celuy de gens temeraires, qui le iettoient dans vne guerre fascheuse. Quand donc il veid

la

la continuation des efforts des François, & l'accroiſſement de la haine des Florentins, il creut que l'vnique party qui luy reſtoit ſeroit de chercher la ſeureté chez ſes ennemis, qu'il n'auoit plus parmy les ſiens. Il penſoit qu'en cela tout luy deuoit ſucceder de la meſme ſorte qu'à ſon pere, lors qu'en vne guerre contre le Pape, & Ferdinand Roy de Naples, il s'alla ietter entre les bras du Roy ſon ennemy, où il trouua le ſalut pour ſoy, & d'où il rapporta la Paix à ſes citoyens. Toutesfois l'effet de ſon voyage vers le Roy fut bien contraire; car Charles l'ayant receu auec meilleur viſage que bonne volonté, le fit conſentir à luy liurer pluſieurs places pour ſeureté du paſſage, ce qui le diſgratia tellement des Florentins, qu'ils le

Cc

chasserent de leur ville. Or pour vous faire connoistre, Timandre, le peu de raison que le fils eut de suiure l'exemple du pere, examinons & comparons toutes les circonstances du faict de l'vn & de l'autre. Laurens auoit à faire à deux Princes ses ennemis qui ne demandoient ny ligue ny paix, ayans enuie de le chasser de l'Estat où il estoit, & tous deux si puissans, que pouuant estre vaincu par vn seul, le meilleur party estoit de recourir à l'vn des deux. Il se voyoit d'ailleurs en vne cité libre, où l'on parloit hardiment de luy en public, & où plusieurs portoient enuie à sa gloire. Outre cela il n'y auoit plus de deniers publics pour l'entretenement de la guerre, qui commençoit à peser à ses amis mesmes, voyant qu'elle n'estoit point entreprise pour la liberté commune, mais pour maintenir la reputation d'vn particulier, de qui le Pape & le Roy Ferdinand s'estoient declarés ennemis, comme d'vn vsurpateur de l'Estat. Puis la peste estant alors dans la ville, les Gentils-hommes y demeuroient mal volontiers, qui ne pouuoient toutesfois se retirer dans leurs maisons des champs à cause des troupes ennemies. Quant aux secours estrangers, c'estoit où il n'y auoit aucune esperance, l'Estat de Milan estant gouuerné par vn enfant & vne femme; les Sforces y estans en diuision; & les Veniciens d'ailleurs, aimans mieux estre spectateurs du ieu, que de se mettre de la partie. Tellement que comme l'hyuer fut venu, se seruant oportunément de la saison il demanda & obtint tréues de deux mois; pendant lesquels recherchant la bien-veillance de Ferdinand par d'honnestes lettres, il l'alla par aprés trouuer, luy remit ses interests, & le sceut mesnager de si bonne grace qu'il en eut ce qu'il demandoit. Et de peur que ses ennemis causassent du trouble en la ville durant son absence, il en commit le gouuernement à Thomas Soderin, homme de tres-grande authorité, duquel sous pretexte d'affection il emmena vn fils à Naples, & tres-prudemment, pour luy estre comme vn ostage de la fidelité du pere. Vous voyez donc cecy de conforme en ces deux exemples, que le pere & le fils estoient mal-voulus dans Florence; & qu'au dehors ils auoient de puissans ennemis, contre lesquels ils ne pouuoient pas tenir long-temps; mais pource qui est des autres circonstances, elles sont bien dissemblables. Laurens estoit haï du Pape Sixte, & de Ferdinand; Pierre ne l'estoit point du Roy Charles, qui le recherchoit au côtraire, ne voulant pas tomber en la necessité de luy faire du mal, & la maison de Medicis auoit receu de signalées faueurs de celle de France. Laurens deuoit attendre l'extremité de ses affaires, pource que les siens, & ses ennemis mesmes l'eussent reputé d'vn cœur bas de se rendre à leurs premiers efforts, & que s'auilir deuant ceux qui haïssent, c'est les porter à des traitemens indignes. Mais on faisoit sentir à Pierre qu'il n'auoit point d'experience des affaires de la guerre, que Florence n'estoit point forte, que tout l'Estat estoit mal fourny de soldats &

de prouisions, & que de s'attendre à l'armée que le Duc de Calabre auoit en la Romagne, c'estoit vne folie; pourceque Monsieur d'Aubigny la tenoit occupée auec des forces Françoises. Il ne pût toutesfois gouster les sages aduis de plusieurs citoyens, autresfois affidés à son pere, *& leur preferant son iugement, dit Guicciardin, & les conseils de ceste sorte de ministres, qui sont arrogans & temeraires en temps de paix, inutiles & lasches en temps dangereux,* il prouoqua tout foible qu'il estoit les armes d'vn ieune Roy, tres-puissant, encores plus courageux, & encores plus desireux de gloire, assisté d'vne grande partie des forces de l'Italie; & à qui les autres sembloient desia faire ioug, tant il se monstroit redoutable, & tant il est perilleux de s'opposer au cours

de la fortune d'vn ieune Prince. Quant à la resolution de s'aller ietter entre les bras de son ennemy, il y a cecy de different en ces deux exemples, Que le Roy de Naples s'estoit declaré ennemy de Laurens, & que Pierre au contraire le voulut estre du Roy Charles : Que Laurens auoit à faire à deux Chefs qu'il n'estoit pas impossible de diuiser, & qu'au contraire toute la puissance & les desseins du Roy de France estoient conioints en luy seul : Que le Roy de Naples pouuoit estre aisément porté à demeurer chez soy, quand son ennemy s'humilieroit deuant luy, estant plustost entré en ceste guerre par la solicitation du Pape, que par interest particulier ; là où il falloit que Charles passast de necessité par la Toscane pour aller à Naples. Et
Cc iiij

d'autant que le Roy ne pouuoit estre seur de son retour s'il n'estoit maistre des places de dessus le passage, Laurens deuoit bien croire qu'il ne sortiroit point de la Toscane que sous bons gages, & sans y auoir laissé des garnisons. C'est pourquoy tout ce qu'il luy restoit à presumer de son voyage, estoit qu'on le soliciteroit & contraindroit peut-estre à liurer les places fortes de l'Estat : & en effet les ayant renduës, il espargna à son ennemy, du temps, de l'argent, des hommes, & le garantit de plusieurs hazards. Et à cause que n'imitant pas son pere, il prit sa resolution sans la communiquer à personne, les Florentins à son retour apprenans les conditions de son traité qui leur estoient si fort preiudiciables, luy en firent porter la peine, en le chaſſant de leur ville.

Vous vous contenterez ſ'il vous plaiſt de ceſte remarque pour le preſent, & nous paſſerons à l'Experience ; c'eſt la derniere aide que nous auons pour découurir tous les moyens qu'il y a de ſe gouuerner prudemment en ſes affaires. Il y en a de deux ſortes, à ſçauoir l'Experience propre, & l'Experience empruntée, de laquelle nous auons deſia parlé : car puiſque l'Hiſtoire eſt le tableau de la vie humaine, & le miroir de toutes les actions des hommes, vous ne ſerez point en doute que ce ne ſoit d'elle qu'on peut emprunter ceſte ſorte d'experience. Elle nous monſtre dans les mal-heurs d'autruy ce que nous deuons fuir, & nous repreſentant leur conduite aux choſes qui leur ont heureuſement ſuccedé, elle nous met au chemin de leur Fortune. Mais il faut touſiours obſeruer ce que ie vous viens de dire, qui eſt, d'adreſſer l'action que l'on fait, ſur les meſmes pas de celle que l'on ſuit, & n'en perdre pas vn ſeul. Ceſte ſorte d'Experience eſt beaucoup plus vniuerſelle que l'Experience propre, laquelle on nomme communément l'Vſage, ou la pratique des choſes: & il n'y a point d'homme qui en cinquante ans de vie, pour actiue qu'elle ſoit, puiſſe voir tant d'affaires qu'il en apprendra dans l'Hiſtoire en vne année de lecture. Auſſi eſt il veritable que ce defaut eſt compenſé par vn excellent aduantage, à ſçauoir, Que l'Experience propre ne ſe laiſſe gueres tromper, & qu'elle nous inſtruit bien mieux des choſes particulieres, qu'on ne le peut eſtre par l'Histoire. Pour la bien definir, c'est vn amas de connoissances acquises en operant, ou voyant operer, dont nous auons enrichy nostre memoire ; & pour la bien descrire, ce sont plusieurs memoires ensemble. Tellement que n'ayãt que l'autre Experience, nous sommes encore disciples : mais auec celle-cy nous nous pouuons dire maistres. On demandoit à Antigonus à qui il donnoit la gloire d'estre le meilleur Capitaine de son siecle, *Pyrrhus le fera*, dit-il, *s'il vieillit*, comme si l'Experience qui ne vient qu'auec les années, luy eust esté necessaire pour meriter ce titre-là.

Or le meilleur moyen de se rendre experimenté, c'est celuy de se ietter dedãs les charges dont l'employ est grand, & a plusieurs objets à considerer : on dit communément que les affaires font les hommes ; & il est vray que des negotiateurs ordinaires sont bien plus propres que d'autres, à trouuer des expediens, & à se conduire adroitement en toutes sortes de rencontres. Mais chacun ne peut pas arriuer à vne charge publique ; & de celles particulierement dont les fonctions sont d'vne ample estenduë, & qui embrasse beaucoup de choses. Il reste aussi deux autres moyens pour acquerir de l'experience ; dont l'vn est la frequentation des gens qui sçauent beaucoup, auec lesquels on fait reflexion sur toutes les occurrences des temps ; & l'autre est le Voyager en diuerses Prouinces de la terre.

Qui veoid quelqu'vn dans l'action s'imprime en l'esprit sa façon d'agir: qui le confidere quand il fe démefle de quelque difficulté, apprend où font les nœuds d'vn affaire: luy prefter de l'attétion, c'eft faire de la penfée ce qu'il effectuë actuellement: de forte que par la frequente conuerfation de ceux qui font dans les grands employs, fi l'on a gaigné leur confidence, on fe peut rendre fçauant dedans les affaires. Comme auec vne chandelle allumée, on en allume vne autre, ainfi vn homme confumé dans les experiences pourra communiquer fa lumiere à celuy qu'il admettra dedans fa conuerfation: les mœurs paffent de l'vn à l'autre en ceux qui ont contracté vne familiarité eftroite, & pourquoy non les connoiffances? Il ne faut pas croire que les voyages produifent vn moindre effet: dés le commencement de l'Odyssée, Homere a recommandé son Vlysse pour auoir couru beaucoup de Prouinces, & s'estre instruit du gouuernement de plusieurs peuples. Certainement il y a plus à trafiquer dedans les païs estrangers pour ce qui concerne les biens de l'esprit, que pour ceux du corps, & de la Fortune; & les marchands d'Athenes n'apporterent iamais rien de si precieux dans leur ville, de toutes leurs nauigations, que Platon qui y fit venir la science des Egyptiens. Mais il ne faut pas que les voyages soient seulement vn changement de lieu en autre, & l'agitation d'vn homme qui ne sçauroit se contenir en repos : comme quelqu'vn se pleignit à Socrate, que les siens ne luy auoient de rien profité, Ie le croy, dit-il, pource que tu voyageois auec toy-mesme. Car nostre esprit doit continuellement chercher dequoy s'instruire chez autruy; & ceste connoissance-là n'est pas celle des belles maisons, des chasteaux, des bois, des fontaines, des animaux, ny d'autres choses semblables. Les statuës antiques sont à priser, & les tableaux des excellens Peintres aussi; mais ce n'est point pour cela que l'on doit aller à Rome. Et quand l'on y est, il faut voir ces choses par diuertissement aprés que l'on est allé estudier ailleurs. Les testes de tant de Republiques spirituelles qui font remuer leurs membres, quoy que dispersés en diuers lieux de la terre, y doiuent bien estre plus soigneusement considerées; & ceste Cour sur toutes choses, où l'on est plus circonspect qu'en nulle autre, à

cause qu'il y arriue bien de plus notables changemens. Car comme il y en a peu qui dés le premier iour qu'ils entrent dans la ville, ne prennent vn droict d'aspirer à la premiere dignité du monde, on y craint de choquer vn inconnu, de peur qu'à quelque temps de là ce ne soit vn tres-éminent personnage. On peut dire la mesme chose de Venise, où quoy qu'on voye ce miracle surpassant incomparablement la fable ancienne, d'vne belle & grande ville s'éleuant de la mer, & plus de dix mille Venus au dedans, ce n'est pas neantmoins à quoy s'arrestera particulierement la curiosité d'vn Honneste homme. Mais il y considerera ceste si estroite obseruation des mesmes loix qui furent establies auec les fondemens de la ville. Il y prendra
plaisir

plaisir à voir ceste mutuelle conspiration de volontés à maintenir la forme de l'Estat, & comme la liberté y respire sans crainte parmy des conditions entierement inégales. Il en remarquera les causes, en ce que les familles nobles s'estimans égales, ne pourroient souffrir que quelqu'vne d'entre elles pensast à s'emparer de la souueraineté. Et pource qui est du peuple, Qu'il a dequoy se contenter, veu qu'on le fait participer aux honneurs, y ayant dans tous les corps des conseils composés des Nobles, vn Secretaire d'entre le peuple, à qui l'on ne cache aucune resolution. Que le grand Chancelier en est aussi, pour mieux garder l'égalité aux iugemens, auquel comme s'il estoit le Chef du Peuple, on fait de mesme qu'au Prince lors qu'il

Dd

est mort, vne harangue funebre, qui est vn honneur qu'on ne rend qu'à ces deux personnes. Et que la raison principale qui fait contenir la populace sous le gouuernement des Nobles, sans aucun remuëment; c'est que dans les necessités publiques nul n'est exempt des contributions, & qu'il s'en est trouué bien souuent des plus riches qui ont secouru liberalement l'Estat, & empesché que l'on surchargeast les pauures. Il considerera d'ailleurs qu'entre les Nobles, ce ne sont point les plus riches, ny ceux qui se monstrent les plus magnifiques que l'on employe aux charges, mais les plus prudens; qu'on obserue ce qu'on ne sceut iamais pratiquer à Rome, de conferer les dignités par degrés; que l'on ne saute point des basses aux

plus hautes, de peur qu'en deue-
nant puissant dés sa ieunesse, on se
rende absolu auec le temps; & que
la souueraine dignité y est si bien
temperée, qu'on attribuë des honneurs Royaux au Duc, & qu'on ne
luy laisse qu'vne authorité commune auec plusieurs autres, afin
qu'il soit le Chef, mais le Chef de
la Liberté. C'est donc ainsi qu'il
faut s'instruire dedans les Prouinces estrangeres, & s'informer particulierement du gouuernement
de la paix & de la guerre, des reuenus ordinaires & extraordinaires
de l'Estat, aussi bien que de l'authorité que les Princes prennent
dessus leurs subjets: & afin de ne
m'estendre point en discours, ie
vous diray l'aduis que Cesar a laissé Cesar li. 4.
à tous ceux qui entreprendroient de la guerre des Gau-
des voyages. Ayant dessein de pas- les.

Dd ij

ser auec vne armée en Angleterre, il fit venir deuant luy tous les marchands Gaulois qui trafiquoient en ce païs-là, pensant en apprendre quelque chose. *Mais il ne pût rien sçauoir d'eux, à ce qu'il dit, touchant l'estenduë de l'Isle, ny des diuers peuples qui l'habitoient, ny de leur maniere de faire la guerre, ny de leurs mœurs, coustumes, & forme de viure, ny mesmes où estoient les ports les plus propres à receuoir vne flote de grands vaisseaux.*

Or, Timandre, quand l'on a découuert tous les moyens qu'il y a pour arriuer à quelque fin, il est à propos de les comparer les vns aux autres, & les ayant bien pesés, de choisir celuy qui sera le meilleur de tous : il faudra doncques entrer en consultation pour ce regard, où il sera plus seur d'admettre quelqu'vn auec nous, que de resoudre tout de nous-mesmes. Vn Payen qui mépriseroit le conseil, festimeroit dauantage que son Iupiter qui a tousiours chez les anciens la Iustice & le Conseil à ses costés; Vn Iuif éleueroit sa suffisance au delà de celle de Moyse, qui nonobstant ses conuersations familieres auec Dieu, ne rejetta pas les aduis de son beau-pere; & vn Chrestien auroit meilleure opinion de son sens que de celuy de S. Paul, lequel aprés auoir esté esclairé du S. Esprit, voulut encores aller en Ierusalem conferer auec les Apostres, sur plusieurs poincts de l'Euangile qu'il alloit prescher aux Gentils. Ce Prouerbe autresfois si commun, *Le Romain surmonte les autres estant assis*, signifioit que par son bon conseil le Senat Romain s'assujettissoit tous les peuples de

En l'Exode 18. v. 24.

Au Galates chap. 2. v. 2.

Marc Caton au liure de la chose rustique.

la terre: car au reste, plusieurs nations vaincuës par les Romains, ne leur estoient point inferieures en vaillance. Mais ie n'ay que faire de vous prouuer qu'il est vtile en toutes occasions de prendre conseil, & ie vous marqueray seulement les qualités requises en ceux de qui nous le deuons prendre. Car ce n'est pas assés d'estre certains de leur affection, veu qu'il se trouue des hommes qui s'attachent si fort aux interests de leurs amis, qu'ils s'approprient leur passion au lieu de les en défaire. Nous deuons doncques preferer le conseil des vieillards à celuy des ieunes, i'entends de ceux qui feront reconnoistre leur vieillesse par la meureté de leur iugement, plustost que par leur barbe blanche: quelqu'vn a dit plaisamment que comme les apprentifs au luth, en romproient plustost les chordes qu'ils ne les mettroient d'accord, que tout de mesme les ieunes gens estoient plus capables de desordonner vn conseil, que d'en ranger les pieces ainsi qu'il est necessaire. C'est à cause de l'experience des vieillards que ie vous en parle de la sorte, veu que comme dit Platon, *le premier* *poinct de la consultation est de s'entendre aux choses dont l'on prend conseil:* Et en outre, c'est à cause que leurs passions sont amorties, & que la tranquilité de leur ame n'en est point troublée, ainsi qu'il arriue souuent aux ieunes gens. Car, comme l'a tres-bien dit Aristote, la Temperance est la gardienne de la Prudence, puis qu'il est vray que si l'on ne modere les appetits de nos sens, si l'on ne refrene les passions

Au Phedre.

En ses Morales liu. 6. chap. 5.

de nostre ame, & si nous ne nous tirons d'entre les bras de la volupté, nostre esprit s'émousse, nostre iugement se confond, & nous nous rendons incapables de donner & de receuoir vn bon conseil. Vne autre qualité que nous rechercherons en nostre conseiller sera vne franchise d'humeur, afin qu'il nous declare son sentiment sans intention de nous flater, & sans crainte de nous déplaire: car il ne faut pas estre du nombre de ceuxlà (& ce sont les Grands d'ordinaire) qui n'estiment habiles hommes que ceux qui se conforment à leurs opinions, & à leurs desirs. Lors que sur les dernieres années de la vie d'Auguste il luy prenoit mal de quelque conseil, *Cela ne me seroit pas arriué*, disoit-il, *si Agrippa, ou Mecenas estoit en vie*. Cependant

Seneque liure 6. des Bienfaits, chap. 32.

il n'est pas croyable qu'il donnast place en ses conseils qu'à des gens d'vne longue experience ; & partant il y a de l'apparence qu'aprés la mort de ces deux si fideles personnages, les autres ne songerent qu'à le tromper plus agreablement pour gaigner ses bonnes graces.

C'est pourquoy il faut s'informer pareillement, quelque suffisance & preud'hommie mesme qu'ayent ceux que nous consultôs, s'ils sont point interessés en ce dont nous sommes resolus de deferer à leurs opinions. Car il y a peu de personnes qui renoncent à leur vtilité, & (bien que le conseil soit vne chose sacrée) qui ne tendent tousiours à leurs propres fins. Guicciardin nous a laissé là dessus vn notable aduertissement, là où il dit que Pierre de Medicis prenant aduis

Au liure 1. de son Histoire.

des Venitiens deſſus vn faict d'importance, receut non pas vn conſeil pour luy, mais vtile pour eux-meſmes. Auec ces conditions, tous les politiques en deſirent pluſieurs autres en ceux que les Princes appelleront en leur conſeil : mais ie ne tiens pas qu'vn particulier en doiue faire vn examen ſi exact & ſi ſeuere. S'ils ont comme ie vous ay dit l'eſprit meur, & de l'experience : ſi leur fidelité vous eſt reconnuë ; ſi le but de la conſultation n'eſt pas celuy de leur intereſt, ne craignez point de leur fier voſtre deſſein. Et ſi d'auenture l'euenement trompe voſtre eſperance, n'imitez pas pour cela les Egyptiens qui imputoiét à leurs Chefs tous les accidens fortuits, & les mal-heurs auſquels ils ne ſ'eſtoient point attendus.

Ammian Marcellin liure 28.

Ne penſez pas meſmes que ie preſume de l'infallibilité aux regles que ie vous vay preſenter pour prendre conſeil de ſoy-meſme lors qu'on y eſt forcé, & qu'on n'eſt accompagné que de gens auſquels il ſeroit perilleux de découurir ſon ſecret : la Science ſeulement a ſes preceptes certains, & la Prudence n'agit que deſſus des opinions, des coniectures, & des apparences. Il faut croire d'ailleurs que la Prouidence diuine (dont les effets occultes ſont appellés Fortune par le vulgaire) ſe reſerue vn droict ſouuerain deſſus toutes nos actions, & notamment pour ce qui eſt des euenemens. Elle vſe d'indulgence enuers pluſieurs qui entreprennent folement ; & pour nous empeſcher de nous preualoir par trop de noſtre eſprit, elle donne quelquesfois de mauuais succés à nos plus sages entreprises. Comme elle rendit heureuse la temerité d'Alexandre, elle a fait que plusieurs qui n'auoient suiuy que les adresses de la Prudence, ont tres-sinistrement rencontré. Tellement que vous m'estimeriez auec raison plus insensé & plus furieux que les Geants qui s'armerent contre le Ciel, si ie pretendois donner quelques aduis pour rompre le cours de ceste force inuincible. Ie n'entends aussi parler que de la disposition, & de l'ordre des causes secondes, quand elle les laisse en leur liberté, & qu'elle n'y mesle que sa puissance ordinaire qui concourt à l'action de toutes choses: & c'est en ce sens-là que ie vous ay dit qu'elle abandonne la Fortune des hommes à la discretion de leur Prudence, & selon lequel ie defire que vous receuiez les aduis que ie vous propofe.

Venons donc au poinct, Timandre, & en fuite de tous les moyens trouués pour paruenir à quelque fin, faifons election de celuy que nous iugerons le plus conuenable. Affignons vn but à noftre deliberation pour ne la laiffer point errante, & incertaine où elle fe tournera: & prenons celuy qui fera le plus facile à obtenir, le plus honnefte, & où l'on peut arriuer par de vertueux moyens.

La raifon de la Iuftice d'vne chofe ne confifte pas feulement en ce qu'elle eft iufte de foy (ainfi que dit vn grand perfonnage) mais auffi en ce qu'elle a efté faite iuftement: de façon qu'on ne loüera iamais celuy-là d'auoir bien deli-

S. Auguftin au liure 22. contre Faufte, ch. 43.

beré, qui dans le choix des moyens n'aura preferé ceux qui estoient les plus honorables. Tout de mesme, s'il n'a suiuy les vrayes adresses de la deliberation, encor qu'il soit arriué où il pretendoit, il pourra bien estre appellé heureux, mais il ne meritera pas la gloire d'auoir fait vne deliberation prudente. Il y a donc plusieurs preceptes establis pour ceux qui consultent en eux-mesmes dessus quelque occurrence que ce soit, dont ie desire vous declarer les plus generaux : & ie ne sçay si ie me trompe point, mais ie les tiens si necessaires, que si quelqu'vn ne les obseruoit pas, il ne pourroit à mon aduis resoudre iamais aucune chose, & il luy en prendroit comme aux Nautonniers qui se voyans en vne coste inconnuë, ne sçauent où aborder, de peur de faire bris contre quelque escueil, ou d'aller eschoüer dessus du sable.

Mais auant toutes choses, il est à propos de remarquer que tous sujets n'admettent point de consultation : qui voudroit deliberer des choses naturelles, necessaires, & casuelles, entreprendroit sur l'office de la Diuinité. Il en va de mesme de celles qu'on reconnoist impossibles : lors que Themistocle pour induire les Andriens à fournir de l'argent à ceux d'Athenes leur eut dit qu'il leur amenoit deux puissantes Deïtés, Persuasion & Contrainte ; ils luy respondirent sur le champ que deux grandes aussi les empeschoient de luy en donner, qui estoient Pauureté & Impossibilité. On consulte donc seulement des choses que nous ne

Herodote au liure 8. de son Histoire.

possedons pas, dont l'acquisition mesme est douteuse, mais que nostre esprit peut comprendre, nostre raison ordonner, & en fin qui ne sont point au delà de l'estenduë de nostre puissance : encor n'est-ce pas de la fin que nous deliberons, mais seulemét des moyens de nous y conduire. Vn Capitaine n'assemble pas le conseil de guerre pour sçauoir s'il se doit mettre en estat de vaincre ses ennemis, ny vn Roy ne consulte point s'il luy faut sagement gouuerner son peuple ; or l'vn & l'autre peuuent bien s'informer comment ils paruiendront à leur but. Si mesmes ils ne le font pas, ils exposent leurs affaires à des perils ineuitables : tellement que nous voicy aprés vne matiere d'importance, & les poincts que nous allons toucher doiuent seruir de mire

mire à toutes les actions des honnestes gens.

Celuy qui s'offre le premier quand on veut entrer en deliberation, est la personne mesme qui delibere: Oüy, Timandre, il faut regarder à soy deuant que de partir de chez soy, & qui ne s'obserue pas soigneusement en entreprenant quelque chose, pourra bien tomber dans l'inconuenient de ne se connoistre plus lors qu'il sera dans l'execution. Vous voyez maintenant l'vtilité de ceste connoissance de nous-mesmes, dont ie vous ay entretenu cy-deuant: mais il est encores à propos d'y ioindre celle de nostre condition, & de mesurer toute nostre possibilité. Or l'amour de soy-mesme, qui est si naturel à tous les hommes, se iette tousiours dedans la

Ee

balance quand ils pesent leurs forces : & leurs affections les grossissent, & font qu'elles leur paroissent plus grãdes. C'est donc à quoy chacun d'eux prendra bien garde, afin qu'ils retiennent leur courage, de peur qu'il aspirast si haut que l'haleine & les forces luy manquassent en chemin. Qui se resserre trop aussi, & monstre auoir le cœur bas, merite plus de blasme ce semble : car l'extremité contraire a ie ne sçay quoy de genereux. Tellement que le meilleur est en toutes choses de rendre ses souhaits de niueau auec sa condition, & de s'empescher bien de tomber dans la necessité de choisir, ou vn salut asseuré auec quelque honte, ou bien vne gloire incertaine, estant veritable que plusieurs se sont perdus dans l'estenduë de leurs immenses desseins. Les Politiques prescriuent ces regles; Si ta naissance ou tes charges te donnent de l'authorité dessus quelqu'vn, vse d'elle auec Iustice, car il faut obeir à sa condition si l'on ne se veut soumettre au mépris du monde; Contre tes égaux, attens les aduantages de la Fortune pour t'en preualoir, mais auec moderation; Et gouuerne-toy de sorte enuers tes superieurs, que tu ne les obliges point à passer les bornes de la modestie, & à se monstrer insolens en ton endroit. En effet pour se bien acquitter du personnage que l'on iouë dessus le theatre de ceste vie, il faut en tous rencontres songer à la condition où l'on est: Lors que Parmenion disoit, *si i'estois Alexandre i'accepterois l'offre de Darius*; Alexandre luy repartit comme douoit

Ee ij

faire vn conquerant, & moy si i'estois Parmenion. Nostre Loüis XII. fit aussi vne response bien remarquable, quand on l'incitoit à se ressentir des déplaisirs qu'on luy auoit rendus deuant qu'il paruint à la Couronne, *Il n'appartient point (dit-il) à vn Roy de France de venger les iniures faites à vn Duc d'Orleans.* Iules Cesar nous donne pareillement vne belle instruction dessus ce sujet, en excusant P. Sylla son Lieutenant, qu'on accusoit de n'auoir pas poursuiuy les gés de Pompée, en ayant pû emporter vne victoire entiere. *Le deuoir d'vn Lieutenant (dit-il) & celuy d'vn Capitaine general sont bien differens l'vn de l'autre; celuy-là est obligé de suiure vn ordre qu'il ne luy est pas permis d'outrepasser, & celui-cy doit agir souuerainement, & tendre tousiours à la fin.* Ce qu'il dit

Au liure 3. de la guerre ciuile.

icy de deux charges, peut estre tiré à consequence pour toute sorte de conditions: de façon qu'vn mesme homme en differents employs, se doit gouuerner differemment. Le sieur Granuelle Ambassadeur de l'Empereur Charles V. prenant congé du Roy François I. pour se retirer de sa Cour, fut chargé par le Roy de rendre vn cartel de défy à l'Empereur, & de luy redire quelques paroles ausquelles la iuste indignation du Roy le poussoit. Granuelle s'en excusa tres-humblement, disant que sa charge estoit expirée deslors qu'il auoit receu les lettres de son maistre, par lesquelles il le rappelloit, & qu'il n'estoit plus en condition de rien porter de l'vne à l'autre de leurs Majestés. Ie vous alleguerois bien d'autres exemples, si ie ne croyois

Guillaume du Bellay liure 3. de ses Memoires.

que ces aduertissemens suffisent
pour le premier poinct de la deliberation ; Venons donc au second
qui regarde ceux à qui nous auons
à faire.

Ny les actions, ny les paroles
d'vn homme du monde ne doiuent iamais estre d'vne mesme teneur ; aussi ne seroit-ce pas commettre vne moindre faute, de s'abandonner entierement à ses diuerses fantaisies. Dans la necessité
de viure en la compagnie des hommes, il est à propos qu'il fléchisse
deuant les vns, & qu'il se roidisse
contre les autres : & maistre absolu
de son Genie, il le doit sçauoir manier selon l'humeur de ceux auec
qui sa condition l'oblige de viure,
pourueu que ce soit en choses
indifferentes. Ammian Marcellin
parlant d'vn certain Barbation, à

Au liure 18. de son Histoire.

qui l'incontinence de ses discours auoit causé la mort, dit qu'il ignoroit ce bon aduis qu'Aristote donna à Callisthene lors qu'il l'introduisit auprés d'Alexandre; De parler peu souuent, & encor de choses agreables, à vn homme qui portoit la puissance de la vie & de la mort dessus le trenchant de sa langue. De ce conseil on en peut facilement tirer d'autres pour sa conduite enuers toute sorte de personnes, veu qu'il ne faut qu'y apporter le temperament selon leurs differentes conditions. Ie veux pourtant m'estendre vn peu dauantage, & vous monstrer l'vtilité de ceste connoissance des autres, aprés vous auoir dit quelques remarques, que j'obmis à dessein en nostre troisiéme Promenade.

L'homme est d'vne connoissance si cachée, & son esprit a tant de replis, qu'il est presque impossible d'en voir le fonds ; tellement que ce n'est pas assez de l'auoir obserué auec grand soin dedans vn employ, pour se tenir certain de ce qu'il doit faire en vn autre. S'il s'y est monstré vicieux ou vertueux, on doit auoir consideré si c'est par inclination ou par estude : alors on pourra tirer quelques conjectures pour l'auenir, songeant que la Nature ne manque gueres, mais que ce qui a esté acquis se peut perdre, sur tout en changeant de condition. D'ailleurs, ainsi que les bonnes terres sont aussi fertiles en mauuaises qu'en vtiles plantes, il y a des gens en qui les Vertus & les vices pullulent également : & toutesfois si la necessité, ou bien leur honneur, requiert d'eux de bonnes actions, ceste force de leur esprit se tournant en vertu leur en fera éclorre de tres-glorieuses. Corneille Tacite rapporte d'vn Licinius Mutianus gouuerneur de Syrie, que son naturel estoit meslé de luxure, d'industrie, de debonnaireté, d'arrogance, mais que ses vices n'estoient que pour la Paix, & ses Vertus pour la guerre; ayant encor ceste discretion de cacher tout ce qu'il auoit d'odieux, & de n'estaler que ce qui estoit à loüer. Il estoit auec cela fourny d'vn si grand nombre de differés attraits, qu'il en auoit pour ses inferieurs, pour ses amis, & pour ses compagnons ; estant neantmoins plus capable de faire tomber l'Empire dans les mains d'vn autre que dans les siennes. Il y a aussi vn genre d'esprits heureux à conceuoir, &

Au liure 1. de ses Histoires.

infortunés à produire : ils tailleront bien de la besongne pour d'autres, & dans l'employ il ressembleront à ces maistres d'armes qui perdent à l'espée blanche l'adresse qu'ils ont à se battre auec les fleurets. Ie n'en veux point prendre d'exemple ailleurs que dedans Tacite : il rapporte de Galba que tandis qu'il fut hôme priué, il se monstra tousiours plus grand qu'vn homme priué ; & que du consentement de tout le monde, il eust esté iugé digne de l'Empire, s'il n'eust point esté Empereur.

Maintenant pour vous toucher vn mot de ceste connoissance d'autruy, vous iugerez bien vous mesmes que par son moyen chacun peut mettre son commerce hors de hazard. Car quiconque sçait industrieusement découurir les in-

Au liure 1. de ses Histoires.

clinations de celuy auquel il en veut, ou dont il se veut seruir, peut faire vn compte asseuré de la moitié de ce qu'il en desire. La raison est, que tres-facilement par aprés il adiustera ses pratiques, & qu'il semera deuant luy l'appast propre à le faire prendre; soit en le picquant de generosité, s'il en fait profession; ou de iustice, s'il l'aime; ou d'interest, s'il y est sensiblé; ou de quelque autre consideration capable de l'ébranler. L'on tient à la guerre qu'autant de defauts de l'ennemy reconnus, sont autant d'auantages gaignés, & qu'ainsi la Prudence des vns enchaisne la Fortune des autres. Auez-vous vn ennemy boüillant & hazardeux? donnez-vous vn peu de patience, & vous verrez que sa temerité le poussera quelque part où vous luy apporterez sa ruine. En auez-vous vn qui soit circonspect en toutes ses actions? rompez-luy ses mesures, & faites en sorte qu'il ne sçache où porter vn coup asseuré. Quelqu'vn reprit vn iour assez librement Ferdinand Duc d'Albe, pour s'estre par trop hazardé en vne occasion, & d'auoir fait vne action de ieune apprentif, plustost que d'vn vieux Capitaine. Il n'y a point de doute, dit-il, que l'affaire estoit extrémement hazardeuse: mais i'ay fondé l'esperance de l'heureux succés que i'en ay eu, sur l'inexperience de mes ennemis.

Conestagio au li 6. de la conionction du Portugal à la Castille.

C'est assez parlé des personnes, & le Temps nous presse, qui est le troisiéme poinct de nostre Science deliberatiue. Il est considerable iusques à ses moindres parties, & vn seul de ses momens est capable de tirer aprés soy vne longue durée de felicités. Les obseruations qui s'en peuuent faire sont la veritable Astrologie des honnestes gens : la representation du passé leur donne des conseils pour le present, & le present bien reconnu leur fait predire les choses futures. On ne void point aussi qu'ils se chargent de quelque negoce sans l'auoir associé auec eux : & certes, qui s'embarque à contre-temps en quelque affaire que ce soit, se met en peril de naufrage. Antigonus disoit que sa milice estoit autant vne milice des temps que des hommes ; & Cesar ne donnoit pas seulement des batailles assignées, mais selon l'occasion, bien souuent en chemin, & en des temps fascheux, lors que personne ne croyoit qu'il deust remuer son camp. Les Estats bien reglés n'ont pas volontiers confié leurs affaires qu'à ceux de qui ils connoissoient les humeurs sympatiser auec les temps. Quand ils ont eu des ennemis dont ils ont creu qu'il falloit consumer la vigueur peu à peu, ils se sont seruis de gens de grand flegme : & lors que les choses ont esté reduites à telle extremité qu'elles ne demandoient plus d'autre raison ny conseil que de tenter la Fortune, ils ont employé des hommes dont la chaleur, la promptitude, & l'extréme hardiesse pouuoit faire changer de face à l'Estat present.

Or Timandre, ie ne vous sçaurois mieux representer quelles considerations il faut auoir du Temps, qu'en vous rapportant ce qui s'obserue aux compositions de Musique : car à mon aduis la pratique de cét Art, est vne tres-exquise representation de la Prudence. On considere premierement le sujet que l'on s'est proposé, afin de le traiter selon le Mode qui luy conuiendra le mieux, soit triste, soit ioyeux, soit guerrier, soit doux pour appaiser les passions; & puis on fait tousiours les cadences, & les accens qui animent dauantage, dessus les chordes de ce Mode. Par aprés en la recherche & application des beaux chants, on trauaille à les approprier aux paroles, & à les assortir aux voix; celuy qui est beau pour les aiguës ne l'estant pas bien souuent pour les basses, ny pour les moyennes. Mais il me semble que la plus grande conformité qu'il y a de la Musique à la Prudence, consiste en la liaison & en la suite des notes: pource qu'il n'est pas seulement necessaire de rendre vne voix accordante auec cinq ou six autres differentes en mesme temps, mais en outre il faut que chaque note soit bien accompagnée de celle qui la doit preceder selon les regles de l'art, & de celle qui la peut suiure, pour obuier aux mauuaises relations de l'vne à l'autre, qui romproient la continuité de l'harmonie. Voicy certes vn tres-beau modele pour nous ; voicy ce que figuroit ce Iupiter du temple de Pallas en Larisse, qui auoit trois yeux ; & voicy ceste Prudence accomplie par la memoire des choses passées, l'intelligence des presentes, & la preuoyance des futures. Comme ie vous l'ay dit tantost, le ieune Denys ne se connut iamais en ceste Prudence, veu la façon dont il se conduisit en sa Royauté :

Pausanias en ses Corinthiaques.

Royauté: puisque son pere y estoit paruenu au temps que l'estat populaire estoit odieux à Syracuse; & luy quand la domination d'vn seul y commençoit à estre haïe; il deuoit mieux dissimuler ses vices, & donner moins de prise à ses ennemis. Car les affaires estans sans aucun arrest, il faut imiter ceux qui pour tirer & frapper en volant, remuent leur harquebuze selon le vol de l'oyseau. Icy, ie pourrois bien vous alleguer vn nombre infiny d'exemples de ceux qui se sont si industrieusemét seruis de la conioncture des temps, qu'ils en ont fait changer la face des Estats, & s'en sont mesme emparés: mais ie m'imagine que vous comprenez par raison tout ce que ie vous en pourrois dire. Et neantmoins puisque nous sommes dessus ceste ma-

Ff

tiere d'Estat, ie n'oserois vous cacher vne belle leçon que Dominique Treuisan, Procureur de la Republique de Venise, y prononça autresfois dans le Senat, & que Paruta rapporte dedans sa tres-excellente Histoire. *Il y a desia plusieurs années*, dit-il, *que nous sommes contraints d'obeïr à la necessité des temps, & de changer souuent de volontés, de desseins, d'amis, & d'ennemis; D'auoir toute puissance estrangere pour suspecte; De craindre beaucoup de choses, & de nous fier de peu; D'obseruer les actions des autres auec vn soin continuel, afin de regler les nostres là dessus; Nous proposant tousiours dans ceste inconstance, vn mesme but, à sçauoir la conseruation de nostre Estat, & la grandeur de nostre Republique. Moyennant ces façons de faire, nous l'auons tirée de plusieurs maux qu'elle auoit encourus depuis quel-*

Au liure 5. de l'histoire de Venise.

que temps, & nous pourrons en continuant, la conseruer, & la remettre en fin dedans le repos & l'asseurance.

Si pour les affaires publiques on est tellement soigneux de s'accommoder aux temps, vn particulier ne doit pas moins prendre garde à n'en déconcerter pas les siennes: il faut qu'il s'accorde auec la saison, tant pour ce qu'il fera chez soy, que pour sa conduite auec les autres. Par exemple, Des remonstrances faites par quelques-vns à leurs amis, lors que la cholere en auoit éloigné la raison, ont esté quelquefois des occasions de haine: & vn petit témoignage de liberalité rendu à temps, a souuent plus obligé qu'vne profusion d'argent en d'autres saisons. A Rome, le plus grand honneur, & le plus ambitionné estoit celuy du triomphe:

Ff ij

Et neantmoins M. Fabius le refusa aprés auoir défait les Veientins, & les Toscans. Car son frere & le Consul Manilius son collegue ayans esté tués en la bataille, il n'estima pas bien-seant de témoigner, ny en public, ny en particulier de l'allegresse, au temps de sa iuste douleur. C'estoit l'entendre bien mieux que cét Aristagoras Milesien, qui estant allé en ambassade à Sparte pour demander du secours, prit vn habillement tres-superbe, & se parfuma par tout pour haranguer sur les miseres de son pays, dequoy les Grecs firent par aprés vn Prouerbe.

Ie voulois quitter ceste circonstance du Temps, mais ie me suis apperceu d'vn achoppement pour plusieurs personnes, & dont ie desire vous aduertir. C'est qu'il y en a

V. PROMENADE.

beaucoup qui redoutent de telle sorte des mal-heurs à venir, qu'ils ne craignent point d'encourir de grands maux presens, afin de les éuiter. A mon aduis il y a bien souuent de la folie; & ma raison est que les choses presentes, sont particulierement l'objet de la Prudence humaine, & que les futures doiuent estre laissées à la disposition de la diuine Prouidence. Non qu'il ne s'y faille preparer, & courir mesme au deuant auec quelques remedes; mais de telle sorte que ce soit pour en éloigner le coup, & non pas pour l'aduancer. Car ce seroit s'exposer à vn mal certain, afin de se garantir d'vn qui ne l'est pas. Ie ne sçaurois non plus approuuer la maxime qui permet quelque iniustice, afin que plusieurs choses iustes soiét faites par aprés;

pource que l'iniquité presente est bien asseurée, & qu'il n'y a point de garand pour la iustice à venir. Mais le Dieu nous appelle, & nous le deuons bien regarder en deliberant de quelque chose.

Il faut Timandre, pour vous faire comprendre d'abord à quoy ceste circonstance importe, que ie vous recite la contention de deux Sculpteurs anciens, à qui l'on fit faire deux statuës de Iupiter, pour mettre la mieux faite en vn endroit fort éleué de son temple. L'vn d'eux acheua la sienne iusqu'aux ongles, aux rides, & aux poils, si delicatement, que chacun en la voyant s'estonna de sa patience. Celle de l'autre au contraire fut rebutée comme grossiere, & ne ressentant que l'ébauche du ciseau. Dans le mépris que chacun en faisoit, l'ouurier demanda qu'au moins pour son salaire on luy permist de mettre ceste statuë en sa place, & puis aprés qu'on en fist ce qu'on voudroit. Cela luy estant accordé, & l'autre statuë y ayant esté éleuée en mesme temps, il n'y eut pas vn des regardans qui ne se connust trópé, & le blasme qu'on luy auoit donné se changea aussi tost en vn applaudissement general. Car ces traits auparauant grossiers perdirent leur rudesse par l'éloignemét, & les enflures des muscles qu'on auoit trouuées énormes, ne se monstrerent plus que sous vn arrondissement proportionné au reste de la figure. Au contraire, toute la mignardise de l'autre s'éuanoüit; on n'y remarqua pas vn seul trait hardy; & la piece semblant platte à tout le monde, fit mes-estimer l'autheur comme ignorant en la prudence de son art. A cét exemple i'en desire ioindre vn second, dont l'effet fut autresfois vtile aux Grecs qui auoient suiuy le ieune Cyrus en Perse; & qui sert maintenant d'instruction dans la guerre, à ceux qui veulent découurir les desseins de leurs ennemis. Tisaphernes Lieutenant du Roy de Perse en l'Ionie, faisant en apparence escorte aux Grecs qui s'en retournoient en leur pays, mais en effet ayant resolu de leur nuire en tout ce qui luy seroit possible, leur enuoya vn messager en vn logement qu'ils firét le long du fleuue de Tigris, auant que de le passer. Le messager bien instruit, feignit d'estre venu par le commandement de quelques amis que les Grecs auoient parmy les trou-

Xenophon de la guerre du ieune Cyrus, liure 2.

pes des Perses, pour les aduertir
que Tisaphernes & ses gens, qui
estoient delà le pont, viendroient
le rompre la nuict ; & qu'vn grand
nombre de Barbares assemblés dedans vn parc qui ioignoit leur
camp, auoient ordre de les charger en ce logement, où ils se trouueroient enfermés du fleuue, &
d'vn grand canal qu'ils auoient
passé dessus des bateaux. A ce rapport, les Chefs se trouuerent merueilleusement troublés ; mais vn
ieune homme qui estoit present
s'aduançant, leur dit qu'il n'y auoit
aucune apparence en tout ce discours. Car si les Barbares nous attaquent (disoit-il) ou ils vaincront,
ou ils seront vaincus. Que si nous
sommes défaits par eux, le pont ne
nous peut donner aucune commodité que de fuir deuers d'autres

ennemis : & s'ils demeurent vaincus, le pont estant rompu, ils ne pourront estre secourus par les troupes de Tisaphernes qui sont de l'autre costé du fleuue. Ce trait de la viuacité du ieune homme porta les Chefs à s'enquerir de l'estenduë, & de la nature du pays d'entre le fleuue & le canal ; & comme le messager qui ne s'apperceuoit pas de leur intention leur eut dit que c'estoit vne grande Prouince, contenant de bonnes villes & plusieurs gros villages, ils connurent bien que Tisaphernes auoit peur de leur demeure en ce lieu-là. Car à cause qu'il estoit agreable, fertile, peuplé & fortifié du fleuue & d'vn grand canal, il deuoit bien iuger que s'ils s'y fussent habitués, ils en eussent fait auec le temps vne retraite asseurée, à qui eust voulu entreprendre la guerre contre le Roy de Perse. Et neant-moins, dautant qu'il ne faut negliger aucun aduis en tels rencontres, les Chefs des Grecs enuoyoient garder le pont, où l'on ne veid paroistre que quelques gens, qui donnerent assez à connoistre la crainte que Tisaphernes auoit qu'ils ne le passassent point. C'est ainsi que les lieux meritent qu'on les considere, dequoy nul homme de guerre n'a iamais douté ; & les Romains en sentirent bien l'importance à leur grand dommage en la bataille de Cannes, où Hannibal se saisit de tous les postes aduantageux pour donner moyen à sa caualerie de combattre, & en oster la commodité à ses ennemis. Paraduanture trouuerez-vous estrange que ie ne particularise point dauantage ceste circonstance, veu qu'elle est d'vne si spatieuse estenduë: mais vous considererez, s'il vous plaist, que tout ce qu'on en pourroit dire se doit plustost rapporter aux personnes qu'aux lieux, estant veritable quand on parle d'vn lieu de respect, que cela s'entend à cause des personnes qui y sont. On ne doit pas seulement le respect aux Roys quand ils sont dedans leurs throsnes: puis qu'ils portent leur dignité par tout, il n'y a point de lieu où leurs subjets puissent se dispenser de reuerer leurs personnes. Ie sçay bien que de tout temps les peuples ont eu des lieux qu'ils ont reputés saincts, iusqu'à croire qu'ils n'y pouuoient faire vne action indifferente sans meriter le nom de prophanes; & toutesfois c'estoit qu'ils se persuadoient que la Diuinité se rendoit plus presente là, qu'ailleurs. Car le Lieu de soy, ne reçoit ny ne confere aucune bonne ou mauuaise qualité; & si Socrate n'eust eu ceste croyance, il ne fust iamais entré dans vne maison de débauche, de peur d'y perdre quelque chose de sa continence. Ainsi donc i'aduoüeray bien qu'en de certains conseils, comme s'il estoit question du naturel des peuples, afin de les employer, il faut admettre la consideration des lieux; estant vne chose assez experimentée que les montagnards, les hommes nourris dans vn pays plain, & ceux qui sont nais & qui ont vescu le long de la marine, sont de complexion, & d'humeurs tres-differentes. On ne s'en doit pas moins enquerir à la guerre, soit pour pratiquer & pour éuiter les ruses, soit pour s'estudier aux diuerses manieres de mener des troupes, & de les ranger en bataille selon les lieux differens; dequoy Philopemen entre les Grecs est loüé, pour en auoir acquis vne parfaite connoissance. Mais pour ce qui concerne les lieux de conference, de negotiation, de reduit, & d'assemblées, c'est des personnes qui s'y trouueront, & des sujets qu'on y traitera, qu'il faudra prendre la regle pour s'y entretenir, ou serieusement, ou modestement, ou auec gayeté, ou mesmes auec raillerie. Car on se doit bien souuenir de ce que dit Socrate à l'vn de ses amis, qui s'estonna de le voir paré & parfumé pour aller à vn festin où Agathon l'auoit conuié, *Tu me vois beau, comme celuy qui s'en va auec les beaux.*

V. PROMENADE.

Ce sont icy Timandre, les circonstances necessaires à garder en vne deliberation, afin de former vn conseil & vne resolution prudente : & sans qu'il soit necessaire que ie vous le die, vous iugez bien à ce que ie pense, qu'on ne sçauroit ordonner toutes ces pieces, & les attacher les vnes aux autres en peu de temps. Il n'y a personne aussi qui ne tienne que les consultations se doiuent faire meurement; que qui aura temerairement entrepris tremblera en executant; & que les fruits d'vne deliberation precipitée sont vne longue repentance. Ie confesseray bien pourtant que les conseils lents ne valent rien en de certaines occasions; & ceux-là entr'autres *qu'on ne sçauroit loüer* (comme dit Tacite) *que quand ils sont executés*. Mais pource qu'il

Au liure 1. de ses Histoires.

n'entend parler que de ces grands & perilleux desseins d'autresfois, *où il n'y auoit point de milieu*, ainsi qu'il dit luy-mesme, *entre le faiste & le precipice*, & où l'on ne pouuoit manquer son but sans rencontrer la mort, ou vne eternelle seruitude; ie croirois que celuy-là commettroit vn crime attroce dedans le Christianisme, qui donneroit le moindre aduis pour de tels conseils, quand mesme il viuroit dans vn Estat mal-heureux, dont la legitime administration se seroit changée en tyrannie. Car il n'est permis qu'aux Roys d'y auoir recours contre ceux qui attenteroient à la ruine de leur Estat, lors qu'il y a du peril à pratiquer les voyes ordinaires de leur Iustice: & pour garder en l'immolation de ces victimes publiques le silence & le

Au 2. de ses Histoires.

& le secret des sacrifices anciens, on les estimera tousiours s'ils sont prompts à s'y resoudre, sans mettre tels affaires en vne consultation qui pourroit estre euentée.

Laissons neantmoins decider ce poinct à leur conscience, & à leur authorité absoluë : aussi bien ces personnes sacrées n'ont que Dieu pour iuge de leurs actions. Et pour donner fin à nostre Conseil, ie suis d'aduis qu'aprés la resolution prise, on pense vn peu à ce qui se pourra faire en cas que le succés ne fust pas tel qu'on l'attendoit. *Il se trouue* *beaucoup de gens*, dit Polybe, *qui sur le* *poinct de liurer vne bataille où ils hazardent toutes leurs forces, ne se representent que les aduantages qu'ils peuuent tirer de la Victoire, & émeuz du doux chatoüillement de ce bien futur, ne songẽt qu'aux contentemens qu'ils en receuront. Quant*

Au liure 2. de son Histoire.

Gg

aux auantures sinistres, c'est à quoy ils ne pensent pas, & ne consultent point en eux-mesmes ce qui se deuroit faire en tout éuenement. Il est arriué de là que plusieurs ayans esté vaincus, se sont laissés aller à des laschetés indignes d'eux, & ont fait de grandes sottises. La raison est que les accidens soudains & impreueuz, agissent auec vne violence tellement disproportionnée à l'esprit qui n'y estoit pas preparé, qu'il ne se connoist plus à ce rencontre, pource que l'ordre de ses conseils se renuerse & se confond. Pour vn exemple notable dessus ce sujet, on rapporte celuy de Pompée en la bataille de Pharsale; & veritablement décheu, non pas de l'esperance, mais de l'asseurance mesme qu'il auoit de vaincre Cesar, il ne fit pas aprés la perte de la victoire vne seule action de Capitaine.

C'est dequoy ie vous entretiendray plus au long en parlant de la Prudence militaire: & quant à present, aduançons-nous vers l'execution, qui doit estre chaude à ce que dit tout le monde, aprés vne froide deliberation; de peur que les occasions qui ne se monstrent pas frequemment nous échappent, & que leur saison se passe. On n'y doit pas courir toutesfois auec tant de vitesse & de promptitude, qu'on se lasse, ou que comme les chiens trop ardens à la chasse, on vienne à outre-passer les voyes, & à tomber en defaut. Ceste consideration a tousiours empesché les hommes de grand projet, d'employer des gens qui se precipitent, quoy qu'ils semblassent propres aux executions d'importance, de peur que leur esprit les fist errer.

Ne vous haftez point tant, difoit quelqu'vn à vn autre, afin d'auoir pluftoft fait : & certes, sauf là où le fecret qu'on doit cacher a efté découuert (car en ce cas, iufques aux momens, ils trainent de longs perils) il faut auffi bien que la deliberation, accompagner fon execution de certaines circonftances & precautions, ou ne s'attendre point d'en auoir vne fin heureufe. Or vous vous fouuiédrez que c'eft du fein de l'execution que fortent la loüange ou le blafme, la gloire ou l'infamie, & que fa main arbitre des biens & des maux les donne ou les ofte à ceux qui entreprennent quelque chofe : car la deliberation n'eft qu'vn projet, & vne theorie inutile, fi l'execution ne la met en œuure.

Vous remarquerez donc, Timandre, que toutes les choses ont chacune de leur nature quelque particuliere qualité, de sorte que bien qu'elles tendent toutes à leur fin, c'est pourtant auec des mouuemens dissemblables. Or l'execution dequoy que ce soit, n'est que porter le corps de la deliberation par le moyen, & selon le mouuement qui conuient le mieux au naturel de la chose deliberée. Mais à cause qu'il n'y a point de Science des choses particulieres, ses preceptes estans generaux ; & que les accidens au contraire sont infinis, & rendent presque tout ce qui est à faire different l'vn de l'autre, on ne sçauroit donner autant de regles qu'il en faudroit pour se bien conduire en l'execution. Toutesfois vn homme bien aduisé les tirera subtilement du sein de la chose mesme, se souuenant tousiours de cesto maxime, *Que le moyen doit suiure l'estre.* Et quiconque ne les conformera l'vn à l'autre, nonobstant ses sages deliberations, n'éclorra rien du tout, ou s'il écloſt quelque chose, il arriuera qu'encore que les membres soient beaux pris separément, le corps sera disproportionné & monstrueux. Or il est besoin en cecy d'apporter quelques circonspections, & ie vous aduertiray des plus notables ; la premiere, de separer toutes les pieces dont vous voudrez former vostre execution, puis les ioindre chacune en leur lieu pour produire leur operation en leur temps, & de rejetter celles qui nuiroient pluſtost que d'apporter du seruice. Secondement, de n'espargner rien de ce qui est necessaire, veu qu'on ne retire point d'vsure qu'aprés auoir desbourlé de l'argent, & qu'il est vray que la guerre se fait aussi bien auec l'or qu'auec le fer. Il faut en suite se rendre maistre par prieres, par artifice, ou par force, de ce qui nous pourroit estre cōtraire ; nous souuenant du fait d'Agesilaüs, qui ayant eu responle d'vn Roy auquel il auoit enuoyé pour le supplier de donner passage à ses troupes dans son pays, qu'il prendroit conseil là dessus, *Qu'il consulte donc*, dit Agesilaüs, *& cependant nous passerons*. Que si dans le train de l'execution quelque piece vient à se démentir, il y faut remedier promptement, & confirmer ce dont nous ne nous tiendrions pas asseurés; mais il faut prendre garde si nous sommes en doute de quelqu'vn, de ne luy témoigner pas alors nostre défiance.

La raison est, que le soupçon que l'on conçoit contre les gens de bien refroidit leur affection; & que les méchans se iettent dans la licence, lors qu'ils voyent qu'on les redoute. Le meilleur sera de monstrer vn visage resolu, sur tout au rencontre des difficultés: & si nous n'auons pas ceste viuacité naturelle, qui rend les hommes riches de partys, comme disent les Italiens, il faut que nous appellions quelqu'vn qui nous assiste de la sienne, pour nous démesler des accidens. Pour moy, i'admire celle de Tullus Hostilius lors qu'il fit croire que Metius Suffetius qui se débandoit du corps de son armée à mauuais dessein, alloit par son commandement enfermer les ennemis, & les charger par derriere: car en éleuant le courage des siens,

Tite-Liue liure 1.

& abaissant ceux des ennemis qui l'entendirent comme il le crioit tout haut, il remporta la victoire dessus eux, & dessus les traistres. Encores que ce que ie vous vay rapporter ne fasse rien à l'execution, ie ne l'obmettray pas neantmoins, pour vous monstrer combien sert la viuacité d'esprit, quand on se void enueloppé dans quelque danger. Antigonus faisant la guerre à Eumenes, enuoya semer des billets au camp de son ennemy, où il promettoit de tres-grandes recompenses à ceux qui le tuëroient, & luy en apporteroient la teste. Eumenes en ayant esté aduerty, fit incontinent assembler son armée en intention de la haranguer, & d'abord il remercia ses soldats de leur fidelité qu'il reconnoissoit estre à toute épreuue, puis

Iustin l.14. de son Histoire.

qu'elle n'auoit pû estre tentée par l'esperance d'vn grand gain. Et par aprés il leur dit que c'estoit luy qui auoit fait courir ces billets, afin d'essayer s'il se trouueroit parmy eux quelque ame qui fust corruptible; de sorte qu'il auoit sujet de se loüer de sa bonne fortune, & de leur rendre graces de leur affection inuiolable. Par ce moyen il empescha le mal present, & pourueut à d'autres pour l'aduenir: mais retournons ie vous prie à nostre execution. Si d'auanture les commencemens nous semblent beaux, gardons-nous bien de rien relascher de nostre soin, ny de nostre diligence: tel a veu la victoire s'aduancer deuers luy, puis luy tourner le dos tout aussi tost, à cause qu'il ne l'accueilloit point chaudement, & ne la receuoit pas de bonne grace.

Pour ce qui est de la precaution qu'il faut auoir, afin d'éuiter les mal-heurs, & de mettre ses pratiques hors de la prise des hazards, c'est dequoy i'aurois bien de la peine à donner des aduis particuliers. La raison est, que les obstacles ne sont pas comme des rochers, ou des abysmes arrestés en de certains lieux; mais ainsi que les bancs de sable mouuant des embouchures des grands riuieres, que l'eau de ces riuieres & celle de la mer poussent à leur tour çà & là, ils se découurent tantost en vn endroit, & par fois en l'autre. Il est vray que si l'on s'est representé la rencontre des personnes, du temps, & des lieux; Si l'on a fermé toutes les aduenuës au mal-heur, ne laissant pas vne ouuerture à la Fortune, au moins de celles que l'on peut apperceuoir : quelque succés qui arriue, on n'en doit point craindre de blasme. C'est pour cela que de grands Capitaines aprés la perte d'vne bataille, n'ont pû se repentir de l'auoir donnée : ils trouuoient leur satisfaction à n'auoir rien obmis du deuoir d'vn bon Chef de guerre. Car vne force estrangere peut dissiper tout l'appareil d'vne entreprise bien conduite ; & quelquefois elle sortira d'vn endroit où il n'estoit pas possible à la Prudence humaine de la voir. Le Sage aussi ne garantit iamais les euenemens ; quoy qu'il doiue respódre de l'entreprise. Ie ne veux point penetrer dans le dessein de Iean Loüis de Fiesques, & ie laisse aux Escriuains de son temps à debattre si son intention estoit de rauir, ou de redonner la liberté à la ville de Gennes, dont la maison des Dories s'en estoit assujettie vne grande part : mais pour ce qui est de l'execution, il me semble qu'il y donna vn ordre qu'on ne sçauroit assez loüer. Il estoit besoin d'vn grand secret, de subtiles feintes, de gaigner plusieurs personnes, d'auoir l'œil à beaucoup de choses tout à la fois, de tromper des gardes, de faire effet sur mer & sur terre, en des lieux publics & en des maisons particulieres, & de ioüer par tout le personnage du Renard & du Lion en mesme temps. Cependant il ramassa, & ordonna auec tant d'art toutes ces pieces, qu'estant tombé dans la mer en passant d'vne galere en vne autre, son entreprise ne laissa pas de reüssir, encores qu'on ne le veid plus. Que dirons-nous de luy, Timandre ? Qu'il n'eut rien de contraire que son destin.

Mais comme disent nos Poëtes,
Du sommet des hauts monts on void descendre l'ombre,
La Nuict vient à grand pas, le Iour est desia sombre,
de sorte qu'il est temps de finir cette Promenade. Aussi bien vous y ay-ie fait voir du moins autant qu'il m'a esté possible, toutes les parties dont ie tiens que la Prudence est composée. Car ce que ie n'ay point touché s'y rapporte, & nul ne sçauroit s'habituer à l'obseruation de ces regles, Qui ne s'acquiere assez d'intelligence pour iuger de toutes choses autrement que le vulgaire ; Qui n'en puisse faire le meilleur choix, lors qu'il se verra dans la necessité de prendre party ; Qui ne se tienne en vne as-

siette assez ferme, pour n'estre ébranlé ny des sottes craintes, ny des foles esperances; Et qui ne trouue l'industrie de se soustraire dans ses entreprises, aux malices de la Fortune, & mesmement de l'attirer de son costé.

VI. PROMENADE.

Des diuerses sortes de Prudence.

PLINE le ieune faisant sçauoir à vn de ses amis les diuertissemens qu'il prenoit à la campagne, luy escrit que par fois il alloit à la chasse, où il portoit auec son espieu, des tablettes pour y escrire les meditations qu'il y faisoit: puis incitant cét amy à faire le mesme, *Tu reconnoistras*, luy dit-il, *que Minerue ne se*

promene pas moins dans les forests, que la Deesse Diane. Ceste chasse, Timandre, deuoit estre celle de l'affust, où pendant que le corps repose en attendant le gibier, l'esprit a le loisir de s'exercer à quelque chose ; celle de nos chiens courans tout au contraire qui demãde vne action continuelle, emporte l'esprit auec le corps, & ne luy permet point d'autre attention que celle des fuites de la beste, & de la chasse des chiens. Si est-ce qu'auiourd'huy ie me suis trouué surpris au laisser courre du Cerf, d'vne pensée qui m'a long-temps accompagné, & à quoy tout ce que i'ay veu depuis a grandement aidé ; à sçauoir de l'industrie des hommes qui se sert si bien de la haine que quelques animaux portent aux autres, afin d'en prendre du plaisir ; & qui les a si vtilement
assistés

assistés d'vn sens qui leur manquoit, de sorte que l'vn ne faisant presque rien sans l'autre, tous deux ioints ensemble viennent à bout de ce que l'vn & l'autre poursuiuent. Le limier éuentant vne enceinte, & rencontrant la voye de la beste, s'en rabat, puis guidé de son nés conduit le Veneur au repaire, ou les chiens découplés se mettans dans la mesme voye, s'ameutent aprés la beste, la courent, & la forcent à la fin; tout cela pourtant n'est que l'effet de leur odorat, & il arriue souuent que les chiens ne voyét point la beste que quand elle est aux aboys. Mais pource que par fois, ou bien le limier n'en rencontre pas, ou bien les chiens n'en reprennent point; l'homme s'est aduisé de les aider auec des connoissances acquises par ses yeux:

tellement qu'il s'est estudié à observer les pistes des bestes, & à faire iugement d'elles & de leurs refuites par toutes les marques qu'elles laissent, comme auiourd'huy en ce Cerf, par ses alleures, ses portées, & ses fumées. Or ie suis entré depuis dans vne autre consideration, à sçauoir, si les hommes ont point l'esprit doüé de quelque faculté, laquelle bien exercée par quelques-vns, leur pust faire découurir les intentions & les desseins des autres : Et i'ay remarqué en effet que plusieurs en estoient en possession. De façon que ie me suis bien apperceu qu'il ne tenoit qu'à eux, en mettant ceste faculté en pratique, de penetrer dedans les entreprises des autres hommes, pour sçauoir le but où ils tendent, & en faisant chasser leur pensée aprés eux, Ou les arrester s'ils sont en estat de le faire; ou les en détourner en outrepassant leur course; ou du moins les suiure des yeux de l'esprit, iusques à la fin où ils aspirent. Ceste puissance-là n'est autre chose que la Prudence dont nous auons parlé en nostre derniere Promenade; & ce qui m'y a fait songer a esté la rencôtre de ce mot Sagacité, dont les Latins expriment la Prudence bien aduisée de quelqu'vn, aussi bien que la proprieté de bien flairer, en quoy le chien excelle dessus les autres animaux. Car il est vray qu'il n'y a point d'homme si caché, qui par ses actions & ses paroles ne laisse quelque trainée de ses intentions, que comme vne odeur épanduë en l'air celuy qui a le flair subtil recueille, tellement qu'il vient à iuger du dessein d'autruy. Il est

Hh ij

toutesfois necessaire d'y apporter vne precaution, à sçauoir, qu'aux actions l'on sçache de quel esprit elles partent, veu qu'on ne sçauroit asseoir de fondement qui soit ferme, dessus les resolutions d'vn homme qui ne l'est point. C'est pourquoy Tacite nous asseure que selon l'aduis de plusieurs, l'inegalité de beaucoup d'actions de Tibere procedoit de la grande subtilité de son esprit, n'aimant point ny ceux qui estoient singulierement vertueux, ny ceux aussi qui auoient des vices remarquables, redoutant les bons à cause de soy, & les meschans pour l'amour de la Republique. On pourra bien voir dans le mesme autheur, de semblables effets d'vn esprit stupide, tel qu'estoit celuy de l'Empereur Claudius, sur tout là où il rapporte

Liure 1. des Annales, sur la fin.

VI. PROMENADE.

ses irresolutions, lors qu'il fut question de se défaire de Messaline; & quant à moy i'ay tousiours reconnu que les hômes d'vn esprit grossier ne pouuoient prendre party, & que ceux qui l'auoient trop vif ne sçauoient lequel il estoit à propos de prendre. A ceste consideration de la nature de l'esprit, il ne faut pas oublier de ioindre celle de ses vertus & de ses vices : car combien qu'il soit vray qu'en plusieurs personnes,

L'extréme pauureté est vn tres-grand reproche, [Horace liure 3. Ode 24.]
Elle force à tout faire & à tout endurer,
Et ne peut au sentier des vertus demeurer,

Neantmoins comme dit Apulée, [En son Apologie.] *La pauureté a esté iuste en Aristide, debonnaire en Phocion, vaillante en Epaminondas, sage en Socrate, bien-disante* en *Homere*, & ce fut chez elle, qu'aux premiers siecles, la Philosophie prit sa naissance. Nous apprenons par là, que les mesmes occasions de faire du bien ou du mal, ne produisent pas les mesmes desirs dans des esprits qui sont differens l'vn de l'autre; de sorte qu'auec la mesure du pouuoir de quelqu'vn, il faut comparer celle de son vouloir qui se meut selon ses bonnes ou mauuaises inclinations; sans oublier en cét examen ny les temps, ny les lieux, ny mesmes les instrumens dont il se pourroit seruir en son entreprise. Or par toutes ces considerations-là nous pouuons bien découurir quelques traces des desseins d'vn homme, mais non pas telles que nous deuions nous en contenter: il faut aller iusques dans leurs motifs pour tirer les plus pregnantes conjectures de la fin de leurs actions, & c'est pour cela que ie vous les veux declarer auant que de parler des diuerses sortes de Prudence. Il y en a plusieurs, que ie reduiray en six chefs, à sçauoir, de la necessité, de l'interest, du deuoir, de l'amitié, de la haine, & de l'honneur : aussi bien les autres se rapportent à ceux-cy de mesme que les branches à leur tronc.

La Necessité, le plus puissant de tous les motifs, foule aux pieds les loix, viole les deuoirs, méprise toute sorte de respects, & ne craint pas quelquesfois d'embrasser des maux extrémes pour se deliurer d'autres maux qui sont moindres : il faut donc croire que celuy qui est porté de ce motif s'efforcera d'abattre tous les obstacles qui l'empescheront de pousser ses desseins iusques au bout. L'Interest suit de prés la necessité, & il est ou public, ou particulier; or l'vtilité estant la mesure de l'vn & de l'autre, celuy qui agira par cette consideration se retirera sans doute lors qu'il sera menacé de quelque dommage. Quãd vn Monarque fait vn appareil de guerre, chacun fait vn compte de tous les desseins où il y a du gain & de la perte pour iuger de celuy qu'il a dans la fantaisie, & il n'y a personne qui n'estime qu'il s'arrettera à celuy où il y a plus de profit. Telle est en effet l'humeur de leur condition, de souhaiter vn continuel accroissement de leur puissance; & elle ne leur mésied point, pourueu que ses pretextes soient legitimes. Quelqu'vn a dit que les Princes n'estiment personne de nature leur amy ou ennemy, mais

Polybe au li. 2. de son Histoire.

qu'au prix de leur vtilité ils reglent leurs affections & leur haine : pour moy ie n'y trouue rien à redire, puis qu'estans les maistres, ils doiuent aymer ceux qui les peuuent vtilement seruir, & qu'estans obligés de songer sans cesse à la conseruation de leur authorité, ils doiuent reputer pour ennemis ceux qui attenteroient à la leur diminuer. Le Deuoir qui vient en suite est tousiours accomply par ceux que la Vertu rend incorruptibles, & que les tentations du gain n'ont point la force d'ébranler; & c'est pourquoy il faut en ce poinct icy auoir vn égard particulier aux personnes, & chercher s'ils ont point quelque defaut par où l'on puisse les surprendre. La mesme circonspection est necessaire pour bien iuger de celuy qui se porte à quelque chose par le motif de l'Amitié : non que i'ignore que les soupçons conceuz des actions de ceux que nous auons reconus nos amis, ne nous rendissent plus dignes de blasme, que si par vn excés de confiance nous en auions esté trompés.

Se défier d'vn amy, est l'estimer son ennemy : & comme il ne nous peut circonuenir sans commettre vne trahison, nous n'en sçaurions entrer au moindre doute sans nous rendre coupables d'vn grand crime. Mais il y auroit de l'imprudence à presumer vne si constante fidelité en beaucoup de personnes, veu qu'il y en a bien peu qui entendent les mysteres de ceste religion ; & auec cela, quiconque est deuenu nostre amy par son interest, nous pourroit bien abandonner lors qu'il le verra cesser. Par plusieurs exemples de l'Histoire, j'apprends que la memoire d'vn bien-fait n'est pas si puissante pour induire les hommes à ce que nous voudrions, que le desir de l'obtenir ; c'est pourquoy ainsi que selon le vulgaire, il faut cōnoistre auant que d'aimer, il se faut aussi connoistre aimé plustost que de se fier entierement. De là nous apprenons qu'il y a par fois de la peine à découurir si les projets de ceux qui se disent nos amis visent là où nous desirerions: Mais pour ce qui concerne nos ennemis, chacun se doit tenir certain de leur mal-veillance, & l'vnique moyen de n'en estre iamais trompé est de s'attendre aux plus mauuais offices qu'ils nous peuuent rendre. Ceste grande machine que les Grecs laisserent en don aux Troyens, receloit le fer & le feu dont leur ville fut exterminée; & l'on ne veoid point en la guerre commettre vne lourde faute à ses ennemis, qu'on ne songe si c'est point l'amorce & la couuerture de quelque embusche. Tacite nous rapporte qu'Artabanus Roy des Parthes ayant esté chassé par les siens, Tiridates fut eleué en son throsne, dequoy tous les nobles témoignerent vne grande resiouïssance, & vn mépris de son predecesseur, bien qu'il les eust tousiours affectionnés au preiudice de la populace. Mais à peu de temps de là s'en estans mécontentés à cause de son fauory, quelques-vns des plus qualifiés & des plus puissans d'entr'eux tournerent leur pensée vers leur premier Roy, l'allerent trouuer en Hircanie où il gagnoit sa

C. Tacite liure 6. des Annales.

vie à la chasse, & luy offrirent leur aide pour le recouurement de sa dignité. *Artabanus* (dit Tacite) *qui estoit experimenté au faict de regner, reconnut bien que leur amitié enuers Tiridates auoit esté feinte, mais que leur haine estoit veritable*, tellement qu'il se fia en eux, & auec leurs forces contraignit en peu de iours son ennemy de luy quitter sa couronne. En effet, à moins d'vn grand effort de generosité, vn homme ne sçauroit estouffer de tout poinct sa haine; & ceste grandeur de courage se rencontrant en peu de personnes, la pluf-part n'y renoncent qu'aprés l'iniure & la vengeance. Quoy que c'en soit, si vous desirez suiure le conseil des Sages, *Ne croyez iamais à vostre ennemy*. Reste maintenant l'Honneur, qui est le plus ordinaire motif des honnestes gens, com-

Ecclesiastique ch. 12.

me le plus volontaire, & que nous pouuons dire estre vne raisonnable impetuosité d'vne ame qui est éprise du bié: c'est pourquoy nous ne deuons pas craindre que ceux qui se le proposeront pour objet passent iamais les limites qui leur sont ordonnés par la Iustice. Pour empescher que les Vertus ne meurent dedans eux, ces hommes-là taschent de les mettre au sein de la Renommée, afin qu'elles y viuent à l'eternité: & sçachant bien qu'elle ne se plaist pas d'y rien voir qui ne soit beau, ils s'efforcent de rendre leurs actions illustres, & telles qu'on n'y puisse remarquer aucune tache. Alexandre le plus desordonné conuoiteux de gloire qui fut iamais, prit neantmoins pour iuste pretexte de la conqueste de l'Asie, la vengeance des outrages que les Perses auoient fait aux Grecs tant de fois, & particulierement lors que Xerxes estoit venu rauager leur pays auec toutes les forces de l'Asie; & en ceste expedition l'on ne veid point de Roy fléchir volontairement deuant ses armes, qui ne remportast de ceste soumission vne confirmation de sa puissance. Le gouuerneur d'vne place forte luy en estant venu presenter les clefs, luy fit perdre la volonté de s'en saisir; au contraire, luy en continuant le gouuernement, cét homme, dit-il, le merite, pour auoir mieux aimé se fier à vn homme de bien, qu'aux murailles d'vne place forte. Pyrrhus le plus digne successeur de cét Alexandre, & son plus parfait imitateur, n'entreprit aussi la guerre contre les Romains que pour faire essay de ses armes contre les leur, comme si c'eust esté vne chose raisonnable que le moins vertueux eust cedé à celuy qui auoit plus de vertu. C'est pourquoy en leur renuoyant gratuitement leurs prisonniers, il leur parloit de ceste sorte :

L'or ne sera iamais le but de ma conqueste,
Ie hay les sales gains ; que celuy qui s'appreste
Au combat contre moy, se munisse de fer,
C'est la Vertu qui doit de nos droits ordonner.
Et puisque la Fortune eut soin dans la bataille
D'en sauuer quelques-vns, que chacun d'eux s'en aille,
I'aime leur liberté, comme elle leur Vertu ;
Pyrrhus a seulement pour l'honneur combatu.

Voila

VI. PROMENADE. 497
Voila donc les plus ordinaires motifs des actions des hommes, qu'il me suffit de vous auoir fait remarquer comme en passant; & ie n'estime pas hors de raison de vous dire vn mot de leurs discours, mais succinctement, puisque ie me souuiens de vous en auoir entretenu desia cy-deuant. C'a esté pour manifester leurs pensées que la Nature leur a donné l'vsage de la parole; si est-ce que chacun sçait bien que les grands Princes s'en seruent beaucoup plus frequemment pour les cacher à tout le monde. La necessité de regner les oblige mesmes par fois à la dissimulation; & pource qu'il leur est en de certaines occasions dangereux de se découurir, ils sont contraints de prendre ce masque dont quelques Princes Payens ont fait tant de cas,

Ii

qu'ils l'eussent mis volontiers au nombre de leurs ornemés Royaux. Mais y ayant beaucoup d'hommes de toutes conditions qui leur vsurpent ce droit-là, il faut estre soigneux de considerer, Si le discours est mieux ordonné, & plus elegant que ne porte l'esprit de celuy qui parle; car on doit croire alors qu'il n'est que l'organe d'vn conseil estranger, & que sans doute on luy a donné du fard pour embellir son mensonge. Ce sont-là les signes que i'auois entrepris de vous monstrer, pour se mettre en queste des desseins des hommes, afin de présentir en quelque sorte leurs intentions; & si vous y ioignez les circonstances que ie vous touchay en parlant de la deliberation, mais sur toute chose si vous prenez bien garde à l'ordre qu'ils tiennent, &

à la suite de leurs actions; i'oserois bien dire que ce sont des esprits grandement rusés, si vous ne découurez quels sont les mouuemens, & le but de leur volonté.

Mais, Timandre, finissons ce prelude, & touchons le sujet que nous nous sommes proposés pour entretien; voyons vn peu plus distinctement les vsages de la Prudence, & vous reconnoistrez ie m'en asseure qu'il n'y a point de condition parmy les hommes, dont elle ne doiue ordonner des fonctions.

La Religion qui est toute diuine, n'a pas refusé pour cela de s'associer ceste humaine Vertu : au contraire, Sainct Paul trouuoit à redire en ceux dont le zele pour Dieu, estoit destitué de Prudence. Iesus-Christ aussi ne s'est pas contenté de la recommáder aux siens;

il la mesmes pratiquée en plusieurs rencontres. Lors qu'on demanda sa sentence contre la femme surprise en adultere, il la iugea sans la condamner, la sauua sans l'absoudre, mit en confusion ceux qui l'accusoient en leur representant leurs propres fautes, & fist paroistre la clemence d'vn Pere auecques l'equité d'vn Iuge. *Il donna aussi des exemples de Prudence,* dit vn grand personnage, *reprenant les Saduceens, qui pour se mocquer de la Resurrection, feignirent l'exemple des sept freres mariés à vne seule femme, & lors qu'il confondit les disciples des Phariseens auec les Herodiens qui luy proposerent vne question ambiguë; à sçauoir s'il falloit donner ou non le tribut à Cesar. Ils en eurent vne responce ambidextre, & qui pouuoit amuser leur folie de deux costés, commandant non pas de donner, mais de ren-*

S. Basile le Grand, en ses Constitutions exercitat. chap. 4.

dre. Car il leur dit, rendez à Cesar ce qui est à luy. Or la piece de monnoye estoit de Cesar, puis qu'elle en portoit l'image & l'inscription.

En cela Iesus-Christ a esté suiuy de ses Disciples, & principalement de S. Paul qui a tasché de s'y conformer en toutes choses; cét Apostre s'accommodoit aux temps, & aux personnes, auec vne si grande facilité, que sans estre en aucune façon contraire à soy-mesme, il se rendoit maistre des sentimens de tous ceux qu'il approchoit, pour differentes que fussent leurs humeurs. A ceux qui presumoient de leurs bonnes œuures, il releue le merite de la foy : à ceux qui se contentoient de croire, il enseigne la necessité de bien faire ; Euangelisant les Atheniens, peuple subtil & sçauant, il citoit les vers de Callimaque Poëte Payen, & en parlant de Iesus-Christ, l'appelloit homme; là où quand il estoit en conference, ou qu'il escriuoit à ceux qui auoient receu l'Euangile, il ne les entretenoit que de hauts mysteres. Bref il donnoit le laict aux vns, la viande solide aux autres, les remonstrances à ceux-là, les reprehensions à ceux-cy, gardant tousiours ceste discretion que la Prudence recommande.

Aprés ceste Prudence de Religion, ie puis bien mettre en auant la Prudence literaire : C'est vne adresse d'esprit qui sçait approprier à l'vsage du temps & des occasions ses lectures, & qui ne se tient point si fermement attachée aux sens des Autheurs, qu'elle ne considere si leurs opinions ont esté raisonnables. Encor qu'Aristote aimast Socrate & Platon, & leur défcrast beaucoup, la Verité auoit plus de force dessus luy que l'authorité de ces deux excellens personnages: Et Seneque qui n'improuuoit point vn mauuais autheur quand il tenoit vn bon discours, n'eust pas approuué vne mauuaise sentence dans les escrits d'vn habile homme. Ceux qui sont dépourueuz de ceste Prudence sont appellés d'ordinaire Pedans, qui n'est pas vn nom qu'on doiue donner aux Professeurs literaires, dont la condition a tousiours esté honorable. Car le Pedantisme est vne humeur formaliste & scrupuleuse, qui ne se depart iamais de ce qui est escrit, soit bien, soit mal; & il y a des Courtisans qui en sont infectés aussi bien que de certains Theologiens, Iurisconsultes, Medecins, & d'autres qui enseignent les sciences. Il est bien mal-aisé d'establir des preceptes de ceste Prudence : pource qu'auec ce que le iugement naturel les connoist mieux qu'on ne les luy sçauroit enseigner, chaque science a sa Prudence particuliere. Mais quant à ce qui regarde l'estude d'vn Honneste homme, il luy suffit, afin de ne point choper en la lecture des bons Autheurs, de se representer qu'il y a quatre sortes de Biens, & d'en sçauoir faire la difference, sans laquelle il ne iugeroit pas sainement de ce qui est escrit, & de ce qu'il en faut pratiquer. Le premier est le bien de la Religion, le second le bien naturel, le troisiéme le bien moral, & le quatriéme le bien politique : quelques-vns l'appellent public, & neantmoins pour estre tel, il faut que le bien de la Religion y soit meslé. Vous le remarquerez particulierement en la mort de Iesus-Christ, que les Iuifs condamnerent pour deux considerations. La premiere pour la Religion, à cause que Iesus-Christ attiroit tout le monde à sa doctrine, qui estoit côtraire à leur croyance; & la seconde, *à cause qu'il s'estoit fait Roy*, qui estoit vne consideration politique. Or il arriue souuent que ces biens-là se choquent, & que ce qui est loüable pris d'vne sorte, est blasmable consideré d'vn autre biais: Ainsi le bien moral trauaille à la perte de tous les mal-faiteurs, & le bien naturel requiert la conseruation de tous les hommes en general. I'ay veu des personnes blasmer Aristote, de ce qu'il dit qu'il ne faut pas nour-

Au 7. des Politiques. chap. 13.

rir des enfans qui naiſſent auec defaut de quelque membre ; & qu'on doit faire vuider les femmes enceintes, deuant que leur fruit aye vie & ſentiment, lors qu'elles auront engendré aſſez d'enfans. Il eſt vray que ce ſont des crimes puniſſables dedans le Chriſtianiſme : & neantmoins Ariſtote, qui n'auoit pas la lumiere de la foy, ayant buté à eſtablir vne Republique d'hommes bien formés, pour eſtre d'autant plus vtiles au ſeruice de l'Eſtat ; & à empeſcher qu'ils ſe multipliaſſent de ſorte que le pays ne pûſt fournir à leur nourriture, doit eſtre excuſé par la conſideration du bien politique, de ce qu'il vouloit qu'on fiſt contre le bien naturel, & le moral. Car les biens ſont comme des cercles qui ſe contiennent l'vn l'autre, dont le Naturel est le plus petit, & le Public celuy qui les comprend tous: & tels ont fait des actions, qu'à cause de leur éminence on a dit estre ceste extremité de la Vertu qui tient au vice, pour n'auoir pas pris garde que l'action estoit passée du cercle du bien moral, dedans celuy du public. Plutarque n'est pas en doute que le iugement donné par Brutus contre ses enfans n'ait esté iuste, puis qu'ils auoient coniuré la subuersion de la Republique, & la mort de leur propre pere, auec vne sanglante ceremonie. Mais il a de la peine à trouuer si ç'a esté, ou vne impassibilité de vertu, ou vne insensibilité causée par l'excés d'vne violente passion, qui le fist demeurer ferme & sans siller l'œil quand on les foüeta iusqu'à les faire tomber demy morts, & qu'on leur

En la vie de Publicola.

trencha la teste, veu que ce spectacle émeut à compassion, & fit fremir d'horreur tous les autres assistans. Toutes les fois qu'on rencontre de ces grands exemples dans les Histoires, il me semble que premier que d'en iustifier les actions, il faut examiner auec soin la vie de ceux qui les ont faites : car leurs vices ou leurs vertus ordinaires sont des reproches, ou des décharges, qui les doiuent faire condamner ou absoudre en de telles occasions. I'ay appris d'vn Religieux Espagnol que le fils de Philippe second Roy d'Espagne, aprés sa mort arrestée, fit par son Confesseur supplier le Roy de luy accorder la grace de le voir auant que de mourir, sous protestation de ne luy faire aucune requeste importune. Cela donc luy estant permis, il se prosterna aux pieds de son pere, & le supplia seulement de considerer, que c'estoit son sang propre qu'il alloit respandre. Philippe sans témoigner aucune émotion, luy respondit, *Que quand il auoit de mauuais sang, il donnoit son bras au Chirurgien pour le luy tirer.* Icy, Timandre, ie vous accorderay facilement que les peres ne doiuent iamais comme Aristippe, mettre leurs enfans, quoy qu'inutiles, au rang du flegme & des autres excremens qu'ils iettent hors d'eux; & ie sçay bien encor quelle consequence emporte ce qu'on dit, Que la grace ne destruit point la Nature. Mais il me semble que c'est estre par trop hardy, de blasmer ces sortes d'actions qui de premier abord semblent repugner à nostre sens, puisque la Clemence a ses excés

Diogene Laertien en sa vie

vicieux, aussi bien que la Iustice, & que le crime des enfans rend quelquefois équitable la seuerité des peres. Tellement que pour ne iuger point populairement & en Pedant de cét exemple de Philippe II. qui estoit certes vn des grands hommes de nos siecles, il faudroit peser toutes les autres actions de sa vie, & sçauoir les motifs de celle-cy, pour la declarer ou cruelle, s'il y auoit esté induit par quelque crainte; ou rigoureuse, si ç'a esté pour punition d'vn crime particulier; ou iuste, si c'estoit pour empescher vne desolation publique.

Ie trouue bien plus de peine à decider d'vn faict d'Estat, où vous voyez, ie ne diray pas la necessité auec la honte, puis qu'on n'en doit point auoir en ce cas, mais là où l'equité & l'vtilité sont en balance;

VI. PROMENADE.

Et ie vous remettray en memoire que deux illuſtres perſonnages d'Athenes, ſe monſtrerent d'opinions contraires deſſus vn faict de ceſte importance. Quelque temps aprés les victoires obtenuës par les Grecs deſſus les Perſes, Themiſtocle qui ſongeoit continuellement à l'accroiſſement de ſes Atheniens, & à leur faire obtenir l'Empire ſur les autres peuples de la Grece, fiſt ſçauoir en vne aſſemblée publique qu'il deſiroit faire ouuerture d'vn deſſein dont il s'eſtoit aduiſé, qui leur tourneroit à vne vtilité tres-grande: mais dautant qu'il importoit de le tenir ſecret, il demanda que l'on commit quelqu'vn à qui il pûſt le communiquer. Ariſtide luy fut nommé par le peuple pour receuoir cét aduis qu'il propoſoit, & Themiſtocle luy ayant declaré

Plutarque en la vie d'Ariſtide.

que c'estoit de brusler l'arsenal où tous les peuples Grecs auoient retiré leurs vaisseaux, afin que les Atheniens demeurasset seuls puissans en la Grece; Aristide adressant aussi tost sa parole au peuple, dit que veritablement l'aduis estoit le plus profitable qu'on pûst donner à la Republique, mais aussi que c'estoit le plus iniuste & le plus pernicieux qu'on eust pû executer. Le peuple s'en tenant au iugement d'Aristide, ne voulut pas qu'on y songeast dauantage : mais si vn Corneille Tacite eust esté consulté là dessus, il eust bien pû entrer dans le sentiment de Themistocle appuyé de ceste sentence, *Que tout grand exemple a quelque chose d'iniuste, laquelle iniustice est recompensée par l'vtilité que le public en reçoit*, & il n'eust point connu d'autre bien public que

VI. PROMENADE. 513
que celuy de la Republique d'A-
thenes.

Voicy vne petite digreſſion où
ie me ſuis laiſſé aller inſenſible-
ment, Timandre, & qui toutesfois
n'eſt pas d'vne remarque inutile
ſur le faict de la Prudence literaire : mais quand pourrois-ie auoir
acheué, ſi ie voulois parler de toutes les ſortes de Prudéce? Car comme ie vous ay dit, il n'y a point de
fonction, ny de condition parmy
les hommes qui n'ait la ſienne particuliere. Iuſques à ces Iardiniers
que vous voyez, ils ont la prudence de leur art, ſuiuant laquelle ils
ne plantent pas indifferemment
en tous lieux toutes ſortes d'arbres, & qui leur fait ſecher cét endroit de terre, arroſer ſouuent celui-cy, engraiſſer celuy-là, éclaircir cét arbriſſeau trop touffu, oſter

Kk

des racines à vn autre, & aduiser en fin à ce qui conuient selon la saison, & à la plante, & au terroir où elle est plantée. Ie ne m'engageray donc pas dans vn si grand champ, ou plustost dedans vn si spatieux labyrinthe ; & ie pense que vous aurez sujet de vous contenter si ie vous marque celles qui sont comme les chefs, dessous lesquels toutes les autres se reduisent.

Representez-vous donc, Timandre, que comme il y a quatre especes de vie actiue, il y a tout de mesme quatre sortes de Prudence: Celle qui regle les actions d'vne vie particuliere tant en soy, qu'eu égard à la societé des autres hommes, se dit Prudence morale; celle d'vn pere de famille, pour la conduite de sa maison, est nommée Oeconomique: on appelle Ciuile, celle qui prescrit les regles de l'administration des Estats en temps de paix; & Prudence militaire, celle qui fait la mesme chose durant la guerre. Pour ce qui regarde la Prudence d'vn homme priué, elle consiste aussi bien que celle des autres vies, au choix des choses, pour embrasser les vnes, & se détourner des autres : à cet effet la Nature nous donne des lumieres pour quelques-vnes; la conscience pour d'autres; & la science & l'experience ont aussi leurs aduis à part. Les Philosophes moraux deuroient à mon iugement, s'estre vn peu plus estendus qu'ils n'ont fait dessus ceste matiere, qui est d'vne tresgrande vtilité pour la conduite de la vie : & ie voudrois que nostre Promenade peust souffrir les distinctions qui y seroient necessaires, auſſi bien que feroit vne leçon de Philoſophie. Si eſt-ce que l'importance du ſujet me fera paſſer par deſſus la bien-ſeance: mais ie ne vous en toucheray que de certains poincts, pour laiſſer à voſtre eſprit dequoy s'exercer aprés des remarques plus particulieres. D'ailleurs, pourquoy vous dirois-ie qu'en vne vie priuée on doit preferer ce qui eſt de l'honneſteté & du deuoir, à ce qui eſt de l'vtilité; & que pour s'exempter de commettre vn vice, on ne doit point refuſer ce qui eſt difficile à faire? Car c'eſt vne connoiſſance que la Nature a empreinte dans l'eſprit des hommes les plus imbeciles; & il ne reſte plus qu'à ſçauoir en quoy conſiſte l'honneſteté, le deuoir, & le vice; qui eſt le but principal de nos entretiens. Et c'eſt pour cela que ie veux seulement vous declarer à ceste heure certains ordres de preeminences, lesquels pour estre bien cónus par les honnestes gens, sont cause que là où il est question de faire quelque choix, leur esprit ne donne point de suffrages qui ne soient tres-legitimes.

Il faut donc auec ce que ie vous ay dit des diuerses especes de Bien, que vous vous souueniez de ces regles icy, Que les respects humains doiuent ceder aux diuins: les particuliers aux publics: que ce qui est honorable doit marcher deuant l'interest: qu'il ne faut point tant craindre le dommage que la honte, la bien-seance estant necessaire par tout, laquelle toutesfois il ne faut pas entendre à la maniere des femmes qui ne la connoissent que par l'exterieur, & la font arbitraire, & dépendante de leur caprice. Outre cela il faut estre aduerty, Que d'entre les biens, celuy qui est considerable par soy-mesme, est plus desirable que celuy qui ne l'est que pour l'amour d'vn autre bien; & que le plus durable, le plus honorable, le plus prochain du but où l'on tend, & qui est en fin d'vne plus grande estenduë, est preferable à celuy qui n'auroit pas toutes ces qualités en vn degré si éminent. Il est aisé par la regle des contraires d'inferer la mesme chose des maux ; de sorte que quiconque veut élire ou fuir quelque chose, ne sçauroit manquer en son choix ou en son rebut, s'il se gouuerne suiuant ces preceptes. Pericles dit à vn de ses amis qu'il ne le pouuoit seruir par-delà les autels ; & l'vn de nos saincts personnages

Plutarque en sa vie.

S. Ierosme à Heliodore.

Chrestiens conseilloit les enfans de marcher par dessus leurs peres, s'ils les vouloient empescher d'aller à Dieu : leur raison estoit, comme ie vous ay dit, que les respects diuins nous doiuét estre plus chers que les considerations humaines. Chacun tient aussi qu'vn frere est preferable à vn amy, quoy que plus vertueux, en la subuention de leurs necessités, mais qu'en la promotion aux dignités l'amy doit estre preferé. Car comme en la premiere occasion vous deuez satisfaire à la Nature, vous estes obligé en la seconde de donner à la Vertu ce qui luy appartiét, à sçauoir l'Honneur. Tout de mesme en vn peril manifeste, on laisse perdre celuy qu'on ne connoist point, afin de sauuer celuy qui nous est connu; & l'on y conseruera pluftost la vie à vn homme de bien, qu'à plusieurs qui ne le sont pas, quoy qu'on le peust faire, à cause que cét homme vertueux est vn bien plus general que tous ces autres. Il n'y a personne qui ne s'aime mieux que toutes choses, puis qu'il ne les aime que pour son propre contentement; & c'est pour cela qu'il ne se faut pas estonner si pour conseruer sa vie on ne se soucie nullement de faire vne perte de tous ses biens. Le Philosophe Aristippe s'estant embarqué dans vn nauire qu'il connut estre de pirates, prit son argent, & l'ayant compté deuant eux le ietta dans la mer, puis se mit à pleurer pour mieux feindre qu'il luy estoit eschappé des mains. Il pourueut par ce moyen à sa seureté, en ostant aux pirates l'enuie de le tuer, & dit quand il fut hors du danger, *Il va-*

Diogene Laertien en sa vie.

VI. PROMENADE.

loit mieux que ces choses perissent pour Aristippus, que luy pour elles. Il y a bien plus, Timandre, ceux qui se sont meslés de donner des aduertissemens pour se conseruer, tiennent qu'il ne se faut pas simplement asseurer sur la foy de son ennemy, ny mesmes sur la garantie qu'en donneroient les amis, veu la mauuaise condition des temps & des hommes; & que nous deuons soigner d'auoir tousiours auec nous-mesmes les moyens de nostre seureté, ne les laisser point dépendre d'autruy, & nous accommoder de sorte que nos ennemis ne nous puissent nuire. Mais il y a bien encor plus (disent-ils:) Car quand vn homme est reduit à la necessité d'estre tourmenté par quelqu'vn, si luy-mesme ne tourmente, il doit prendre le party le plus aduanta-

F. Guicciard. en ses Aduertissemés dorés, Aduert. 8.

Le mesme en l'Aduertiss. 117.

geux, à cause que la defense pour n'estre pas offensé, est aussi iuste que celle qui suiuroit l'offense. Ce doit estre neantmoins à condition de ne preuenir point son ennemy, par l'induction d'vne fausse crainte, ou par vn mauuais desir: car il est necessaire que les apprests d'vne violence prochaine soient reconnus pour iustifier celle qui la preuient. Or cét aduis me semble bien delicat pour le fier à toutes sortes de consciences; non que ie veüille blasmer aucun soin qui tende à la conseruation de la vie. Rendons-là toutesfois, Timandre, plustost que de la conseruer soüillée de quelque mauuaise action: l'election n'a point de lieu pour le faict des vices, & elle n'est admissible que quand l'on se trouue entre deux dangers. Il se faut alors expo-

VI. PROMENADE.

ser à celuy qu'on peut encourir plus honnestement, & duquel la suite est la moins perilleuse. Prenez garde, disoit-on au Roy Alphonse d'Arragon, que vostre douceur ne vous tourne à mépris, & du mépris au dommage: Mais il vaut mieux prendre garde (répondit-il) que la seuerité ne me charge de haine, dont la suite est beaucoup plus dommageable. Vn sage Roy sçait bien adresser sa route entre ces deux dangereux écueils: mais afin de ne perdre pas la nostre, Souuenons-nous pour faire vne prudente election, là où nous voyōs qu'il faut choquer vn bien, de balancer long-temps pour voir de quel costé il y a plus de iustice, d'honneur, d'vtilité, de plaisir, & de bien-seance. Selon Philon Iuif, on ne doit pas rendre vn depost à

Au traité des Cherubins & de Caïn.

celuy qui en receuroit du détriment: Le Medecin peut auec bienseance tromper le malade afin de le difpofer à prendre des remedes pour fa guerifon; & c'eft prudence de dire vn menfonge aux ennemis pour le falut du Pays, & de leur nier vne verité de confequence. Cependant on ne peut faire ces chofes fans contreuenir à d'autres biens, qui font, De rendre le depoft, & de dire la verité. Mais il n'eft pas à propos de pratiquer ces biens-là, en tout temps, ny enuers toutes perfonnes, & ils feroient nuifibles en ces occafions que remarque Philon Iuif, & en tous rencontres femblables. C'eft pourquoy il faut foigneufement examiner pour ne fe tromper pas au choix; & afin de vous faire conceuoir comment les Prudens fe gouuernent en toutes leurs actions, ie vous veux dire vn des aduis qu'ils donnent à ceux qui se iettent dedans les affaires du monde. Quand vous serez prié, disent-ils, de faire plaisir à quelque personne indifferente, & que ce plaisir reüssit au dommage d'vn autre, il faut peser le merite de tous les deux. Car c'est vne chose asseurée que le souuenir du plaisir ne viura pas si long-temps dedans la memoire de l'vn, que le déplaisir dedans le ressentiment de l'autre. La raison est, que les hommes presumans tousiours beaucoup plus d'eux qu'ils ne valent, celui-cy se croira digne du plaisir receu, & en tiendra l'obligation moindre qu'elle ne sera, pendant que l'autre qui n'aura pas merité l'iniure en conseruera la souuenance. Partant il y aura tousiours plus de perte que de gain pour celuy qui rendra vn bon office à quelqu'vn, qui tournera au preiudice d'vn autre.

Il est impossible, Timandre, qu'en nos autres Promenades nous ne traitions de plusieurs choses qui se rapportent à ceste Prudence morale, puisque nous parlerons des deuoirs de la vie d'vn Honneste homme: vous vous contenterez donc, s'il vous plaist, de ce que ie vous en viens de declarer, & me permettrez de passer à vne des autres especes de ceste Vertu. Celle qui suit en ordre est la Prudence œconomique, Qui cósiste au gain, & à l'accroissement de son reuenu, non point par de sales ou iniustes moyens, mais par vne soigneuse diligence, & vne espargne raisonnable. Il est vray que Xenophon

VI. PROMENADE.

a bien pris la peine d'en escrire, Ciceron de traduire son ouurage, & que d'autres grands hommes ne se sont pas dédaignés de s'exercer là dessus : car ils estoient nais en des pays, où encores maintenant les hommes se chargent de tous les soins d'vne famille. Mais puisque nous sommes François, laissons le mesnage aux femmes, & passons à la Prudence ciuile qui est vn objet plus releué, & plus digne d'vn Honneste homme. Toutesfois que vous en pourrois-ie dire en si peu de temps, & deuers quel endroit de ce sujet d'vne si vaste estenduë adresserois-ie ma consideration ?

Vous ferois-ie icy vne conference des diuerses sortes d'Estats, & entre les deux extremités du Monarchique, & du Populaire, vous rapporterois-ie toutes les especes qui sont meslées de l'vn & de l'autre. Vous monstrerois-ie que le gouuernement Monarchique, quand il est bon & legitime, est le plus excellent de tous, & le pire quand il degenere en tyrannie: & aussi que le populaire est le moins bon entre les bons, & le moins mauuais entre les mauuais, pour vous découurir le bien & le mal des gouuernemens qui participent de ces deux? Vous declarerois-ie encor la cause de leur longue ou courte durée; de leur mutation d'vne forme en vne autre; de leur accroissement, conseruation, declin, & ruine entiere; lesquelles connoissáces sont necessaires pour produire ceste Prudence ciuile, qu'Aristote dit estre la Vertu particulierement requise à ceux qui commandent? Sans qu'il soit besoin

Liure 3. de la Politique, ch. 4.

VI. PROMENADE.

soin que ie le vous die, vous iugerez bien que ce n'est pas le discours d'vne iournée; & en outre ie ne me veux point departir de la premiere intention que i'ay euë de vous instruire des moyés de butiner vous-mesmes dans l'Histoire (qui est le thresor inépuisable de la Prudence) les riches conseils qui rendent les Estats bien fortunés.

C'est vn estude que vous n'oseriez rejetter, estant conuenable aux gens de condition, puis qu'il est necessaire à tous les Monarques. Car le Prince qui ignore les preceptes de la Prudence politique, peut facilement abuser de cette authorité que Dieu luy a donnée sur son peuple; là où celuy qui l'exerce dignement en merite le titre de petit Dieu sur la terre. I'ose donc esperer que mon dessein ne vous fera point des-agreable; & pource que tous les Historiens ensemble n'égalent point Tite-Liue, ny Cor. Tacite, ie vous diray la difference que ie trouue entre ces deux excellens Autheurs. Tite-Liue me semble auoir entrepris plus iudicieusement que Tacite; il s'est proposé tout vn grand Estat pour sujet, & où en diuers temps on a remarqué presque toutes les especes de gouuernement, selon que les factions du peuple & des nobles estoient foibles ou puissantes. Il a eu à décrire ces vertueuses & illustres actions qui ont acquis aux Romains l'Empire dessus les autres peuples de la terre; Et Tacite n'a pû trouuer que des vices & des meschancetés aux Princes dont il nous raporte les temps, n'ayant dit que fort peu de choses de Vespasian & de Titus. Qui voudroit donc s'instruire aux intrigues d'vne Cour, entrer dans les interests de ceux qui gouuernent, reconnoistre la dissimulation d'auec la franchise par leurs marques, sçauoir exciter ou appaiser des seditions militaires ou ciuiles; bref, qui seroit curieux de connoistre tous les ressorts des agitations & des broüilleries d'vn Estat, auroit dequoy satisfaire son esprit en la lecture de Cor. Tacite. Mais pource qui est des œuures de T. Liue, vous y verrez vn Estat Monarchique naistre, croistre, mourir, & vne Republique sortir de ses cendres. Ceste Republique y repousse les iniures de ses voisins, passe de la defense à l'attaque & à la conqueste, y est trauaillée de seditions intestines qu'elle appaise sagement, y reprime les attentats de quelques particuliers contr'elle, y maintient les siens par sa Iustice, & ses voisins outragés par sa protection, y aneantit les efforts de ceux à qui son accroissement estoit suspect: En fin cét Autheur est si remply, que Machiauel qui a sceu plus adroitement que nul autre de nos siecles, tirer les consequences de l'Histoire, n'a pû trouuer ailleurs vn fonds qui fust plus fertile en instructions politiques. C'est où ie veux m'arrester aussi bien que luy; non que ie refuse le secours de ceux que ie tiens auoir encore esté bien versés aux matieres de la Prudence ciuile, s'il m'arriue occasion de l'employer en passant.

Considerons donc, Timandre, que tout ce que l'on peut dire des Estats se rapporte à trois chefs, à

VI. PROMENADE.

sçauoir à leur naissance, à leur vie, & à leur mort; Ce sont en effet de grands corps, susceptibles des mesmes alterations ausquelles ceux des hommes sont subjets; & des accidens internes & externes y produisent les mesmes effets que nous ressentons durant le cours de nostre âge. L'Enfance de celuy de Rome déduite amplement par nostre T. Liue, a esté soigneusement considerée par Florus : & celuy-là presumeroit trop de son esprit qui croiroit pouuoir faire vn raisonnement plus iudicieux que le sien, dessus vn sujet de ceste importance. *Les Destins ménagerent auec tant d'industrie les esprits de ses premiers Roys, qu'ils en rendirent les inclinations (à ce qu'il dit) aussi differētes qu'elles estoient à desirer pour le bien & l'auancement de la Republique.* Car s'en pourroit-on

Au 8. chap. du 1. liure de son Histoire.

imaginer vn plus ardent que Romulus? or il falloit vn tel homme pour s'emparer d'vn Royaume. C'est icy que i'appelle T. Liue, & Florus, à garands d'vne opinion que i'ay fort contraire à celle de Cor. Tacite, qui veut persuader que Germanicus auoit des qualités au delà de ce qu'il en eust fallu, pour se rendre aussi grand Conquerant qu'Alexandre. Ce n'est pas que ses actions ne soient toutes accompagnées d'vne gloire non commune; mais Tacite mesme ne luy donne pas la viuacité naturelle au poinct que l'auoit Alexandre, ny ce degré de chaleur qui rend l'homme hazardeux; & il nous le represente par trop retenu pour l'entreprise d'vn si grand voyage. Ie pense que pour l'honneur de son pays, au defaut d'vn Romain veritablement compara-

Au liure 2. des Annales.

ble à Alexandre, il a voulu s'en feindre vn : & à mon iugement le ieune Cyrus, tel que nous le péint Xenophon, y eust esté plus propre. Car il luy attribuë des qualités si éloignées des ordinaires, que ie ne doute point qu'il ne se fust soumis tout l'Orient auant Alexandre, si l'impetuosité de son ieune courage ne l'eust precipité à la mort. Rome auoit donc besoin pour son establissement d'vn esprit actif & chaud, tel que T. Liue nous descrit celuy de son premier fondateur : Et pource qu'à force d'exercer les siens dans les armes, & de les accoustumer au carnage, il les auoit rendus sanguinaires, *Il estoit necessaire,* comme dit Florus, *que Numa, Prince grandement religieux, vint aprés, pour adoucir le naturel farouche de ce peuple, en luy im-*

primant la crainte des Dieux.

Veritablement les effets en furent merueilleux; il planta les respects diuins si profondement dedans les cœurs de ses peuples, que ce n'estoient plus ny les loix, ny la crainte des peines qui gouuernoient la cité, mais le serment, & la foy donnée. Et ceste saincteté de vie fit conceuoir à ses voisins vne telle opinion de luy, qu'ils le redouterent plus tout desarmé qu'il estoit, qu'ils n'auoient craint Romulus auec ses armes ; iusques à croire que la moindre pensée d'entreprendre quelque chose contre luy eust esté vn sacrilege. Or Tullus Hostilius son successeur, ne fut pas son imitateur en sa forme de viure: Non qu'il entrast en mépris de la Religion, non plus que les Romains depuis luy, qui l'ont euë

Tite-Liue liure 1.

au contraire en vne recommandation singuliere: Mais il iugea que ceste profession de vie viendroit à roüiller des courages qu'il estoit à propos d'acerer pour se faire le chemin aux conquestes. Ie pourrois bien vous dire en ce lieu iusqu'où doiuent aller les soins d'vn Prince touchant la Religion, qui est la premiere pierre du fondement d'vn Estat; & ie vous rapporterois bien aussi que Moyse ayant à combattre les Amalecites, ne se contenta pas d'aller faire son oraison à Dieu dessus la montagne, veu qu'outre cela il donna l'ordre de la bataille à Iosué. Mais ie n'estime pas à propos de mesler les choses sainctes auec les prophanes, & ie reuiens à *Tullus autheur de la discipline militaire.* O que cét homme estoit necessaire, dit Florus, *à vn peuple*

Exode 17.

guerrier, afin de donner vne trempe de vertu à sa vaillance, & l'aiguiser par la raison ! En effet il n'aneantit pas seulement par ce moyen-là les efforts de quelques villes circonuoisines qui s'estoient liguées contre Rome, & ne l'asseura pas seulement par ses victoires contre les autres: mais il accreut encores son territoire, & auec des occasions qu'il voulut faire croire auoir legitimé ses entreprises. Car en parlant aux Ambassadeurs de ses ennemis, il appella les Dieux à tesmoins de la iustice de ses armes; & par ce qu'il leur dit alors, on peut inferer qu'vne guerre est iuste quand on la fait pour vne vengeance publique; & que tous actes d'hostilité sans ceste condition, ne sont que des brigandages.

Que dirons-nous de l'humeur d'An-

VI. PROMENADE.

eus portée à bastir? Seruit-elle pas pour accroistre la ville, & y loger vne colonie nouuelle, ce dit Florus, pour l'accommoder d'vn pont, & pour la fortifier d'vne puissante muraille? C'estoit bien employer la paix, Timandre, que de songer à la guerre ; les predecesseurs de ce Roy auoient fait comme luy de leurs ennemis domptés, leurs amis & citoyens ; mais comme luy ils ne leur donnerent pas le moyen de se defendre contre d'autres. Ce qu'il fit de ioindre la forteresse du Ianicule à la ville par la construction d'vn pont, & de reuestir tous les remparts, me fait souuenir de Themistocle, qui donnoit conseil aux Atheniens de faire les murailles de leur ville si bonnes, que leurs plus foibles habitans les peussent garder estans assaillis, & que les meilleurs fortissent en

Thucydide liure 1.

campagne en plus grand nombre contre leurs ennemis, ou pour faire des courses dans leurs Prouinces. Nous tomberons tantost plus à-propos sur le faict des forteresses, à sçauoir, s'il est plus expedient d'en auoir, que de tenir son peuple aguerry, comme vouloient les Lacedemoniens. Il me suffit pour cette heure de vous dire que la principale place d'vn petit Estat, au iugement d'Ancus, & de Themistocle, doit estre fortifiée; que par là Rome se garantit contre Coriolanus; que le Capitole la conserua contre les Gaulois; & de vous faire souuenir que vous auez appris que rien autre chose que le difficile abord de Venise ne sauua ceste Republique là, aprés la perte de son Estat de terre-ferme, conquis par les Princes vnis en la ligue de Cam-

VI. PROMENADE. 541
bray. Or l'vne des meilleures preuues de la preuoyance d'Ancus, ce fut de s'estendre deuers la mer, & de se seruir de la cómodité du port d'Ostie; il donna par ce moyen la clef des viures à Rome, & empescha ce grand peuple qu'il auoit assemblé, de tomber en necessité de quelque chose. Iusques là toutesfois il n'y auoit rien d'éclatant parmy eux: & à peine pouuoit-on discerner le Roy, les Magistrats, & les differents ordres, les vns d'auecques les autres. Cependant les Princes ne sont reputés majestueux qu'au prix de leurs pompes & de leurs magnificences, à cause que les peuples deferent tout à l'exterieur, & qu'ils ne mesurent leurs respects que par ce qui leur donne dans la veuë. *Tarquinius Priscus seruit donc grandement à la gloire du premier*

peuple du monde, par l'vsage des ornemens & des enseignes d'honneur, ce qui fit remarquer les dignités, & leur apporta de la reuerence. Si est-ce que cela ne démesla pas encor suffisamment les membres confus de cét Estat, & il falloit vn Seruius Tullius pour faire le dénombrement du peuple, & de ce qu'il possedoit, afin que la Republique vinst à se connoistre elle-mesme. Ie ne tiens pas que les predecesseurs de ce Roy ayent rien fait de plus vtile que ce qu'il ordonna de tenir registre de ce dénombrement, & de le renouueller de temps en temps. On y voyoit les âges d'vn chacun, leurs facultés, leurs conditions, leurs professions, & employs; & par ce moyen nul aduantage ou defaut de l'Estat ne pouuoit estre caché à celuy qui le gouuernoit. Ce qui l'y conuia premierement

VI. PROMENADE. 543

fut le defir de diftribuer les charges de la guerre, felon les commodités que chacun auoit d'entretenir des cheuaux, d'auoir des armes, & de fe faire fuiure par d'autres; en effet c'eftoit garder vne armée dedans la ville, & l'auoir toufiours prefte à combattre, dans la tranquilité de la paix. Peu à peu l'on vint à découurir d'autres vtilités de cét eftabliffement: l'on fceut combien de viures leur eftoient neceffaires par an; combien de gens on pouuoit enuoyer en des peuplades fans affoiblir leur ville; & à quoy il falloit taxer vn chacun dans les neceffités publiques fans le furcharger. L'office de Cenfeur ayant efté erigé, pour faire de cinq en cinq ans vn dénombrement nouueau, ce Magiftrat connut par aprés des defordres de la ville: fi bien qu'il vint à veiller sur les mœurs du peuple, de crainte que la deprauation s'y glissast, & particulierement à prendre garde qu'il n'y eust ny faineats, ny vagabonds, ny ceste racaille qui ne vit que du pain des autres qu'elle dérobe le plus souuét; contraignant vn chacun de s'employer à quelque vacation profitable & à soy & à la Republique. Florus donc a eu raison de dire, que la Destinée assortit les humeurs des Roys de Rome selon que le requeroit l'aduancement de leur Estat: *& iusqu'à l'importune domination du superbe Tarquin elle luy fut vtile, comme il dit, en ce que le peuple picqué au vif de tant d'outrages, fut épris d'vn violent desir de s'acquerir la liberté.*

Voicy, Timandre, où prist fin l'enfance de Rome; & le desir de se
tenir

VI. PROMENADE. 545
tenir libre luy estant venu auec l'âge, on peut dire que si la Destinée l'auoit faite iusques là ce qu'elle estoit, que de là en auant elle se fist sa Destinée. Il en faudra par-auanture excepter la creation des Tribuns, puisque ce furent les dissentions ordinaires des nobles & de la populace qui les rendirent necessaires, pour reprimer la violence des grands, & donner quelque authorité à ceux entre les mains de qui la liberté estoit en plus d'asseurance. De sorte que les aduantures, & non pas la preuoyance, luy causerent ce bien-là. Mais quoy qu'il en soit; Il est certain que de la Fortune des autres, nous en pouuons composer nostre Prudence. Et ce qui est arriué par cas fortuit à l'Estat de Rome, se pourroit maintenant faire par dessein en vn Estat
M m

qui naistroit de mesme.

A mesure que ceste Republique croissoit en durée, elle pensoit aussi à s'acroistre en estenduë de pays; & pource qu'en vain elle eust songé au dehors, si elle n'eust esté asseurée du dedans, elle tourna ses pensées à sa conseruation, aussi bien qu'à l'accroissement de sa puissance. Or elle reconnut bien que ny l'authorité des Magistrats, ny l'éminence de leurs Vertus, n'estoiét pas des freins assez forts pour retenir vn grand peuple en son deuoir, ny pour remedier à leurs desordres: si bien qu'ayant deputé trois hommes notables pour s'aller instruire en Grece, des loix & des coustumes de ce pays-là, on leur associa au retour sept autres citoyens d'âge & d'experience, & tous ensemble ayans choisi les plus raisonnables

Tite-Liue liure 3.

de ces loix, ils ordonnerent que de là en auant elles feroient obseruées dans l'estenduë de la Republique. Ç'estoit le plus fort lien dont l'on eust pû estreindre tous les esprits des Romains; c'estoit le meilleur esprit qu'on eust sceu inspirer à ce grand corps d'hommes, pour le faire agir auec regle; & la plus iuste regle qu'il estoit possible de leur prescrire, afin d'adresser au bien public toutes les intétions des particuliers. Elles n'asseurerent pas moins les pauures contre les outrages des riches, que ceux-cy contre les attentats de ceux-là ; & de mesme que la Musique par ses consonances parfaites, compose vne agreable harmonie des voix aiguës, graues, & mitoyennes, aussi firent les loix, des puissans, des necessiteux, & de ceux qui iouïssoient d'vn bien mediocre. Les Poëtes ont voulu dire le mesme de Thebes long-temps auparauant, lors qu'ils ont feint qu'Amphion bastit ceste ville au son de la Lyre; mais n'ayant pas dessein d'estaler en si peu de temps les peintures de la Poësie, ny de faire valoir les lieux communs & les autres ornemens de la Rhetorique, afin de rendre l'establissement des loix recommandable, ie vous diray seulemét que si la direction des Estats eust esté commise aux Magistrats plustost qu'à elles, tous les siecles presque auroient ignoré ce que c'est de la felicité politique. Car, comme dit Aristote, *il n'y a point de Magistrat, pour homme de bien qu'il soit, que le desir d'auoir, & la cholere ne troublent par fois. Mais cela ne peut arriuer aux loix, à cause que comme vn*

Au liure 3. de la Politique, chap. 16.

Esprit separé de toute matiere, elles ne sont point sujettes à aucune passion. *Et partant*, auoit-il dit immediatement deuant, *quiconque veut que cét Esprit aye toute l'authorité, il semble qu'il la veüille mettre en la disposition de Dieu & des loix, & celuy qui veut confier ceste authorité toute entiere à vn homme, la desire liurer à vn homme & à vne beste tout ensemble.* Non qu'on puisse inferer pour cela qu'vn Roy soit sujet à celles de son Royaume: Il est leur souuerain aussi bien que de son peuple, & toutesfois il s'y conforme de la mesme sorte que Dieu qui est indépendant de toutes choses, fait toutes choses auec regle. Ce sont mesmement les Princes qui donnent de la vigueur aux loix, en les maintenant par le moyen de leur authorité, & en les appuyant des forces qu'ils ont en

Mm iij

main : & lors qu'elles n'ont pas preueu à quelque defaut (ce qui se void souuent, à cause que les affaires sont indeterminées & infinies,) il ne leur est pas moins loisible d'en creer de nouuelles qu'à ceux qui ont ordonné les autres. Mais pour ce qui est de changer ou d'abolir les anciennes, leur puissance absoluë s'en doit bien estre conseillée auparauant auec leur Prudence. Qui les rend plus seueres qu'elles n'estoient, s'acquiert de la haine; qui les adoucit, ouure le chemin à la licence ; & autant que l'on en supprime, autant de pierres oste-t'on des fondemens de l'Estat. Et de mesme que ny pour pestes, ny pour guerres, ny pour quelque desolation qui se voye en ceste partie elementaire de l'Vniuers, où la Nature a renfermé la generation & la corruption, les Cieux ne s'arreſtent point, ny les aſtres ne ſe détraquent pas de leur courſe accouſtumée, ie croirois auſſi que les loix ordinaires ne deuroient point eſtre alterées pour quelque conſideration que ce fuſt. *Retenez fermement les loix* (diſoit Auguſte au Senat) *& n'y apportez point de changement, car les choſes qui demeurent touſiours en meſme eſtat, bien que d'ailleurs elles ne ſoient pas ſans defaut, ſont neantmoins plus vtiles que celles que l'on innoue, fuſt-ce meſme pour le mieux.*

Or ie veux toucher les moyens que les Romains garderent pour accroiſtre leur Eſtat : ce ſera toutesfois aprés vous auoir découuert vne remarque de l'Hiſtoire, qui témoigne bien le ſoin qu'ils auoient de leur mutuelle conſeruation. Il y auoit parmy eux pluſieurs recom-

Dion liure 55.

penses ordonnées pour les belles actions militaires: mais quiconque eust sauué vn Roy estranger combattant pour leur party, d'vn danger éuident de mort, n'eust pas esté si glorieusement reconnu que s'il eust sauué le moindre citoyen de Rome. Vous me direz peut-estre qu'on ne leur ordõnoit pour ceste action qu'vne couronne de feüilles de chesne; escoutez vn peu ce que dit le premier Pline là dessus, aprés auoir rapporté les immunités & les priuileges ausquels on faisoit participer le liberateur du citoyen. *O coustumes, s'écrie-t'il, dignes de l'immortalité, qui ne donnoient que de l'honneur pour recompense à de si grandes actions! Elles rendirent les autres couronnes recommandables par l'or dont elles estoient faites, mais elles ne voulurent point assigner de prix au salut*

Liure 16. chap. 4.

VI. PROMENADE. 553

d'vn citoyen. C'estoit pour faire connoistre qu'il y eust eu du crime à ne songer de le recourre que sous l'esperance d'en tirer quelque profit.

Venons donc maintenant aux causes de l'accroissement de la Republique Romaine, & loüons ce peuple de sa grande Prudence à donner le droict de Bourgeoisie à quelques-vns de ses voisins, & à fonder des Colonies en diuers endroits de la terre. Par le premier moyen ils attirerent plusieurs Prouinces à Rome, & par le second ils enuoyerent Rome & l'estendirent en plusieurs Prouinces, si bien que l'on a tenu registre de plus de cent soixante de leurs Colonies. Les Grecs qui se monstrerent plus scrupuleux à octroyer le droict de Bourgeoisie, n'en firent pas mieux: & pour le faict de leurs peuplades, elles ne leur furent pas si vtiles que les Romaines furent à leur Republique. Car la Grece estant diuisée en plusieurs petits Estats qui auoient leurs loix particulieres, & ne dépendoient point d'vn seul chef; chaque peuplade reconnoissoit la ville de son origine, & ne portoit gueres d'affection aux autres. D'ailleurs, ils ne sembloient songer en faisant cela qu'à la décharge de leurs villes; où les Romains visoient encor à maintenir les peuples vaincus en leur obeïssance, & à leur faire peu à peu receuoir leurs loix, & la forme de leur gouuernement, puisque les Decurions de la Colonie representoient le Senat, & que la populace faisoit vn corps comme celuy du peuple Romain. Mesmement par la coustume d'élire deux hommes du

VI. PROMENADE. 555

nombre des Decurions tous les deux ans, ou quatre, ſi la Colonie eſtoit grande, ils monſtroient quelque forme du Conſulat, ce qu'ils faiſoient auſſi des autres Magiſtratures qui eſtoient en la ville de Rome.

Vous direz ſans doute que ie deuois reſeruer ce diſcours des Colonies aprés celuy du ſoin que les Romains eurent de la guerre, pour eſtendre & leur Empire, & la gloire de leur nom : & il eſt veritable qu'ils n'enuoyoient gueres de peuplades que pour habiter les villes qu'ils auoient priſes, ou pour en baſtir au milieu des pays conquis par eux, afin de les conſeruer plus aiſément. Mais ie ne pouuois ſeparer ce ſujet des Colonies, d'auec celuy du droict de Bourgeoiſie, qu'ils ont donné quelquesfois à des peuples contre lesquels ils n'auoient eu rien à démesler, soit, ou que ceux-cy épris de la reputation des Romains, eussent recherché leur amitié; ou que les Romains les connoissans d'humeur belliqueuse, se les eussent voulu rendre obligés par la communicatió de beaucoup d'auantages qu'ils prenoient dessus tous les autres peuples, sous esperance d'en estre assistés en leurs conquestes. Car celuy-là se trompe qui croid que toutes les guerres des Romains ont esté iustes. Il est vray qu'elles monstroient d'ordinaire la face de l'Equité; mais elles tendoient secretement à l'vtile. Et lors qu'ils entroient dans la societé de quelques-vns, ils auoient medité vn sujet d'en ruiner d'autres, & par-auanture ceux-là mesmés. Le pretexte de deliurer les villes Grec-

VI. PROMENADE.

ques de la seruitude des Roys Philippe & Antiochus, & de garantir noſtre Gaule des rauages des Suiſſes & des Allemands, eſtoient grandemét ſpecieux pour les Romains, puis qu'il paroiſſoit à tout le monde qu'ils embraſſoient la protection de ceux qui s'eſtoient faits leurs amis & alliés, mais en fin ils donnerent à connoiſtre qu'ils eſtoient accourus à l'vſurpation ſous le titre de defenſe. Ie ſçay qu'en de certains rencontres ils ont fait la guerre à leurs confederés, ſans qu'on leur ait deu imputer aucun reproche d'iniuſtice; & de cela nous en auons vn exemple tres-notable dedans noſtre T. Liue. Les Capoüans aſſaillis par les Samnites, ſe ſentans trop foibles pour leur reſiſter, enuoyerent des Ambaſſadeurs vers le Peuple Ro-

Tite-Liue liure 34. Iules Ceſar en ſes Commentaires.

main, & ayans eu audience au Senat, ils implorerent leur secours contre l'iniuste oppressiõ des Samnites. Desia les Romains auoient bien iugé que la seigneurie de Capouë empietée par les Samnites, seroit vn chemin gaigné pour venir puis aprés iusqu'à eux ; toutesfois, nonobstant qu'ils preuissent que ce mal les menaçoit, ils firent en ce combat de l'vtilité auec l'equité ceder leur interest à ce qui leur estoit honorable. Le Consul aprés auoir recueilly les voix, leur respondit, *Que veritablement le Senat les trouuoit dignes d'estre secourus : Mais qu'on ne pouuoit faire amitié auec eux qu'entant qu'vne plus ancienne amitié & alliance n'en seroit point violée. Que les Samnites estans leurs confederés, ils les deuoient excuser s'ils leur refusoient de l'assistance contr'eux, veu que ce seroit*

Tite-Liue liure 7.

VI. PROMENADE.

employer les armes contre les Dieux plustost que contre les hommes. Neantmoins qu'ils ne leur dénieroient pas ce qui se pouuoit accorder auec raison, qui estoit, d'enuoyer des Ambassadeurs à leurs associés, pour les supplier de se contenir & de n'vser plus de violence. Ce discours entendu par le chef de l'ambassade, Puisque vous ne voulez pas defendre (leur dit-il) par vos iustes armes ce qui est nostre, & dont l'on nous veut dépoüiller iniustement, conseruez au moins ce qui vous appartient, & selon le commandement secret qu'il en auoit eu au cas qu'on luy déniast le secours, il fit offre aux Romains de la ville, & de tout l'Estat des Capoüans, pour estre de là en auant sous leur subjettion. Ceste donation leur acquist vn droict de faire la guerre aux Samnites, & de se les assujettir par aprés: mais toutes leurs autres conquestes n'ont pas esté entreprises auec des raisons si plausibles, ny si équitables. Ces dominateurs de tout le monde, disoit Carneades, se verroient reduits à la possession de leurs premieres cabanes, s'ils auoient rendu à vn chacun ce qu'ils leur ont osté auec iniustice. Il y en a pourtant qui les excusent, disans que la Iustice doit auoir pour but la societé commune, & la tranquilité publique. Or si les Romains se trouuent auoir violé la Iustice morale, c'estoit, disent-ils, par la consideration de la Iustice politique, qui leur faisoit souhaiter de voir tous les peuples (dont les plus forts tyrannisoient les plus foibles) rangés sous vne mesme forme de viure, qui ayant pû concilier leurs affections, eust estably à la fin vne concorde vniuerselle.

*Lactance liure 5. de ses Institutions, chapit. 17.

VI. PROMENADE. 561
uerselle. Si bien que pour en venir là, ils leur osterent les moyens d'exercer leurs haines les vns contre les autres: puis les faisant dépendre ainsi que plusieurs membres d'vne seule teste; par la douceur de leur gouuernement ils leur firent oublier leur premiere liberté, & trouuer leur seruitude supportable. Et leurs affections puis aprés conspirerent peu à peu d'elles mesmes à l'accroissement & au bien de ce grand corps d'Estat que les Romains vouloient former. Au reste, comme a dit quelqu'vn des anciens, s'il estoit question d'accomplir toutes les especes de Iustice, Iupiter mesme en ce cas là n'eust pas esté Prince: de sorte qu'il suffist de pratiquer celle dont les effets reüssissent à l'aduantage du plus grand nombre, & ne sont domma-

Nn

geables qu'à vne petite partie. Alexandre, par le moyen de la guerre, porta la ciuilité parmy les Barbares; les Romains donnerent de bonnes mœurs à ceux qui en auoient de mauuaises; & ainsi plusieurs peuples se trouuerent vtilement vaincus, les maux des armes ayans esté plus que compensés par les biens qui suiuirent la victoire.

Mais ie reuiens aux Colonies, qui estoient beaucoup meilleures que les forteresses que l'on fait maintenant pour garder les pays conquis : car c'estoient de fideles garnisons, dont l'entretenement ne coustoit rien à la Republique. Et quoy que ce soit vne maxime, que les peuples domptés haïssent tousiours ceux qui sont maistres de leur liberté, il est certain pourtant que la presence continuelle d'vn petit nombre de gens de guerre leur eust esté plus fascheuse que celle d'vn grand nombre d'hommes, qui par l'administration de la Iustice, le trafic des marchandises, l'occupation aux manefactures, & l'exercice & pratique de toutes sortes d'arts, auoient plustost l'apparence de nouueaux voisins, que d'ennemis. Auec le temps toutesfois, ce moyen-là ne se trouua pas suffisant pour maintenir les membres de l'Empire Romain dans leur vnion : Et quand Rome eust esté assez feconde pour enuoyer de ses enfans par toutes les Prouinces qu'elle conqueroit, elle ne les eust pû conseruer par la force de ses Colonies. Les forteresses ne luy eussent pas esté beaucoup plus aduantageuses ; ce sont de bonnes pieces de defense à qui se veut tenir dedans quelques bornes, mais quiconque songe à former vn grand Empire, se doit munir d'instrumens qui soient aussi propres à la conqueste qu'à la conseruation. Ce fut donc ce qui donna lieu à l'entretenement des Legions sur les frontieres de l'Empire, & des deux armées dedans l'Italie, Dont celle qui se tenoit vers le Promontoire de Misene, estoit tousiours preste à faire voile en Sicile, Sardaigne, Corseque, Afrique, Espagne, France, contre les remuëmens de ces Prouinces Occidentales ; & celle de Rauenne menaçoit l'Illyrie, l'Epire, la Macedoine, le reste de la Grece, les Prouinces du Pont, les Isles de Candie & de l'Archipelague, & generalement tous les pays Leuantins. Or tels remedes estoient prompts, puissans, & aussi propres à attaquer, preuenir, & diuertir, qu'à se defendre : & encores qu'il soit croyable que ces troupes demeurassent en des lieux forts, neantmoins pource qu'on les remuoit souuent de leurs garnisons, on ne peut pas dire que les Romains se maintinsſét par le moyen de leurs forteresses. Il est vray que ces Legions se sont quelquesfois mutinées : mais cela procedoit des defauts du gouuernement d'alors; & les seules gardes Pretoriennes ont causé plus de desordres dans Rome, que n'ont fait par tout ailleurs plus de deux cens mille hommes épandus par Legions sur les frontieres. I'aduouë que c'est icy vne proposition inutile pour vn Estat mediocre, & c'est pourquoy dira-t'on il le faut conseruer par le moyen des forteresses : mais il est

N n iij

bien necessaire d'y apporter de la circonspection. Car ceux qui y commandent aspirent peu à peu à l'independance; tellement que des Estats populaires en sont deuenus Aristocratiques, les Aristocratiques s'en sont changés en Monarchiques, & par vn ordre renuersé, il y en a eu qui démembrans les Royaumes legitimement establis, en ont fait autant de petites tyrannies qu'il y auoit de places fortes. La principale intention de ceux qui fortifierent les villes, fut de faire des aziles aux choses sainctes & à la pudicité de leurs femmes, & c'estoit pourquoy ils en consacrerent les citadelles à Pallas. A dire le vray, cela fit cesser beaucoup d'actes d'hostilité; pource que chacun trouuant de la difficulté à rauir ce qui appartenoit à son voisin,

Catulle aux nopces de Pelée & de Tethys.

se contenta de son territoire. Mais l'Ambition s'estant auec le temps aigrie contre les choses difficiles, fit comme i'ay dit de plusieurs villes des Prouinces, & de plusieurs Prouinces de grands Estats, de sorte qu'il a fallu se resoudre à l'vn de ces deux poincts, ou d'en tenir le peuple aguerry, ou d'y faire vn bon nombre de forteresses. Ie ne vous diray point quelles nations ont preferé l'vn de ces moyens à l'autre, mais seulement qu'il me semble que comme vn pere n'est iamais fasché de voir ses enfans robustes & adroits, que tout de mesme vn bon Prince (pourueu qu'il ne soit pas nouuellement estably en son Estat) ne doit point craindre de rendre son peuple propre à la guerre & enclin aux armes, & qu'au contraire il luy en deuroit faire pratiquer les exercices. Ma raison est, Que la meilleure forteresse des Roys est au cœur & au courage de leurs peuples; que les bourgeois des cités ne se portent point si aisément aux reuoltes, & qu'on les en empesche bien plus aisément que les gouuerneurs des citadelles; & qu'il n'y a point de Prince qui ne redoute plus la vaillance des subjets de son voisin, que les murailles de ses villes. A cause que nostre Charles VIII. passant par l'Estat des Florentins pour aller à Naples, s'y voulut faire donner des places qu'il y veid fortifiées, afin d'asseurer son retour, & que depuis luy l'Empereur Charles V. fit le mesme pour d'autres occasions, on y appella les forteresses les entraues de la Toscane. Et il est vray que si ces Princes y eussent trouué le pays ouuert, ils ne s'y fussent pas arrestés. Si estce que pour obuier à d'autres inconueniens, il est necessaire d'auoir quelque nombre de forteresses bien munies, & gardées auec soin, aux endroits des frontieres dont l'accés seroit aisé aux ennemis, & où ils se pourroient fortifier en peu de temps. Car, & les subjets conceuront bien que c'est pour leur seureté contre les estrangers; & ils ne s'apperceuront pas que le Monarque s'en pourra seruir vtilement contreux mesmes, si d'auanture quelque occasion l'y contraignoit. Telles places fortes tiennét les ennemis occupés quelque temps, & cependant, ou l'on se fortifie au derriere, ou l'on leur vient au rencontre. Ainsi, Charles le Quint fut arresté deuant Mets;

Henry II. estant encores Dauphin, autour de Perpignan; Vienne empescha les progrés de Solyman dans la Chrestienté par terre, comme Corfou & Malte par mer; & ie me contenteray de ces exemples, afin de toucher le soin que les Romains eurent de la guerre, me voyant insensiblement tombé dessus ce sujet.

Ne m'en éloignez point, ie vous supplie, en me faisant confesser que la felicité politique dépend de la pratique des Vertus en vn Estat, & non pas de l'immensité de son estenduë. Ne me dites point que ce gouuernement-là est parfait, qui prescrit vne mesure à toutes les actions pour les rendre iustes, & non pas celuy qui ne songe qu'à demesurément acquerir, veu que cela est difficile sans perdre l'honnesteté, & offencer la Iustice. Ne me representez point que plusieurs ont trouué ce defaut en l'Estat de Rome, Que tout y estoit mieux ordonné pour la guerre que pour la paix. Ie confesse tout cela Timandre, mais souuenez-vous aussi qu'vn Estat qui incline les siens à la paix plustost qu'à la guerre, aura de la peine à se conseruer, & ne s'accroistra non plus qu'a fait celuy des Venitiens, depuis qu'ils ont renoncé aux occupations militaires, pour mettre toutes leurs affaires en negociations. Et partant, les Romains ayans aspiré dés le commencement à la conqueste de l'Italie, & puis aprés à l'Empire de toute la terre, il n'y a pas dequoy s'estonner s'ils ont choisi la meilleure voye pour gaigner pays, qui est celle des armes, & s'ils ont tant haï le repos. Doncques, aux premiers temps de la Republique, ils alloient tous à la guerre sans receuoir aucune solde, pource qu'on leur distribuoit vne partie des terres conquises : mais l'Estat s'estant accreu, on ordonna des payes aux soldats, & vne discipline tres-exacte. Il n'y auoit point de citoyen au dessus de seize ans, ny au dessous de cinquante, qui pûst estre dispensé d'y aller quand on l'enroloit, si d'auanture il n'auoit accomply son temps qui estoit de dix soldes annuelles s'il estoit gendarme, & de vingt s'il estoit pieton : de sorte que tel, quinze iours aprés auoir plaidé au Senat, ou fait d'autres actions puremét ciuiles, estoit veu l'espée au poing à l'assaut, & sur la bréche de quelque ville ennemie. Ainsi de chaque citoyen ils

VI. PROMENADE. 573

en faisoient vn bon soldat; & à cause aussi qu'ils changeoient de Consuls tous les ans, il n'estoit pas possible qu'ils n'eussent vn grand nombre de Capitaines. Que s'ils craignoient quelque desordre, ou pour la mauuaise intelligence & secrette ialousie des Consuls, ou pour ne les iuger pas capables de se démesler d'vne guerre importante à l'Estat, ils le preuenoient par l'election d'vn Dictateur reconnu tres-sage & tres-experimenté, auquel le Senat remettoit la puissance absoluë des affaires pour quelque temps, ou bien, tant que dureroit la guerre presente. Vous iugez bien que cela leur donnoit la commodité de faire la guerre en mesme temps en plusieurs endroits: & en effet si Alexandre fust venu contr'eux, il n'eust pas eu l'occasion de se resiouïr comme il fit en voyant la grande armée de Darius; pource, disoit-il, qu'il auoit toutes les forces à combattre à vne seule fois. Car il eust bien fallu plus d'vne victoire pour ruiner les Romains: & aprés les pertes de Trasimene & de Cannes ils ne laisserent pas de faire teste à Hannibal & à Asdrubal en Italie, & en mesme temps d'entretenir d'autres armées en diuers lieux, & de passer en Afrique, d'où ils causerent la diuersion des forces Carthaginoises, qui abandonnerent vn païs demy conquis, pour aller conseruer le leur qu'ils perdirent à la fin. Cela leur acquist la reputation d'auoir vne Vertu de forte trempe, & qu'il estoit impossible de faire succomber: pource que semblant aux estrangers que les mal-heurs releuoient pluftoft les courages aux Romains qu'ils ne les abattoient, ils attribuerent à vne glorieufe perfeuerance, ce qui n'eftoit qu'vn effet de l'ordre & de leur couftume. Ne croyez pas, ie vous fupplie, que ie les veüille priuer de la loüange qui leur eft deuë, d'auoir fceu tres-bien digerer leurs infortunes ; ils ont quelquesfois eftans vaincus fait peur aux victorieux, pource qu'ils ne fçauoient ce que c'eftoit de refufer aucun trauail pour penible qu'il fuft ; & à caufe que l'Efprit de la Republique ne s'eftonna iamais, pour deplorées qu'en femblaffent les affaires. C'eftoit affez qu'vne chofe fuft reconnuë poffible, pour l'entreprendre, s'ils la iugeoient profitable à leur Eftat: & leur deffein de fe rendre puiffans fur la mer en eft vne marque tres-éuidente. Comme ils se virent inferieurs en ce poinct aux Carthaginois, ils s'aduiserent de composer vne armée nauale : mais à cause de leur inexperience aux choses maritimes, tout leur appareil fut plusieurs fois dissipé par les tempestes, & beaucoup d'autres pertes leur arriuerent, outre celles que leur causerent les orages. Si est-ce que leur perseuerance ne ceda point à ces mal-heurs ; au contraire s'opiniastrans de plus en plus aux exercices de la mer, ils s'y rendirent aussi adroits que s'ils fussent nais à Athenes. Ce leur fut alors vn grand chemin ouuert aux conquestes estrangeres ; & si vous desirez sçauoir comment ils conseruerent ceste puissance entr'eux, & contre leurs ennemis, escoutez, ie vous supplie, les moyens que i'en i'en ay remarqué dedans noſtre Hiſtorien. Pour la maintenir parmy eux, ils ordonnerent les peines, les recompenſes, & les exercices continuels ; & pour la conſeruer contre leurs ennemis, ils firent vn threſor public des aides des citoyens, des contributions de leurs alliés, & des dépoüilles que leurs Capitaines rapportoient des nations vaincuës.

Ie vous ay dit qu'aux premiers ſiecles de la Republique, ils alloient à la guerre ſans ſolde, à cauſe que leurs expeditions n'eſtoient pas longues, n'ayans à faire qu'à leurs voiſins : mais eſtant neceſſaire auec le temps de tenir des armées ſur pied, le Senat ſe reſolut de payer des deniers publics ceux qui iroient à la guerre. *Ce fut vne* Tite-Liue *propoſition ſi fort agreable à la populace,* liure 4.

qu'estant accouruë à la cour pour remercier ceux qui sortoient du Conseil, on n'oyoit que des cris de ioye de ceux qui baisans les mains des Senateurs, les appelloient veritablement Peres, & protestoient de n'espargner iamais, ny leur corps, ny leur sang, tant qu'ils auroient de la force, pour vne Patrie qui se monstroit si bien-faisante en leur endroit. En effet, c'est vne chose certaine que les soldats tiennent le butin des villes prises, pour vn present que la bonne fortune fait à leur vaillance, & qui ne doit point passer pour salaire de leurs seruices. Et quoy que plusieurs soient de l'opinion de M. Porcius Caton, que la guerre se nourrit elle-mesme; ceste verité toutesfois n'a point de lieu qu'en vn pays de conqueste, & où il est encores necessaire que le Chef fasse vn amas des thresors des

Tite-Liue liure 24.

ennemis pour en entretenir son armée. De sorte qu'on ne sçauroit nier que la plus grande commodité qu'eussent les Romains, ne fust celle qu'ils tiroient de leur espargne; ce qui m'a tousiours fait croire que Lycurgue ne songeoit qu'à vne ville, & non pas à vn grand Estat, lors qu'il ordonna les loix des Lacedemoniens. A la verité, en leur defendant l'vsage de l'argent, il empescha que plusieurs vices glissassent parmy eux: mais d'ailleurs il fit auorter toutes les esperances qu'ils eussent eu de s'accroistre par le moyen de leur vaillance. Et ce metal y ayant treuué de l'accés à la fin, & y estant bien receu: à faute de bonnes ordonnances sur le faict des richesses, il arriua, ou que les auares les garderent, ou que les débauchés s'en seruirent mal, & que le public n'en receut aucun aduantage. Il ne leur eust pas esté possible, à cause de leur pauureté, de se releuer promptemét aprés quelque perte, & sur tout de celles qu'on fait sur mer, & où il est besoin d'vn grand appareil pour se remettre. Et toutes les fois que le reste des Grecs se liguoit contr'eux, ils estoient contraints pour auoir de l'argent, de recourir à celuy des Perses, & de s'aller honteusement humilier deuant ceux qui ne valoiét pas mieux que leurs esclaues. Mais pour retourner aux Romains, Qui douteroit que parmy de si frequentes occasions de Vertu, non seulement elle ne se soit conseruée, mais en outre qu'elle ne se soit épurée iusques à la perfection? Certainement c'estoit à quoy ils butóient, quand ils establirent ceste excellente discipline militaire, par la pratique de laquelle il arriua que les soldats Romains craignirent plus leurs Capitaines que leurs ennemis; & lors qu'ils ordonnerent des recompenses pour les actions éclatantes. La conscience d'vn Philosophe est son theatre, & il se contente de l'applaudissement que ses propres sentimens luy donnent lors qu'il a fait quelque chose de bien ; mais les gens de guerre appetent vne gloire exterieure, & les Romains firent tres-sagement de les rendre sensibles à ceste petite pointe de vanité. Estre honoré en public des marques de leur vaillance, les faisoit songer continuellement à en produire de nouueaux effets; & leur Vertu deuint si éminente par ce moyen-là, & estonnoit, ou attrayoit si puissamment les nations estrangeres, que ceste seule consideration en poussa plusieurs à leur rendre vne volontaire obeïssance.

Or, Timandre, ie n'ay fait qu'effleurer ces matieres, & ne suis pas resolu de vous rapporter toutes les autres causes de l'accroissement de l'Estat Romain. Ie me lasserois de parler, & vous vous ennuyeriez d'entendre des choses que vous comprendrez à la lecture de nostre Historien. Neantmoins, ie ne desire pas que nous finissions nostre Promenade, sans toucher quelques raisons du declin de cét Empire. Vous pouuez bié iuger de la grandeur de son corps, puisque nostre France n'en estoit qu'vn membre; & vous vous representerez facilement combien sa ville capitale estoit merueilleuse à voir, quand

VI. PROMENADE.

vous confidererez que des fragmens de fes maifons feruent auiourd'huy d'ornemens à nos cabinets, & que des Princes achetent au poids de l'or des reftes de ftatuës qu'on ne regardoit qu'en paffant, lors que cefte ville là eftoit toute de marbre & de metal. Cét Eftat eft pery toutesfois: Il ne f'eftoit fait puiffant qu'afin de deuenir foible: Il n'auoit pris fon accroiffement qu'afin de diminuer: Et quoy qu'il donnaft la loy à la terre, il falloit qu'il obeïft à celle de l'vniuers, par laquelle tout ce qui y prend naiffance eft affujetty à la mort. On auroit tort pourtant d'accufer le Ciel d'vne fi déplorable ruine: puifque felon les Aftrologues mefmes, les Sages fçauent détourner les malignes influences des aftres, la folie des hommes eft la cause de toutes les mauuaises dispositions des Estats, & il ne faut point que nous l'imputions aux estoilles. Platon en attribuë les changemens à la secrete force d'vn certain nombre de reuolutions, & leur donne des ans climateriques aussi biē qu'aux hommes: mais outre qu'Aristote n'a pas creu qu'on deust s'arrester à de telles imaginations; en attendant que l'oracle d'Apollon inuoqué par Marsile Ficin ait éclaircy ce nombre Platonique, ignoré ce dit-il de Theon & de Iamblique, grands maistres en ceste science; Ainsi que nous auons veu les causes des progrés de la Repub. Romaine dans Tite-Liue, que le temps n'a pas laissé venir entier iusqu'à nous, il nous faut chercher celles de sa decadence dans les liures des autres plus cele-

Au liure 5. de sa Politiq. ch. 12.

Sur le 8. liure de la Repub. de Platon.

bres Historiens. C'est des causes humaines dont i'entens parler, & non point des diuines, dont les effets ne sçauroient estre détournés, ny par la force des hommes, ny par leur Prudence. Il est en la puissance de Dieu de briser les Sceptres & les Couronnes, de diuiser les volontés des peuples, de faire de la poussiere de leurs forteresses, des deserts de leurs villes, & de bouleuerser toutes choses en vn moment lors qu'il luy plaist: mais il permet aux causes secondes d'agir, (ainsi que ie vous l'ay desia dit) & il laisse la Fortune des peuples à la disposition de ceux qui en sont les gouuerneurs.

Representez-vous donc Timandre, (puisque des causes contraires on doit tousiours attendre de contraires effets) qu'il est indubitable que si au gouuernement d'vn Estat on s'éloigne des maximes qui en ont causé l'establissement, & le progrés, on en aduance le declin & la totale ruine. De sorte que quand l'on verra que la superstition ou l'impieté se seront emparées des esprits, que des vices on en aura fait des mœurs, que ce qui sera deshonneste agréera le plus, que l'impunité suiura les malefices, que la corruption sera parmy les Magistrats, l'insolence parmy les gens de guerre, le luxe parmy le peuple, que l'ambition vsurpera les recompenses de la Vertu, & que la faueur obtiendra les honneurs deuz au merite, Qu'on s'asseure que l'Estat sera à la veille de sa ruine, & que sans vne assistance miraculeuse du Ciel, il ne la sçauroit éuiter. Mais par-aduanture est-ce parlé trop generalement pour noſtre ſujet, veu meſmes que ie n'ay touché que les cauſes internes de la decadence des Eſtats, & non pas les externes qui ont auſſi leurs efforts particuliers, bien qu'à dire le vray, ils ne ſoient pas ſi redoutables que les autres. Auec cela il y a des defauts de police, & qui ne concernent en aucune façon les mœurs. Or ce ſont ceux-là principalement qu'il nous faut examiner, & qu'il eſt neceſſaire de ſçauoir pour ſe perfectionner en la Prudence ciuile.

Ie vous ay dit que les changemens des Republiques arriuoient par des cauſes externes, (c'eſt à dire par le moyen de quelque force eſtrangere) ou bien par des deſordres interieurs : mais vous ſçauez bien que Rome eſtoit ſi puiſſante qu'elle faisoit trembler tout le reste de l'vniuers, de sorte qu'il faut qu'elle mesme ait esté l'instrument de sa decadence. *J'estime* (disoit le conseiller de Cesar à cét Empereur) *puisque tout ce qui a eu commencement doit prendre fin, qu'enuiron le temps que le Destin a limité à la durée de Rome, on verra ses citoyens se faire vne cruelle guerre; & qu'ainsi ayans perdu leurs forces auec leur sang, ils deuiendront la proye de quelque Roy, ou de quelque nation estrangere. Autrement, l'effort de toute la terre auec tous ses peuples assemblés n'auroit pas la puissance d'ébranler vn tel Estat.* Or ceste verité ne reçoit point de contradiction, si l'on considere Rome du temps de Cesar: mais lors que Carthage entroit auec elle en competence pour l'Empire de l'vniuers, les Romains auoient sujet de re-

Dans les œuures de Salluste.

douter d'autres maux que les internes. Et c'estoit pour cela que Caton le Censeur fist instance au Senat à ce qu'on la démolist : le souuenir de tant de nombreuses armées terrestres & nauales qu'elle auoit enuoyées en Sicile, en Espagne, & en Italie, conduites par de tres-prudens Capitaines, le tenant tousiours en apprehension de quelques futurs changemens, si l'on n'en retranchoit tout à fait la cause en razant ceste ville, & en dispersant son peuple en diuers endroits de l'Afrique, luy defendant toute sorte de communauté. Scipion Nasica au contraire estimoit qu'il la falloit tenir sur pied, de peur que Rome voyant son ennemie morte, se perdist dans les plaisirs qui suiuent le repos, & qu'il en arriuast ce qu'en a dit de-

Plutarque en sa vie.

puis vn Poëte Satyrique,

Iuuenal en la 6. Satyre.

Vne trop longue paix fait nos maux & nos vices,
La guerre a bien moins pû que ne font nos delices,
Qui vengent l'vniuers que nous auons vaincu.

Ie ne voy point toutesfois que Rome deust apprehender en ce temps-là vne trop longue tranquilité, puisque ny la France, ny l'Allemagne, ny la Thrace, ny la Grece, ny aucune des Prouinces Asiatiques n'auoient point encores esté vaincuës, & qu'on pouuoit trouuer d'assez iustes pretextes pour porter la guerre en quelqu'vn de ces pays-là. Et la peur que Scipion auoit que la Paix causast quelque alteration en l'Estat Romain, est vn témoignage de son imperfection, laquelle il connoiſſoit eſtre en ce qu'il n'y auoit point d'ordre pour le conſeruer durant la paix, auſſi bien que dans la guerre. La Republique de Veniſe enfermée entre la puiſſance Auſtrichienne & l'Ottomanne qui l'empeſchent de s'accroiſtre, pratique au contraire tous les bons moyens de contenir ſes ſubjets dedans le repos: mais elle tombe en l'autre extremité, qui eſt de n'aguerrir point ſon peuple, & de ne faire point de Capitaines de ſes nobles, de crainte que la vaillance & l'ambition y excitent quelques partys qui luy ſeroient ſans doute prejudiciables. Ceſte extremité neantmoins eſt autant defectueuſe que l'autre, pource qu'outre qu'vn tel Eſtat eſt hors d'eſperance de s'eſtendre, il n'en a pas beaucoup de ſe conſeruer que par le secours des estrangers. Celuy-là cependant est en de mauuais termes, de qui la force & la vertu ne sont pas capables de luy garantir sa liberté. Car outre qu'il y a plusieurs preuues dans l'Histoire, que les soldats auxiliaires ont esté à plus de charge à ceux qui les auoient appellés, que leurs propres ennemis ; il y a encor cela de particulier au faict dont nous parlons, qu'ils ne se plaisent pas tant au seruice d'vne communauté, qu'à celuy d'vn Prince qui les caresse, & qu'ils esperent deuoir estre d'autant plus reconnoissant en leur endroit, qu'ils l'ont tout seul pour objet de leur affection & de leur seruice. Mais pour reprendre les causes de la decadence de Rome, ie ne sçay si ie dois point accuser Salluste de s'estre mépris, pour auoir

En la guerre de Catilina.

VI. PROMENADE.

auoir trop adheré à l'opinion de Scipion, puis qu'il a rapporté pour la premiere cause, l'oisiueté du peuple Romain aprés la ruine de Carthage. Car depuis la rupture de la paix qui suiuit la premiere guerre Carthaginoise, iusqu'au temps de l'Empereur Auguste, le temple de Ianus qui ne ne se fermoit que durant la paix fut tousiours ouuert; & les guerres que les Romains firent durant ce temps-là n'estoient point de legere importance. Et quant à ce qu'il se plaint du luxe qui ayant esté premierement permis dans l'armée que L. Sylla conduisit en Asie, & qui s'estant par aprés épandu dans la ville, y causa la déprauation des bonnes mœurs de quelques-vns, c'estoit bien vn mal qui pouuoit deuenir public à la longue; & que neantmoins les

Tite-Liue liure 1. de son Histoire.

Pp

Censeurs, & les autres Magistrats eussent assez facilement empesché, si la Republique n'eust point esté trauaillée de plus grands maux. D'ailleurs, la corruption de ceste armée qui s'estoit amolie dans les delices de l'Asie, ne fut pas si contagieuse qu'elle infectast tous les autres soldats Romains; car & leur vertu & leur discipline se firent mieux paroistre que iamais durant la Dictature de Cesar. Et toutesfois Salluste n'est point à blasmer, ayant eu à décrire la coniuration de Catilina, d'auoir fait connoistre que les seules esperances de ce boutefeu de sa patrie estoient fondées sur le grand nombre de vagabonds, de débauchés, & de gens de sac & de corde qui se trouuoient alors dedans Rome, ausquels toute mutation d'Estat estoit bonne, puis qu'ils auoient deuoré leur patrimoine. Car c'estoit à dessein de monstrer que toute Republique où vn pareil desordre se rencontrera est en danger; & que ceux qui sont desireux d'enuahir la souueraine authorité, ne sçauroient mieux prendre leur temps. Mais puisque Rome ne perdit rien par ceste playe, qui luy fut au contraire si fauorable qu'elle se purgea par là du mauuais sang qu'elle auoit, il nous faut rechercher les causes de ses changemens ailleurs que dans son luxe & ses débauches. Et certes, de mesme que Cyrus aprés auoir dompté les Sardiens, pour les empescher de songer aux reuoltes, au lieu de citadelle & de garnison leur laissa le bordeau, le cabaret, & les farces, faisant de leurs delices les instrumens de leur seruitude, il est pareillement à presumer que les peuples qui se plongeront dans les voluptés, ne mediteront point de remuëmés, & que s'il arriue du changement à leur Estat, ce sera par des forces estrangeres.

Or pour ne tarder pas dauantage à vous declarer quel chemin on tint à Rome quand on la fit passer de la Republique à la Monarchie, i'ay obserué que les richesses excessiues de quelques-vns y firent naistre des contentions ambitieuses d'honneur; que de ces contentions se formerent des partys; de ces partys des seditions; & que des seditions l'on tomba dedans la guerre ciuile: De deux partys qu'il y auoit, comme l'yn fut ruiné, l'autre se contenta durant la paix du Chef qu'il auoit eu pendant la guerre:

& ainſi vn ſeul homme fut eleué au faiſte des honneurs & de l'authorité qui auoient eſté auparauant partagés à pluſieurs perſonnes. Chacun de ces defauts d'Eſtat meriteroit bien qu'on le conſideraſt exactement; mais puiſque nous ne nous inſtruiſons pas tant à preſent en la Prudence ciuile, comme nous cherchons les moyens de nous y inſtruire, diſons en vn mot en paſſant, & parlons premierement de celuy des richeſſes. Ariſtote n'ayát pû approuuer la communauté des biens que Platon & Phaleas de Chalcedoine vouloient introduire en leurs Republiques, ſe contente d'en defendre aux particuliers l'exceſſiue acquiſition & la poſſeſſion immenſe; il me ſemble toutesfois qu'il en deuoit faire la diſtinction ſelon les Eſtats, veu

Ariſtote en ſes Politiques, liu. 2. chap. 3.

que les richesses de quelques-vns ne sont pas à redouter en des Monarchies, comme en des Aristocraties, ou en des communautés populaires. Souuent des Roys ont eu recours en leurs affaires vrgentes à la bourse de leurs plus riches subjets, qui estoit vne ressource bien plus prompte qu'vne contribution publique : Et mesmes aux Royaumes où les Monarques sont electifs, on ne void point de troubles causés par les riches en l'Election, pource qu'elle s'y fait par des personnes dont la condition est trop éminéte pour estre ébranlée de la tentation d'vn gain deshonneste. Rome, où le peuple par centuries, & par lignées, donnoit ses suffrages, n'estoit pas exempte de ce mal là ; Vn temps fut que le seul merite y obtenoit les charges;

Valere le Grand li. 4. chap. 4.

Qu'on tiroit des hommes de la charruë pour leur donner la conduite des armées, d'où estans reuenus en la ville dessus vn char de triomphe, ils s'en retournoient aux champs; Que des Consuls qui auoient emply le thresor public, se contentoient du reuenu d'vne terre de moindre estenduë que ne furent depuis eux les palais de plusieurs particuliers; Qu'on ne trouuoit pas dans la maison de quelques-vns qui auoient fait de notables seruices à l'Estat, dequoy fournir aux frais de leurs funerailles aprés la mort; Et que celuy-là estoit le plus glorieux qui possedoit le moins, & qui s'estoit le plus retranché de ses biens & de ses plaisirs pour les donner à la Republique. Mais lors que quelques-vns des siens eurent fait vn si grand amas

Pline li. 33. chap. 10.

d'argent, qu'on n'estimoit pas vn homme riche à moins de pouuoir entretenir vne Legion de son reuenu; & qu'aprés des desolations publiques, il se trouua vn citoyen qui auoit encor plus de quatre mille esclaues, trois mille six cens couples de bœufs, plus de deux cens cinquante mille testes de menu bestail, sans ses terres & son argent contant presqu'innombrable; les riches s'échaufferent à la recherche des honneurs; ils corrompirent les loix & les bonnes coustumes par leurs brigues; & les dignités de l'Estat commencerent à estre le fruit des faueurs de la populace qu'on auoit gaignée par largesses. Ce ne fut donc pas le fer estranger qui fit la premiere bréche à la liberté de la Republique, mais l'or des siens qui est bien plus puissant

VI. PROMENADE.

pour rompre vne forte liaison: & comme dit Pline, *Tout le bien de la vie se perdit, depuis que par le moyen des richesses on paruint au Senat, & à toutes les Magistratures, qu'on fit entrer le reuenu en consideration pour élire des Capitaines; qu'on s'amusa à carresser, à flater, & à donner de l'authorité à ceux qui n'auoient point d'enfans, sous esperance de leur succession; & que la meilleure inuention pour deuenir riche fut de se seruir d'vne lasche complaisance.* Par consequent il faut dire que le gouuernement de Rome n'estoit pas bien ordonné, puisque les reuenus des particuliers n'y estoient pas limités. Car c'eust esté vn moyen de garder quelque temperament entre les riches & les pauures, lesquels au contraire on veid à la fin si disproportionnés de condition, que l'excés du bien des

En la Preface du 14. liure de son Histoire.

vns les ayant portés à la conuoitise des honneurs, les pauures qui estoient en grand nombre vindrent à perdre les sentimens de la conseruation de la liberté commune, éblouïs de l'argent de ceux qui marchandoient leurs suffrages.

Vous iugez bien, Timandre, que ce defaut en doit auoir produit vn autre, à sçauoir que là où l'on paruient aux honneurs par brigues, & où ils sont mis à l'enchere, on les y void rarement possedés par des personnes qui les meritent. Et cependant il n'y a point d'homme de courage qui n'ait le mesme ressentiment qu'Achille a dedans Homere, où il se plaint de l'inégale distribution des honneurs, & que pour estre plus vaillant que les autres, on ne le repute pas digne

En l'Iliade, liure 9.

d'vne plus honorable recompenſe. A cauſe que la gloire eſt le ſalaire de la Vertu, il ſe trouue bien peu de vertueux à qui il ne ſemble tres-faſcheux de ſe voir empeſchés de pretendre à ceſte gloire: d'où il eſt aiſé de conclure que tous les braues gens de Rome ſouhaitoient pluſtoſt le changement, que la conſeruation d'vn gouuernement où les richeſſes commandoient à la Vertu. Que ſi ces honneurs conferés de la ſorte apportoient du mal à l'Eſtat; on ne pouuoit pas douter qu'en les continuant à vn meſme homme contre les loix & la couſtume, le public n'en vint à reſſentir vn dommage bien plus grand. Si noſtre entretien pouuoit ſouffrir quelque digreſſion, ie vous ferois voir, ſelon la difference des Eſtats, quelles charges y deuroient estre perpetuelles, à cause de l'experience qui y est requise, & celles qu'il faudroit rendre commissionnaires & muables, afin de donner lieu aux iustes plaintes des subjets, de preuenir les concussions, les violences, les abus, & de retrancher toutes les autres especes d'iniustices. Du moins vous diray-ie que la plus importante faute que firent iamais les Romains, & qui nuisit le plus à leur liberté, fut de donner goust de la puissance absoluë à quelques-vns des leur, par la continuation de leurs charges souueraines. Vous me repartirez qu'ils y furent premierement conuiez pour n'oster pas l'authorité à vn General d'armée sur le poinct où il estoit de terminer vne grande guerre: mais pource qu'il suffist à celuy qui desire quelque chose,

VI. PROMENADE. 605

d'auoir vn exemple afin de fauoriser sa demande, ils deuoient craindre que ce qu'ils faisoient alors par vtilité (estant mauuais de soy, puis qu'il contreuenoit aux loix), vint par aprés à estre employé à mal. Ie n'aurois iamais blasmé la loy de l'Ostracisme d'Athenes, si les citoyens y eussent procedé auec plus de moderation, n'y eussent point commis d'abus en bannissant plustost les gens de bien de la ville que ceux qui y estoient les plus puissans, & si pour détruire les brigues, ils n'en eussent point fait lors qu'il estoit question de l'executer. C'estoit vn Estat populaire, où toute authorité est suspecte, & où pour la diuersité de la populace qui a sa voix libre en l'élection aux dignités, il y eust eu tous les iours des partialités, s'il s'y fust trouué des chefs de party. Ie n'aurois pas au contraire approuué la mesme loy à Rome, à cause que le gouuernement de la Republique estoit mixte. Mais aussi ie n'estime pas qu'il y ait eu de la raison à y prolonger des charges qui n'estoient qu'annuelles, & à les continuer à mesme personne. Car il en arriue deux inconueniens tres-notables, & qui sont la source de plusieurs autres, A sçauoir, Qu'on donne loisir à celuy qui se plaist au commandement de s'y affermir; Et qu'on irrite l'appetit des autres, qui ne s'exciteroit pas si fort pour vne charge qui seroit de peu de durée. L'Ambition cependant qui naist de ceste contention des vns à se voir maintenus dans la possession d'vne grande authorité, & de celle des autres qui y aspirent, s'anime d'autant plus à la pourſuite qu'elle y rencontre de difficultés; & ce furent là les plus generales cauſes du changement de la Republique Romaine, dont ie vous veux faire la preuue par les particuliers exemples.

L'extréme pauureté de pluſieurs du menu peuple de Rome ayant émeu Tiberius Gracchus à propoſer vne loy en leur faueur, par laquelle il vouloit que laiſſant vn certain nombre de iournaux de terre aux riches, le ſurplus fuſt diuiſé aux pauures; Vne telle confuſion ſ'en enſuiuit à diuerſes repriſes parmy les trois ordres, que preſque tous les chefs des diuers partys y perirent l'vn aprés l'autre. Ceſte diſcorde fut d'vne conſequence tres-dangereuſe pour l'aduenir, donnant la hardieſſe au peuple de

Voyez tout ce qui s'enſuit en Plutarque, Appian Alexandrin, C. Velleius Paterculus, &c.

se mutiner selon les occasions: cependant, si la Republique eust esté bien reglée pour les affaires de la paix, & si les reuenus d'vn chacun y eussent esté limités selon les ordres, auec defense au peuple de vendre ses terres iusqu'à vne certaine quantité, ceste sedition qui fut l'origine de plusieurs autres, ne fust iamais arriuée. Les esprits ambitieux de Rome voyant donc l'vnion du peuple rompuë, conceurent de grandes esperances de se rendre chefs de l'vne ou de l'autre des factions; & ceste passion qu'on auoit euë auparauant de conseruer la commune liberté, se conuertit en celle de rendre son party plus puissant que le contraire. On se mit alors plus ouuertement que iamais à briguer les dignités de la Republique: & les Tribuns du peuple

peuple pour estre continués en leurs charges, n'auoient qu'à proposer, ou des impositions sur les terres, afin d'en distribuer l'argent aux pauures; ou l'abolition de leurs debtes; ou à se monstrer en quelque autre façon populaires. Si est-ce que telles seditions ne furent que des estincelles, comparées à la discorde ciuile dont la ialousie & l'ambition de Marius & de Sylla embraserent tout l'Estat. Car Rome veid son peuple viure hostilement dans l'enclos de ses murailles, y combattant comme en vn pays ennemy; & cependant, ny les vns ny les autres ne pouuoient remporter qu'vne victoire funeste, & qui les eust deu émouuoir à compassion. Or quoy que la fuite de Marius donnast moyen à Sylla de se faire Monarque deslors, il se comporta toutesfois en Conſul: & s'eſtant contenté de la mort de quelques-vns, & du banniſſement de quelques autres, aprés auoir fait ſortir ſon armée de la ville pour l'enuoyer à Capouë, il s'en alla en Aſie, contre le Roy Mithridates. Durant ſon abſence, Marius qui auoit attiré à ſon party le Conſul Cinna, luy perſuada de remettre ſus vne loy qu'il auoit propoſée en faueur des Italiens nouueaux habitans de Rome, afin qu'on les diſtribuaſt parmy les lignées: à cauſe qu'ils eſtoient en grand nombre, il eſperoit beaucoup d'aſſiſtance d'eux, ſoit qu'il euſt fallu employer leurs forces, ſoit qu'il euſt beſoin de leurs ſuffrages. Puis s'en reuenant de ſon exil, il rappella les bannis, donna des armes aux eſclaues, & incita tous les peuples par où il

VI. PROMENADE.

paſſa contre la faction de Sylla: & ſ'eſtant ioint à Cinna qui auoit gaigné l'armée de Capouë, ils ſ'en allerent à Rome, où ils firent de ſi horribles maſſacres, & de tant de perſonnages illuſtres, qu'ils ſembloient auoir pris à taſche d'abolir entierement la vertu Romaine. Sylla eſtant retourné par aprés, encherit ſous pretexte de vengeance ſur les iniuſtices & les cruautés de ſes ennemis; & n'y ayant point de vie en ſeureté, dans ceſte ſanglante confuſion de tous les ordres, & proſcription des plus notables, chacun ſongeoit à preuenir ſon compagnon pour ſe deliurer de la crainte qu'il en auoit. Or comme ceſte guerre ciuile ſe fut épanduë par toute l'Italie, Sylla ſe voyant maiſtre des armes ſe fit élire Dictateur perpetuel, afin de gouuerner toutes choses souuerainement : de peur mesme que quelque autre se poussast en auant, il fist receuoir des loix conuenables à son dessein, & qui neantmoins auoient toutes les apparences d'equité. Car il ordonna que nul ne fust éleu pour la deuxiéme fois à vne mesme dignité, que dix ans aprés s'en estre démis : & pour oster l'enuie aux gens d'honneur & de condition releuée de se faire Tribuns du peuple, à cause que le Tribunat conferoit de soy vne tres-grande puissance, il voulut que celuy qui l'auroit tenu vne fois, ne fust plus capable de posseder à l'aduenir aucune autre charge. Il se lassa neantmoins d'estre tout puissant : & contre l'opinion de Denys de Syracuse qu'on ne doit point sortir de la Tyrannie que par la mort, Sylla qui auoit fait

VI. PROMENADE. 613

mourir plus de cent mille hommes en guerre, & dedans la ville vn grand nombre de citoyens, deux mille six cens Cheualiers, dix Senateurs, & quinze Consuls, deposa sa Dictature, & voulut gouster vne autre fois de la vie priuée. Dirons-nous en parlant de la Prudence, qu'à cause que nul n'attenta à sa personne tant qu'il vescut en homme particulier, il le faut attribuer à vne singuliere grace de la Fortune? S'il l'en faut croire, elle eut tousiours des yeux & de la constance pour luy; & ceux de son temps nous témoignent qu'elle fut plus attachée à luy que sa propre vie. Car on ne veid iamais de si pompeuses funerailles que les siennes; il sembla triompher aprés le trespas; & les plus notables du Senat l'ayans porté au bucher, ses cendres furent mises au tombeau dans le champ de Mars, là où les Roys seulement auoient esté enterrés. Veritablement, ie ne nie pas qu'on ne le doiue mettre au rang des plus fortunés, puis qu'ayant esté Tyran, & cruel, il est mort dedans son lict. Neantmoins, ie ne trouue point qu'il fust sans raison, quand il s'asseura qu'aprés s'estre dépoüillé de sa puissance, on n'entreprendroit pas dessus sa vie. Si l'on considere bien l'inscription qu'il fist luy-mesme pour mettre en son tombeau, *Que iamais homme ne le passa, soit à faire bien à ses amis, soit à faire mal à ses ennemis*, on ne doutera point qu'ayant eu les forces & l'authorité en main, il n'ait fait mourir selon la maxime des Tyrans, tous ceux qu'il pensoit luy auoir esté mal affectionnés. Accordons touresfois qu'il n'assoupit pas entierement le party qui luy estoit contraire, & qu'on luy eust pû nuire estant homme particulier: cela deuoit arriuer ou par authorité publique, ou par vne coniuration de quelques-vns, ou peut-estre par l'assassinat d'vn desesperé. Pour ce qui est d'vn coup de desespoir, il ne le deuoit pas tant apprehender dans son éloignement des affaires que dedans sa tyrannie: & en outre on ne sçauroit dire qu'il y ait de condition qui puisse entierement garantir quelqu'vn de ce mal-heur là, puis qu'il s'est trouué des monstres, que la rage a poussés quelquesfois à meurtrir leurs Monarques legitimes au milieu de leur palais, & iusques dedans leurs thrones. Quant aux coniurations, elles ne s'entreprennent que par des personnes qui redoutent la trop grande puissance de quelqu'vn; & tous les hommes sont de ce naturel là, que leur haine cesse deslors qu'ils voyent que celuy qu'ils haïssoient à cause de son authorité, s'humilie & se rend égal à eux. Et pour ce qui concerne l'authorité publique, elle estoit en la disposition de ses plus confidens, qu'il auoit eu soin de choisir tres-gens de bien, pour remplir les charges vacantes de la Republique, lors qu'il veid ses ennemis abattus. Puis de dix mille esclaues en ayant fait dix mille citoyens Romains, que de son nom Cornelius, on appelloit Corneliens, il se fioit qu'ils seroient tousiours prests à le seruir, pour la gratification & l'honneur qu'ils en auoient receu. Et en outre, ayant distribué à vingt-trois

VI. PROMENADE. 617

Legions épanduës par toutes les places d'Italie, les terres & domaines des villes rebelles à son party; on pouuoit dire que s'il n'auoit les forces à la main, elles estoient en celles des personnes qui eussent commis vne ingratitude extréme, s'ils les eussent employées à sa ruine. Il auoit donc à mon iugement quelque raison de ne rien craindre, lors qu'il luy prit enuie de se démettre du gouuernement absolu de la Republique, pour iouïr de la tranquilité, & de ce doux repos d'esprit qui n'approche iamais des vies publiques. Mais pour reprendre nostre train, le peuple Romain s'estoit trop accoustumé aux reuoltes pour nourrir long-temps la paix ciuile que leur donna Sylla, quand il eut appaisé ceste ardante soif qu'il auoit du sang de ses ennemis. L'on veid aussi la Discorde se réueiller au retour de ses funerailles, où les deux Consuls se picquerent de paroles ; & comme s'ils luy eussent esté obligés d'vn anniuersaire sanglant, aprés leur Consulat finy, ils vindrent donner bataille dans le champ de Mars, & dessus sa sepulture. Sertorius d'ailleurs, qui auoit encores des restes de la faction de Marius, la maintint en Espagne pendant quelque temps ; & par vne si ordinaire alienation d'esprits, toutes choses s'estans peruerties, Catilina trouua des gens dedans Rome, & du rang mesme des Senateurs, qui consentirent à vne coniuration plus abominable que toutes les precedentes fureurs. Car il auoit resolu d'adiouster à l'impieté de ceux qui auoient deuant luy épandu le sang des citoyens, celle de l'embrasement de la cité. Ce fut à quoy Ciceron remedia tres-prudemment: Et Caton ayant consideré la grandeur du peril eschappé, estima raisonnable de donner à Ciceron, & tout le peuple à son exemple, le titre de Pere de la patrie, dont personne à ce qu'on dit n'auoit point encores esté honoré. Mais il n'estoit pas en la puissance des hommes de retrancher tout à fait les causes des partialités. L'Ambition estoit trop auant dans les cœurs des grands, & l'Auarice en ceux du peuple, pour oser attendre quelque bon changement en la Republique. Toutes les armées deuindrent fertiles d'vne moisson d'argent pour les ames corruptibles: & l'on tint compte de huict cens talens deposés pour vne seule promotion aux Offices. Pompée, tout amy qu'il se disoit du bien public, n'empeschoit point le cours d'vn si estrange desordre : il fut bien aise de voir qu'à cause de l'égale puissance des differentes brigues, la ville demeurast huict mois sans aucuns Officiers. Car il esperoit qu'à la fin on seroit contraint d'élire vn Dictateur pour appaiser toutes ces contentions ciuiles, & que son authorité dans le Senat, & sa courtoisie enuers le peuple, feroient que chacun ietteroit les yeux dessus luy, lors qu'il en faudroit venir à ces termes. Caton à qui parmy tant de frenetiques, l'amour de sa patrie auoit conserué le iugement sain & net, connut bien l'intention de Pompée; tellement qu'il donna vn aduis de le faire seulement Consul sans aucun collegue. Non qu'il n'eſtimaſt qu'on luy deuoit conſigner toute l'authorité de la Dictature: mais il ne fut point d'opinion qu'on l'exemptaſt de la ſujettion des loix, de peur qu'affriandé par la licence de tout faire, eſtant entré en Pompée, il ne pratiquaſt quelque choſe de Sylla. En ce Conſulat, Pompée ſe rendit ennemy de Ceſar, qui faiſoit la guerre aux Gaules: Il le comprit au nombre de ceux qui auoient dérobé l'argent du public, contre leſquels il auoit prononcé vne loy, mais en effet la ialouſie ſecrette qu'il portoit à la gloire de Ceſar l'y auoit conuié. Ceſar toutesfois ne manquoit pas d'amis dedans Rome; outre qu'il y auoit touſiours veſcu populairement, pendant ſon abſence les frequentes nouuelles des nations qu'il ſoumettoit à la Republique, le faisoient aimer de tout le monde.

Mais, Timandre, vous auez assez de connoissance des autres motifs de la guerre ciuile, qui se fit par ces deux Capitaines, pour m'oster le desir de vous en entretenir dauantage. Ie me contenteray de vous dire que si Pompée eust vaincu Cesar, il est croyable qu'aussi bien que luy, il se fust rendu Monarque absolu de Rome. En effet, ces deux ambitieux disputoient à qui regneroit tout seul, & les citoyens Romains par tous leurs efforts ne faisoient rien que debattre auquel ils asseruiroient leur liberté. De sorte qu'on ne peut pas dire que la Vertu de Cesar ait seule esté criminelle en s'assujettissant sa patrie, puisque sa patrie mesme se chargea du ioug qu'il luy auoit appresté, & aida si bien à ses parricides victoires. Mais en recompense, quand il s'en fut rendu le Tyran, il s'y comporta en Roy debonnaire : il retrancha toutes les testes feroces qui faisoient que l'Estat ressembloit vn Hydre, pour luy donner celle d'vn homme raisonnable ; & reputant le Peuple Romain estre le corps de ceste teste, il en espargna le sang auec plus de soin qu'vn pere ne fait celuy de ses enfans.

Voila donc Rome changée, mais non pas diminuée de puissance : car elle s'accreut bien dauantage sous les Empereurs, & iamais elle ne fut si puissante que durant le regne de Trajan. Que si ie ne vous tenois assés curieux, pour vouloir remarquer de vous-mesmes dedans les anciennes Histoires les causes de sa ruine, & de la mort de son Estat, ie vous promettrois de les rapporter toutes en nostre prochaine Promenade: Mais il vaudra mieux, Timandre, que nous l'employons à la recherche de la Prudence militaire.

VII. PROMENADE.

De la Prudence militaire.

IE ne sçay, Timandre, si Philostrate alloit point plus loin que la peinture de ses tableaux; mais en celuy de la naissance de Minerue il y a dequoy former vne pensée qui n'est pas à mépriser. Il represente Vulcan qui songe à quelque moyen de gaigner les bonnes graces de ceste Deesse, pource qu'estant qu'estant née auec ses armes, il auoit perdu l'occasion de luy agreer en ce qui dépendoit de sa puissance. A vostre aduis, ne veut-il pas signifier que la Prudence a des armes naturelles, & qu'elle n'est point en peine d'en emprunter? Certainement ie ne sçaurois ietter l'œil sur cét endroit de son tableau que ie ne me souuienne de ceste opinion du Poëte Menandre,

La Prudence à la fin de tout se rend maistresse,

Qu'vn esprit aduisé n'accuse la foiblesse

D'vn corps mal composé; la Prudence aux combats

Donne de meilleurs coups que les plus puissans bras.

Sans doute, Menandre auoit en la pensée ce qu'Homere rapporte d'Agamemnon, Que pour venir à

Au 2. de l'Iliade.

bout de Troye, il souhaitoit dix hommes non pas aussi vaillans qu'Achille ou Ajax, mais aussi prudens que Nestor. Et il est vray qu'il n'y a point de Capitaine qui ne prefere la Prudence militaire à la vaillance, & qui ne tienne plus honorable de vaincre par les forces de l'esprit que par celles de nostre corps. Mais outre que l'honneur de ce combat est plus grand, on est encore ce semble plus asseuré de la victoire : les Capitaines Romains qui combatirent de force Hannibal, ne firent qu'ébranler leur Republique; & elle alloit tomber en ruine, si d'autres plus aduisés n'y eussent remedié, employant contre les armes victorieuses de cét Africain, les vtiles conseils de la Prudence. J'aurois pû me contenter de ce que ie vous en ay dit en nos deux dernieres Promenades, si i'auois eu affaire à quelqu'vn d'autre condition que vous, Timandre; Mais puisque vostre naissance vous appelle aux armes, & qu'il se remarque peu de vos predecesseurs qui comme ces anciens Heros, au plus fort des combats, ne se soient auec elles ouuert le chemin du Ciel, ie desire que nous employons ceste Promenade à vn particulier entretien de la Prudence militaire. Ne vous persuadez pas, ie vous prie, que ie ne sçache combien le Philosophe Phormion parut ridicule à Hannibal, lors qu'il entreprit de discourir en sa presence des deuoirs d'vn Capitaine : c'est vn erreur familier aux esprits contemplatifs, de vouloir faire passer leurs imaginatiós toutes cruës pour des preceptes bien

Plutarque en la vie de Scipion.

digerés, comme si elles deuoient estre necessairement suiuies d'effets reels & tres-infallibles. Pour moy, ie ne vous veux rapporter que ce qui a esté fait par de grands Capitaines, & escrit par eux-mesmes, où (quand ils me manqueront) par d'autres qui ont ioint l'action à la meditation : car ie suis d'aduis que comme Agesilaüs oyant loüer ou blasmer quelqu'vn, regardoit premierement à celuy qui parloit, qu'en prenât aussi des instructions de la guerre, ce soit de ceux-là qui l'ont tres-heureusement conduite. Ie tiens mesme qu'il est impossible de se rendre bon Capitaine, que par la science de leurs preceptes; pource que ce sont autant de conseils qu'ils ont voulu laisser à ceux qui s'efforceroient de les imiter; ou pour mieux dire, c'est leur experience propre qu'ils leur ont communiquée. Et se glorifie qui voudra de ses longs employs dans les charges: le cours ordinaire d'vne vie ne suffist point, pour se rendre Capitaine parfait par sa seule experience. Outre que, quand bien il suffiroit, ce seroit tousiours auec cét inconuenient, que l'on commenceroit à l'estre, quand on ne pourroit plus s'acquitter de ceste charge; là où le grand Alexandre ayant appris beaucoup de choses concernant la science militaire, égala en peu de temps, & estant encor ieune, la suffisance de Parmenion qui auoit vieilly dedans les guerres. Ie me contente de cét exemple, & ne vous veux point parler ny de Xenophon, ny de Scipion, ny de Lucullus, ny de Pompée, ny de plusieurs autres qui ont esté capables de commandement, deuant mesme que d'auoir obey, & se sont monstrés Capitaines (comme l'on dit) plustost que soldats : lesquelles rares qualités ne leur arriuerent point par vne singuliere grace de Nature; mais ils les acquirent par la lecture des actions des illustres personnages. Or, Timandre, ie me souuiens de vous auoir parlé du merite des plus vtiles Historiens en ceste matiere, sauf de Xenophon & de Cesar, pour ne vous les pouuoir rendre assez dignement recommandables; & d'ailleurs que vous en sçaurois-ie rapporter qui n'aye esté dit par d'autres, puisque toutes les langues des Capitaines, & des sçauans, ont publié leurs loüanges? Eunapius tenoit qu'Alexandre le Grand n'auroit pas esté grand, si Xenophon ne l'eust esté, pourroit-on desirer quelque plus expresse marque de sa gloire que celle-cy? Selim (deuãt lequel les Empereurs Turcs auoient negligé l'Histoire) fit traduire les Commentaires de Cesar en sa langue; & s'estant proposé l'imitation d'vn si prudent conquerant, il estendit en peu de temps son Empire dans l'Asie mineure & dans l'Afrique; Cela ne suffiroit-il pas pour faire estimer Cesar? l'adiousteray toutesfois, Timandre, que les liures de ces deux Princes des lettres & des armes, sont si remplis de preceptes, qu'il n'y a point d'homme de guerre qui n'en deust estre aussi curieux que de son espée: Et que s'il est vray, comme disoit vn ancien, que celuy-là doit estre estimé glorieux qui fait des choses dignes d'estre escrites, ou

Rr iiij

les escrit dignes d'estre leües; que Xenophon & Cesar ayant fait l'vn & l'autre, sont paruenus au sommet de toute la gloire imaginable.

Mais puisque le champ où nous pretendons faire auiourd'huy nostre Promenade, est d'vne fort grande estenduë, nous ne deuons pas ce me semble, demeurer à l'entrée plus long-temps. La carriere y est si belle qu'elle a conuié plusieurs personnes à s'y esbatre comme nous; & toutesfois mon dessein a quelque chose de particulier, & qui n'a point esté touché d'aucun de ceux qui ont escrit de la Philosophie morale, & de la Sagesse humaine.

Ie vous dirois bien auec eux, que le premier deuoir de la Prudence militaire est celuy de se munir de toutes choses necessaires à la guerre; ce qui fist dire à T. Quintius, *Plutarque en sa vie.* parlant de Philopemen, qui auoit bon nombre de caualerie & d'infanterie, & point d'argent, qu'il auoit des mains & des pieds, mais qu'il n'auoit point de ventre, se mocquant en mesme temps de sa taille mal faite, & de ce qu'il n'auoit pas moyen de faire subsister son armée. Ie vous pourrois rapporter les considerations qu'ils prennent des lieux, & sur ceste exclamation que fit vn iour Philippe de Macedoine, *Quelle vie, qu'il faille que nostre soin s'estende iusqu'aux bestes!* quand on luy dit qu'il n'y auoit point de fourrage en vn beau lieu où il auoit enuie de camper; Vous faire connoistre quelle imprudence commettroit celuy qui chercheroit les lieux où ses troupes receuroient, ou du dommage, ou peu de commodité, comme par exemple, qui ayant beaucoup de caualerie la feroit loger entre des montagnes. Il me feroit aisé de vous rendre recommandable la pratique de l'exercice militaire, & ne voudrois vous rapporter que ce trait de Iosephe parlant des Romains, *Si quelqu'un considere leur ordre, il connoistra que ce grand Empire qu'ils ont est vne acquisition de la Vertu, & non pas vn bien-fait de la Fortune. Car la guerre n'est point le commencement de leurs armes, & ils n'attendent point à se remuer au besoin, mais ils s'exercent mesmement durant la paix, & semblent comme nais auec les armes, pource qu'ils s'y adonnent continuellement, sans qu'aucune occasion les y conuie.* Et peu aprés: *Partant on ne les void iamais en desordre; l'épouuante ne les fait point sortir hors d'eux-mesmes,*

[marginal note: Iosephe liure 3. chapit. 6.]

ny la fatigue ne consume point leurs forces. Au contraire, c'est ce qui leur fait remporter la victoire dessus ceux qui ne les égalent point en tous ces aduantages. Et c'est pourquoy l'on pourroit dire auec verité, que leurs exercices sont des batailles non sanglantes, & que les batailles sont leurs exercices sanglans. A cela i'adiousterois l'obseruation de la discipline, si exacte chez les mesmes Romains, qu'il n'estoit pas permis de tuer, ny de frapper seulement l'ennemy au combat si l'on n'estoit enroollé, & si l'on n'auoit presté le serment, ne voulant point de volontaires en leurs armées. Ie n'oublierois pas non plus l'obeïssance des soldats, que Scipion estimoit sur toute chose, puis qu'estant interrogé en quoy il se confioit pour oser entreprendre la conqueste de l'Afrique, il monstra trois cens hommes armés, & vne tour qui estoit sur le bord de la mer, disant qu'il n'y en auoit pas vn de tous ceux-là qui ne se fust ietté du haut de la tour dans la mer s'il leur commandoit de le faire. Laquelle obeïssance estoit aussi en telle recommandation parmy les Grecs, qu'vn certain Chrysanthas ayant le bras leué pour tuer vn des ennemis qu'il auoit terracé, retint son coup, oyant sur ce temps-là sonner la retraite, ce qui a merité la loüange de Xenophon. En fin ie vous parlerois des recompenses de la vaillance, dont Cesar a fait de si belles leçons, prenát plaisir à loüer plusieurs des siens en ses Commentaires, où il témoigne mesme qu'il sera tousiours obligé à la vaillance d'vn Crastinus qui fut tué à la bataille de Pharsale, & lequel il ho-

Au 3. de la Cyropedie.

Au liure 3. de la guerre ciuile.

Au liure 2. des guerres ciuiles.

VII. PROMENADE. 637

nora, selon le rapport d'Appian, d'vne sepulture, où il fist mettre au dedans tous les dons qu'il luy auoit faits durant sa vie. Mais toutes telles regles me semblent estre de la Prudence vniuerselle, & les Autheurs qui les ont escrites ne sont point entrés dans la consideration des actions militaires, sur lesquelles seulement ie veux faire quelques obseruatiõs. Cependant vous serez aduerty s'il vous plaist, Timandre, qu'aprés ceste Promenade nous ne parlerons plus de l'vtilité qu'on peut recueillir de la lecture des Histoires; & c'est pourquoy ie vous supplie de me prester vostre attention, esperant que par les consequences de mon discours vous discernerez facilement à l'aduenir les iudicieux Historiens d'auec les impertinens en la narration des matieres militaires, puisque ie vous entretiendray des trois principales actions de la guerre, qui sont, Marcher, Camper, & donner Bataille.

Les armées marchent par pays amy, ou ennemy; en gagnant païs, se retirant deuant l'ennemy, ou en poursuiuant vne autre armée: il y a des ordres à donner qui s'estendent à toutes ces occurrences en general, & d'autres aussi qui se restreignent à chacunes d'elles, & qui dépendent encor des particuliers rencontres. Quand Iphicrates Athenien estoit General d'vne armée, il la menoit en ordre de combattre dés le sortir d'Athenes, & la faisoit camper par tout comme s'il eust esté au milieu d'vn pays ennemy: auec ce qu'il accoustumoit ses gens à cét ordre, & à ne pouuoir

VII. PROMENADE. 639

iamais tomber en confusion; il éuitoit par ceste preuoyance, disoitil, tous les inconueniens qui reduisent les hommes au poinct de ceste excuse indigne d'vn Capitaine, *Ie ne l'eusse iamais pensé.* Il auoit raison, pource que le pays d'Attique estoit si petit, que les ennemis des Atheniens y eussent bien pû faire de soudaines courses, pour enleuer quelques quartiers, puis se retirer sur leurs terres : Mais en vn Royaume de grande estenduë, & où tout est en paix, il est plus à propos de departir les troupes, & les mener par diuers endroits, tant pour leur commodité, que pour le soulagement du peuple, si ce n'estoit qu'il y eust des estappes ordonnées, ainsi que les Romains auoient dessus les grands chemins, & par toutes les Prouinces de leur

Estat. Or pour faire marcher vne armée en pays ennemy, il faut auant toute chose auoir connoissance des lieux & des passages, ou par les cartes, ou beaucoup mieux par le rapport de gens entendus, & non suspects : Si le Chef connoissoit luy-mesme le pays, il marcheroit encor plus seurement, & s'empescheroit bien de tomber dedans les embusches de ses ennemis. Miltiades, aprés auoir vaincu les Perses en la plaine de Marathon, preuoyant que Hippias deserteur des Atheniens, & qui estoit auec les Barbares, par la connoissance qu'il auoit du pays, se seroit saisi de tous les passages, prit son chemin de nuict par des destroits presque inaccessibles; de maniere qu'estant arriué là où estoient les autres Perses que conduisoit Datys, il les chargea

Clement Alexandrin liure 1. des Stromates.

chargea à l'impourueu, & acheua la défaite de ceste nation. Mais ce n'est pas assez de les connoistre, si on ne les fait reconnoistre; Thucydide rapporte que quand l'armée des Peloponnesiens voulut passer en l'Acarnanie, il y auoit des auant-coureurs qui alloient faire la découuerte sur les chemins & par les passages. Xenophon nous aduise de ne nous arrester pas encor à ceste reconnoissance, pource qu'il est bien mal-aisé de courir par tout, & d'estre aduerty à temps; si bien qu'il desire que l'armée soit tousiours en estat de combattre, & à tous rencontres. Le partement des auant-coureurs par ses regles doit estre à la sourdine, & de nuict, pour quelque exploit que ce soit; & parlant d'Iphicrates qui enuoya vne fois à la découuerte toute la

Liure 2. de son Histoire.

Au traité du general de la caualerie.

Au 6. des guerres Grecques sur la fin.

Sf.

caualerie d'Athenes & de Corinthe, inferieure toutesfois aux ennemis, il l'en blafme; d'autant que pour prendre langue, peu le peuuent faire comme beaucoup; & à se retirer estans chargés, beaucoup ne le peuuent pas faire sans desordre comme peu. Neantmoins, ceux qu'on y enuoye en petit nombre doiuent estre soustenus d'vne plus forte troupe, & celle-cy d'vne autre encores meilleure: & il y a des occasions où ils ne doiuent aller que pour découurir, puis se retirer, d'autres où ils ont ordre d'escarmoucher, & d'autres encor où il est à propos qu'ils se meslent, selon lesquels rencontres il faut regler leurs distances.

Mais, Timandre, laissons ces preceptes à Onosandre, à Vegece, & aux autres qui ont escrit de la milice; nous cherchons à present la Prudence dedans l'histoire, contentons-nous donc de ses exemples. Lors que Bellisaire allant contre Gilimer, eut pris terre en Afrique, & se fut resolu d'aller trouuer les Vandales, la premiere preuoyance qu'il eut pour gagner pays, fut de disposer ses troupes en sorte qu'il pûst éuiter les embusches de ses ennemis, & n'estre point surpris par eux, si d'auanture ils luy venoient au deuant. Ayant donc la mer à main droite, il commanda de faire voguer les vaisseaux où il n'auoit que cinq archers en chacun, sauf dans quelques barques legeres qu'il auoit garnies de soldats, pour se tenir aux enuirons de la flote; & il ordonna aux pilotes de plier les grandes voiles si le vent estoit trop fort, puis de ramer si bien en razant tousiours la coste, qu'ils fussent prés de l'armée qui estoit à terre. A sa gauche, & à vne lieuë loin de son gros, il fit marcher trois cens Massagetes, tant pour découurir le pays, que pour garder ce costé-là : à la teste, & enuiron d'vn pareil éloignement, trois cens des plus dispos & des plus adroits qu'il eust faisoient la découuerte, conduits par Iean Armenien qui estoit vertueux & fort aduisé Capitaine. Bellisaire desirant d'estre promptement informé des rapports de ces auant-coureurs, se mit deuant tout son gros, accompagné d'vne troupe d'élite pour secourir aussi tost, selon le besoin, & donner loisir à l'armée de se ranger en bataille : Ceste disposition, au rapport de Procope qui s'y trouua, fut cause

Au liure 1. de la guerre des Vandales.

non seulement du salut de ceste armée, mais encor de leur premiere victoire contre les Vandales, qui les vindrent attaquer par ces deux endroits, où ils trouuerent vne merueilleuse resistance.

Vous n'en desirez pas dauantage, à mon aduis, pour ce qui regarde le soin de prendre langue, de découurir, & de s'asseurer les chemins : à dire le vray, ce seroit chose superfluë d'entasser exemple sur exemple touchant vn mesme sujet. Voyons donc quel ordre gardoient les anciens au marcher des troupes, & cõment ils déployoient leurs forces à la campagne.

I'apprens de quelques endroits de l'histoire que marchans de nuict par vn pays ennemy, ils mettoient à la teste leurs soldats pesamment armés, pour mieux regler le pas de toutes les troupes qui venoient aprés: & il est vray qu'en marchant sans bruit, comme il se doit, & dans l'obscurité; de legerement armés aduanceroient peut-estre si loin des autres, que les corps par trop separés ne se pourroient secourir mutuellement. Or ce seroit vn inconuenient tres-dangereux; Et lors que Polybe a blasmé quelques Capitaines de son temps qui se tenoient tousiours à l'auant-garde allant par pays, (où quoy qu'ils peussent estre veuz de tous, ils ne pouuoient pas voir tout,) & a loüé au contraire Scipion qui alloit d'vn corps en l'autre, selon qu'il estoit necessaire, il a bien donné à entendre qu'il ne falloit pas qu'vne armée allast par bandes écartées, & qui ne se peussent ioindre en vn moment. Iules Cesar mar-

Au liu. 10. de son Histoire.

Cesar liu. 2. de la guerre de Gaule.

chant en pays amy, faiſoit ſuiure chaque Legion par ſon bagage: mais il changeoit cét ordre en vn pays ennemy, ſi bien que ceux de Tournay y furent trompés, l'ayans rencontré auec la caualerie en teſte, & les ſoldats legerement armés qui eſtoient ſuiuis de ſix Legions, aprés leſquelles venoit le bagage, puis deux Legions pour arrieregarde. C'eſtoit ſa plus ordinaire façon de marcher, & tres-ſeure à mon aduis, puis qu'eſtant pourſuiuy, les Triariens qui eſtoient les meilleurs ſoldats, & la derniere troupe de la Legion, venoient à faire la teſte de l'armée; & qu'à quelque aiſle que l'ennemy ſe preſentaſt, la caualerie ſ'y pouuoit rendre bien plus aiſément que s'il l'euſt fallu faire paſſer d'vne aiſle à l'autre entre les Legions, pendant que toute l'armée marchoit. Et de fait, comme il passoit prés de Langres pour aller en Bourgongne, ayant reconnu que Vercingentorix qui l'y attendoit, auoit separé sa caualerie en trois troupes, dont l'vne demeura dans le chemin, & les deux autres auoient pris leurs postes à droit & à gauche, il diuisa aussi la sienne en trois pour leur resister. Tellement que nonobstant le serment solemnel fait par les gendarmes Gaulois, de ne souffrir iamais que ceux-là fussent receuz auprés de leurs parens, femmes, & enfans, qui n'auroient percé par deux fois le gros des ennemis; Cesar ayant enuironné le bagage de ses Legions, entretint tousiours les siens au combat, en faisant auancer les enseignes des gens de pied là où il voyoit ployer sa

Cesar li. 7. de la guerre des Gaules.

caualerie, & à la fin mit ses ennemis en fuite, & força le passage,
quoy qu'opiniastrément defendu. C'est veritablement en ceste
action militaire qu'on reconnoist
bien que les Latins ont eu raison
d'appeller les bagages *impedimenta*,
à cause de l'empeschement qu'ils
apportent : & c'est aussi pourquoy
Xenophon ordonne qu'en chemi-
nant le long de quelque riuiere, on
les mette de ce costé-là, afin qu'ils
en soient flanqués, & que l'armée
aye plus de commodité de se defendre.

Or il arriue quelquesfois qu'vne
armée allant par pays fuit le combat en chemin; le Chef ayant vn
dessein particulier, qu'il ruineroit
peut-estre s'il venoit aux mains
auec l'ennemy. En ce cas-là il ne
faut pas seulement estre secret

pour ce qui est de la route, & ne la declarer aux guides qu'en délogeant: mais en outre il faut tousiours passer par des lieux dont l'ennemy ne se doute point, & où il luy seroit impossible de vous forcer au combat. Vous sçauez bien que Fabius Maximus ne voulant rien hazarder contre Hannibal, mais le mater seulement, occupoit tousiours le haut des montagnes, & ne remuoit iamais son camp que pour le replanter en vn lieu où son ennemy ne le pouuoit endommager: ie veux aussi vous raconter vne action de Bellisaire, qui vous fera bien connoistre que c'estoit vn Capitaine de qui la Prudence ne se trouuoit point circonuenuë en de telles occasions. Ayant resolu de secourir vn de ses Capitaines qui estoit assiegé par les Gots de-

Procope liure 4. de la guerre des Gots.

dans Rimini, & iugeant bien que si les ennemis qui eſtoient épandus par tout le pays en auoient le bruit, ils luy viendroient au rencontre, ce qu'il fuyoit veu leur grand nombre, & le deſeſpoir où la conſideration de leurs malheurs paſſés les pourroit porter ; voicy l'ordre qu'il donna pour ce ſecours. Se voyant prés d'Oſimo, d'où il craignoit que quatre mille Gots qui eſtoient en garniſon le vinſſent charger en queuë, il enuoya mille hommes ſe camper entre la ville & la mer, pour eſtre à couuert de ce coſté-là ; auec charge de ſe defendre ſeulement du dedans de leur camp, & de n'en ſortir point, quelques eſcarmouches que leur preſentaſſent leurs ennemis. Aprés cela, il fit monter des troupes ſur mer, & en fit marcher d'autres par terre le long du riuage, à la veuë de celles de la mer qui s'aduançoient également : leur commandant qu'estans arriuées en lieu d'où leurs feux peussent estre apperceuz des ennemis, l'on en fist beaucoup plus qu'il n'en eust fallu pour leur nombre, afin de donner l'épouuante au camp des Gots. Quant à luy, il prit son chemin auec Narses par les montagnes, occupant tous les sentiers afin d'aller plus promptement : & ayant rencontré quelque troupe des ennemis qui se trouua engagée en vn mauuais endroit, il la chargea & en tua la plus grande partie. Ceux qui resterent voyant toutes les routes remplies de soldats, ne peurent se sauuer qu'en tournant teste deuers leur camp ; ils s'y rendirent en desordre enuiron l'heure de midy, où ils aduertirent Vitiges qui y commandoit, du secours de Bellisaire, que la peur leur faisoit represéter beaucoup plus nombreux qu'il n'estoit. Au mesme instant Vitiges fist marcher son armée de ce costé-là, pour combattre ce secours lors qu'il descendroit des montagnes : mais le soir venu, voyant du costé d'Orient plusieurs feux allumés selon que l'auoit commandé Bellisaire, il en fut estonné, & il demeura toute la nuict en crainte, ne sçachant à quel party se resoudre.

Le iour augmenta encor la frayeur des siens, en leur découurant vn grand nombre de vaisseaux le long de la coste ; si bien que pour la confusion de leur tumulte, les Capitaines ne pouuant estre entendus en leurs commandemens, chacun se débanda, & toute l'armée tirant en desordre vers Rauenne, laissa son camp à piller aux soldats de Bellisaire qui entra dedans Rimini à my-iour. Ie pourrois bien enfiler icy tout de rang plusieurs autres exemples, tant de ceux qui ont sceu se démesler auec adresse des mauuais passages, que de quelques-vns qui les poursuiuans inconsiderémét par des lieux inconnus, ont perdu leur victoire dans les embusches de ceux qui faisoient feinte de se retirer. Mais il vaut mieux parler des ordres particuliers pour le marcher des troupes, dont ie vous choisiray les exemples dans Xenophon, comme le plus experimenté des Capitaines en ceste sorte d'action militaire : & vous y verrez vne parfaite disposition des membres d'vne ar-

VII. PROMENADE.

mée pour marcher par des chemins estroits, ou larges; pour gagner des montagnes desia saisies des ennemis; & pour passer des riuieres à gué, encores qu'on eust les ennemis deuant & derriere.

Quant au marcher par païs plain, ie recueille de diuers endroits de ses escrits que les Grecs en leur retraite de Perse, alloient en deux troupes, chacune de quatre mille hommes, reparties en quatre bataillons, & ces bataillons en dix compagnies: leurs bagages marchoient entre l'auant-garde & l'arriere-garde; & trois troupes de six cens hommes chacune, vaillans, dispos, armés legerement, & la plus-part archers, alloient deuant & aux aisles, afin de se saisir des passages, & flanquer l'armée, ou s'en venoient à la queuë pour faire la retraite lors qu'ils estoient poursuiuis. Mais ayans reconnu par experience que pour passer sur des ponts, & en des lieux estroits, ils ne pouuoient défiler leurs bataillons quarrés, & les reformer par après qu'auec de la difficulté & du temps; ils s'aduiserent de ne faire qu'vne file de toute vne compagnie, & ioindre six files ensemble, auec ordre aux Centeniers & Sergens de les remettre en corps par de certains mouuemens propres à cét effet lors qu'ils seroient commandés.

Xenophon liure 3. de l'expeditiō du ieune Cyrus.

Maintenant, pour ce qui est de gagner le haut d'vne montagne, ie vous en veux rapporter vn exemple, auquel ie n'en ay point encores veu que l'on doiue comparer. Les Grecs estás paruenus aux montagnes de la Colchide, trouuerent que

Xenophon liure 4. de l'expedition.

VII. PROMENADE.

que la plus haute par où il leur falloit passer n'estoit pas à la verité de trop difficile accés; mais que ceux du pays y estoient en armes auec resolution d'en empescher le passage. Il fut donc necessaire que les Capitaines donnassent leurs aduis là dessus, & lors que ce fut à Xenophon, Il vaut mieux, dit-il, démembrer nostre bataillon, & monter par files; car pour l'inegalité des lieux aisés en vn endroit, & difficiles à passer en vn autre, nostre bataillon se desordonneroit, & cette confusion rendroit nos soldats estonnés, & leur pourroit causer quelque crainte. D'ailleurs, si nous montions en ordonnance serrée contre nos ennemis, qui sont en plus grand nombre que nous, ils se seruiroient vtilement de leurs supernumeraires à quoy qu'ils vou-

Au liure 4. de l'expedition.

lussent. Et si nous allions par petites troupes, ce seroit vne merueille si plusieurs ne les enfonçoient, ce qui estant arriué en vn endroit, tout le reste courroit à la fin mesme fortune. Il faudra donc marcher par files, & les écarter de sorte que nous occupions vn espace plus grand que le front de nos ennemis ; & les files de deuers les flancs estans par ce moyen hors de peril, celles du milieu où il y aura de bons hommes à la teste arriueront les premieres, ayant pris leur chemin par où elles l'auront trouué plus facile. I'aduouë bien que les ennemis pourront venir dans les interuales ; car de pretendre rompre vne file en la prenant droit à la teste, ce n'est pas vne chose bien aisée. Mais s'ils en chargent quelqu'vne, que sa prochaine la

VII. PROMENADE. 659
secoure. Et asseurez-vous que s'il y en a vne seulement qui par quelque endroit arriue au sommet de la montagne, qu'il n'y aura pas vn des ennemis qui aye la hardiesse d'y tenir ferme.

Cela estant approuué, & les files dressées, il s'en trouua enuiron quatre vingts, des soldats qui estoient pesamment armés, chacune de cent de hauteur: & ayant fait trois bandes de rondeliers & archers de six cens hommes chacune, on en mit deux aux aisles, & la troisiéme au milieu de toutes les troupes. L'effet fut tel que l'auoit pensé Xenophon, duquel ie vous ay rapporté presque les mesmes paroles, à cause que les traducteurs se broüillent d'ordinaire auec les termes de la milice. Et ie ne croy pas que personne puisse bien com-
T t ij

prendre dans le Xenophon François, ny ce que ie vous viens de reciter, ny l'ordonnance du passage d'vne riuiere, à laquelle ie m'asseure, vous donnerez aussi bien que moy le titre de chef-d'œuure des actions du grand Xenophon.

Les Grecs ayans esté harcelés pendant sept iours dans les montagnes des Cardouches par les habitans du pays, arriuerent en fin dans vne plaine, le long de laquelle couroit vne riuiere de deux cens pieds de large, & s'y estans logés dedans quelques petits villages, ils y demeurerent vn iour pour se rafraischir. Le lendemain deux autres difficultés s'offrirent à eux, l'vne, la profondeur de la riuiere où vn homme en auoit iusqu'aux aisselles; & sur la riue de delà l'eau qui estoit eleuée, & où il n'y auoit qu'vn chemin comme fait exprés afin d'aller aux montagnes, ils virent de la caualerie qui leur vouloit empescher le passage par l'Armenie, & vn gros d'infanterie assez prés de là pour la soustenir. Nonobstant cela s'estans efforcés de passer, il se trouua que la rapidité de l'eau emportoit & leurs armes, & eux-mesmes, pour ne se pouuoir tenir fermes sur les grosses pierres qui estoiét au fonds; de sorte qu'ils furent contrains de reprendre leur logement. Mais comme ils apperceurent les troupes des Cardouches sur la montagne d'où ils estoient descendus la nuict precedente, & se virent par ce moyen enuironés de toutes sortes de dangers, ce fut alors que la plus-part creut que leurs affaires estoient entierement desesperées. Le lendemain, deux ieunes hommes apporterent, vne bonne nouuelle à Xenophon, qui auoit esté, comme il témoigne, deuancée d'vn songe agreable, ayant creu en dormant estre dans les ceps, qui s'estans rompus d'eux-mesmes, l'auoient laissé libre pour aller où il voudroit: & ceste nouuelle estoit d'vn fort bon gué qu'ils auoient découuert assez prés de là, par vn certain accident qu'il recite. Ayant rendu graces aux Dieux d'vn heur si fort inesperé, il alla reconnoistre le gué, puis auec Cherisophus qui estoit l'autre Chef des Grecs, il ordonna du passage de la riuiere; Entendez-là, Timandre, puisque c'est la plus belle leçon qu'on trouue dans les Histoires dessus vne telle occasion. Cherisophus ayant pris la conduite de la moitié des troupes, se mit à la teste auec les deux ieunes hommes qui connoissoient le gué, & fist à sa droite & à sa gauche filer ses gens qui estoient suiuis du bagage: Et à mesme temps qu'il entroit dans la riuiere, Xenophon qui commandoit l'arrieregarde, prenant les plus dispos, se mit à courir vers ce gué qu'ils auoient sondé le iour precedent, comme s'il l'eust voulu passer, afin de gagner le chemin que ie vous ay dit qui conduisoit aux montagnes. La caualerie ennemie croyát qu'on auoit dessein de l'enfermer, prit la fuite par ce chemin pour se retirer dans les montagnes; celle des Grecs qui estoit passée l'y poursuiuit; & les soldats Armeniens qui auoient pris leur poste vn peu à costé, & en vn lieu plus haut, apperceuans la déroute des leur, &

Tt iiij

que les soldats Grecs conduits par Cherisophus s'auançoient pour les charger, quitterent la place, & firent de mesme que leur caualerie. Xenophon voyant l'auant-garde en seureté, & que les Cardouches derriere luy descendoient de la montagne pour charger son arriere-garde, tourne visage afin de leur aller faire teste. Arriué qu'il fut vis à vis du gué que Cherisophus auoit passé, il fit commandement à ses troupes qui estoient par files de cent hommes, qu'on coupast chaque file en quatre pour les ranger à costé l'vne de l'autre; puis il ordonna aux chefs de file qu'ils marchassent contre les ennemis, & aux serre files seuls qu'ils demeurassent le long de la riuiere. A mesme temps, Cherisophus qui auoit asseuré son faict delà le fleuue, en-

VII. PROMENADE.

uoye à Xenophon ses rondeliers, ses ietteurs de fonde, & ses archers, pour s'en seruir selon le besoin qu'il en auroit: mais Xenophon les fist arrester sur le bord, auec ordre que quand il commenceroit à passer ils fendissent leur gros par le milieu, & fissent deux bandes, pour le receuoir entr'eux; & que les iauelotiers tenans leurs iauelots prests, & les archers ayans la fléche couchée sur l'arc, ils entrassent ainsi dans la riuiere, comme pour la repasser, sans toutesfois aduancer beaucoup. De plus, il enioignit aux siens, en cas que les ennemis prissent la fuite, qu'au signal d'vn trompette qu'il laissoit exprés dans la riuiere, ils tournassent au bouclier (c'est à dire à droit, comme tourner au iauelot vouloit dire à gauche) & accourussent vers le fleuue à leurs serre-files, lesquels commençans à marcher, chacun les suiuroit en son rang, auec promesse d'honorer celuy qui arriueroit le premier à l'autre bord. Les Grecs donc ayans pris la course vers leurs ennemis, ceux-cy ne peurent soustenir leur effort, pour n'estre armés que comme montagnars, c'est à dire pour faire de legeres courses & puis s'enfuir, mais non pas pour venir aux mains. Or à mesme temps qu'ils commencerent à fuir, le trompette demeuré dans la riuiere sonna la charge, ce qui redoublant leur peur & leur fuite, donna aussi à connoistre aux Grecs qu'il estoit temps de faire ce que Xenophon leur auoit ordonné. Ils accoururent donc de toute leur force vers la riuiere, chaque file à son serre-file qui estoit demeuré sur le bord, & la passerent sans aucun desordre. Les derniers des ennemis qui s'en apperceurent retournerent aussi tost pour leur faire vne décharge de leurs fléches, dont quelques Grecs qui les virent s'estans depités, repasserent la riuiere en intention de leur courir sus. Mais ceux qui s'y engagerent trop auant y furent blessés, & non toutesfois de sorte (pource que les ennemis tiroient comme à coup perdu) que cela leur peust empescher de venir reioindre leurs compagnons que Xenophon conduisoit.

C'est par-auanture demeuré trop long-temps sur vn passage, & i'en sortiray, Timandre, aprés vous auoir éclaircy d'vn doute que vous pourriez auoir, Si l'on doit en conduisant vne armée, s'arrester à tous les obstacles, & prendre toutes les places ennemies qui sont dessus le chemin, de peur que l'on en reçoiue du dommage quand on est passé. Nous auons des exemples differens sur ce faict icy, & toutesfois on y peut faire ceste distinction, Que quiconque veut conquerir pour conseruer, ne doit laisser aucune place derriere, ou à costé, d'où l'on puisse luy empescher les viures, ou faire des courses dessus les siens, qui estoit vne des maximes d'Hannibal, & de Iules Cesar. Mais si l'on ne va que pour vn degast, pour charger quelque quartier, & en fin pour vne course soudaine; ou bien si c'est pour quelque faction, de laquelle dépende la fin d'vne guerre, & où l'occasion est belle; il faut tendre au but secretement, & auecques de la prom-

Polybe l. 3. & Cesar liure 7. de la guerre des Gaules.

VII. PROMENADE. 669
ptitude, sans songer à d'autres entreprises. Narses fist ainsi, lors que pour terminer la guerre Gotique, sans se soucier de plusieurs places ennemies, il alla droit vers Totila pour le combattre: Et les Liegeois pour ne l'auoir pratiqué en ceste sortie où ils mirent le Roy Loüis onziéme & le Duc de Bourgongne en si grand danger, s'en trouuerent mal. Que s'ils ne se fussent point arrestés au pauillon du Duc de Bourgongne, & à vne grange où il y auoit trois cens Gentilshommes qui estoient desarmés, ils eussent surpris ces deux Princes dans leur lict, & mal accompagnés de gens de defense.

Philippes de Commines liure 2. chap. 12.

Or, Timandre, ie ne puis m'empescher de vous dire quelque chose des retraites que l'on fait deuant l'ennemy: c'est la plus difficile piece à manier qui soit en la guerre, puisque ce n'est ny vn combat, ny vne fuite, & qu'il faut neantmoins combattre quelquesfois, & mettre tousiours ses troupes en seureté. Tout general d'armée doit bien éuiter les occasions d'y estre contraint; car ses gens en conçoiuent de la crainte, & ses ennemis de la hardiesse. Et pour garantir sa reputation, il est besoin, Que sa retraite soit pretextée de quelque entreprise ailleurs: Ou qu'ayāt abondance de viures en son camp, & ses ennemis en manquant, il connoisse que sans rien hazarder il verra bien tost leur ruine en gastant le pays deuāt eux; Ou que preuoyant la necessité d'vne bataille, il veüille gagner des lieux où il ait de l'aduantage, & ses ennemis de l'incommodité : Ou bien qu'il soit desia

VII. PROMENADE. 671

venu à bout de son principal dessein. François I. aprés auoir secouru Landrecy, sans que Ferrand de Gonzague qui l'auoit assiegée pour l'Empereur, osast donner la bataille, ne iugea pas deuoir par aprés tenter la fortune côtre l'Empereur qui vint auec vne autre puissante armée pour empescher le secours. Sa raison fut, Qu'encores qu'il eust gagné la bataille, il n'eust pû alors faire aucun progrés dans le pays de l'Empereur, là où en la perdant il luy eust ouuert la porte pour venir faire vne grande desolation dans son Estat. Et au bout du compte, il auoit secouru vne place assiegée d'vne grande armée, & proche d'vne autre, toutes deux conduites par d'aussi braues Capitaines qu'on eust sceu trouuer. Iamais Charles le Quint n'auoit déployé ses forces auec vne plus belle ordonnance que quand il se vid prés de nostre armée: il fist la reste de ses troupes de mille cheuaux legers, de dix mille Allemans en vn gros, suiuis de cinq mille Espagnols, & ceux-cy d'vn Regiment de trois mille Italiens. Ferrand Gonzague qui l'estoit allé ioindre leur commandoit, & à l'auant-garde aussi qui estoit de trois mille gendarmes, flanqués çà & là de quinze cens harquebuziers Espagnols. La bataille auoit trois corps, dont le premier estoit de huict mille Allemans, le second de quatre mille Anglois, & le troisiéme de deux mille gendarmes accompagnans l'Empereur, suiuis de mille autres en deux compagnies, & de quinze cens harquebuziers Italiens dispersés çà & là. Il y auoit

VII. PROMENADE. 673
sept mille pietons en l'arriere-garde, à sçauoir trois mille de la basse Allemagne, & quatre mille Vvallons, aprés lesquels marchoit le Comte de Bure cõduisant vn gros escadron de gendarmerie. L'Empereur qui craignoit les François du costé de Chasteau-Cambresis, flanqua son armée de ceste part là de toute son artillerie, qu'il faisoit marcher de sorte qu'on eust pû s'en seruir promptement, & sans aucune confusion: & pour les bagages, on les menoit à l'autre main de l'armée, là où ils estoient en toute seureté. Le Roy voyant ceste grosse armée proche de luy, fist retirer en plein iour vne partie de ses troupes qui estoient en vn logement aduancé vers l'ennemy pour les approcher de son gros, comme s'il eust voulu faire ferme: & la

Vu

nuict venuë, il commanda qu'on troussast bagage promptement, qu'on ostast les sonnettes aux mulets, & que toute l'artillerie & les charrettes marchassent auec le moins de bruit qu'il se pourroit. Il fist faire les feux à l'accoustumée pour tromper l'ennemy, & renuoyant premierement toutes les compagnies de la Noblesse qui l'estoit venuë trouuer pour ce secours, & principalement de Picardie ; il partit sur la minuict sans bruit de tambours ny de trompettes, & fist marcher la bataille où estoit le corps des Suisses. Il laissa les Lansquenets derriere auec les Italiens, & les plus gaillardes troupes d'arquebusiers & de sa caualerie : leur commandant que quand ils seroient arriués à la prochaine forest ils y demeurassent, tant pour donner loisir à ceux qui alloient deuant de gagner pays, que pour arrester l'ennemy à la faueur du lieu, si d'auanture il venoit se ruer sur l'arriere-garde. Si tost que le iour parut, l'Empereur se trouua affiné; & sa caualerie legere s'estant aduancée iusques au bois où l'harquebuzerie la receut, fut contrainte de tourner teste, y ayant plus d'apparence d'y pouuoir perdre que gagner. Celuy qui a composé la vie de Dom Ferrand de Gonzague, ou pour le décharger des fautes commises au siége de Landrecy, il en accuse le Duc d'Arscot, veut faire croire que les iugemens furent diuers touchant ceste retraite. Mais outre qu'il estoit au seruice du Gonzague; qu'il dédie son liure à Philippes II. son Seigneur; & que ce sont les discours

V u ij

des ennemis de la France qu'il rapporte, ce qui le rend aucunement suspect, il est pourtant contraint de confesser, *Que plusieurs loüoient le Roy de ce qu'ayant entrepris de secourir vne ville, il auoit executé son dessein auec beaucoup de hardiesse, & qu'il ne falloit point imputer à vne bassesse de cœur, mais attribuer à vne Prudence, & bien grande, de s'estre sceu recueillir sain & sauf comme il auoit fait, plustost que de tenter temerairement la fortune, & mettre son Royaume en vn danger manifeste.* Pour ce qui concerne l'ordre donné par le Roy, il fut si beau, qu'on peut dire sans flaterie que ceste retraite est comparable à celles de Pompée à Brundisi, & de Cesar à Duraz. Et puisque des Chefs si renommés, & Hannibal, & Pyrrhus, & plusieurs autres n'ont point estimées honteuses les retraites bien faites, il n'y a point d'apparēce que Gonsalue Ferrand de Cordouë, que les siens nommerent le Grand Capitaine, à cause de son employ plus grand que celuy des autres, eust pû garder ce titrelà par merite, s'il se fust tousiours gouuerné comme il fist auprés de Garillan au Royaume de Naples. Car y estant logé tres-incommodément, & prés de l'armée Françoise, il ne voulut point deferer aux aduis de ses Capitaines qui luy persuadoient de déloger, leur disant, Qu'il aimeroit mieux trouuer à l'heure mesme sa sepulture vn pas plus auant, qu'en se retirant deux pas en arriere allonger sa vie de cent années. A dire le vray, ce fut vne resolution bien hardie, mais on ne peut pas dire, quoy qu'elle luy reüssit tres-heureusement, que la Prudence luy eust iamais conseillé de la prendre, si l'on considere toutes les circonstances de sa victoire, que luy preparerent, au rapport de Guicciardin, *la Fortune & le Ciel, qui sembloient auoir coniuré contre les François.* Ceste vaillance qui choque la Prudence, passera si l'on veut pour Vertu parmy les soldats, mais ce sera tousiours vn vice de Capitaine : elle cousta la perte de l'armée nauale des Lacedemoniens, lors que Callicratides ne se voulut pas retirer d'auprés des Arginuses, où les Atheniens venoient l'attaquer auec aduantage ; disant pour excuse que Sparte pouuoit bien remettre vne seconde flote en mer, s'il perdoit celle-là, & que sans perdre l'honneur pour iamais il ne pouuoit pas tourner le dos à ses ennemis. Si Q.

Guicciardin liu. 6.

VII. PROMENADE. 679

Fabius se fust gouuerné de la sorte contre Hannibal, il n'eust iamais remis les affaires de sa Republique; mais par vne maxime contraire à celle de ces deux Capitaines dont ie vous viens de parler, & en attendant tousiours la rencontre d'vne occasion, il s'en seruit si bien qu'il renuoya sur son ennemy toute la honte dont il l'auoit chargé plusieurs fois, & de vainqueur insolent, il le rendit vaincu & confus.

Ie finirois icy la retraite, Timandre, mais ie vous veux dire vne pensée que i'ay euë, sur vne des principales causes qui rendent cette action de la guerre plus difficile maintenant qu'autresfois, lors qu'elle se fait à la veuë de l'ennemy. C'est que de la mesme sorte que les bataillons quarrés ont leur imperfection pour ce qui est de la

V u iiij

bataille, à cause qu'en presentant les picques de toutes parts, les angles sont mal garnis, (& c'est par là d'ordinaire qu'on rompt le bataillon) qu'ainsi en la retraite, particulierement en des lieux où il faut que l'infanterie la fasse, quand vn tel bataillon est harcelé en queuë & en flanc, il n'y a point d'ordre pour faire retirer la premiere file, ny le dernier rang qui ont fait leur décharge, afin d'entretenir tousiours le salue. Car si les vns se retirent par les interuales des rangs, & les autres par ceux des files, ils se rencontreront & nuiront à tout le corps qui marche ; outre qu'à chaque décharge il y aura diminution de feux, ce que vous conceurez facilement par la nature du quarré & des gnomons qui s'en peuuent leuer. Or c'est vn inconuenient

VII. PROMENADE. 681

qui n'arriuoit point aux bataillons des anciens: pource qu'en plaçeant leurs archers sur le flanc attaqué & à la queuë ; eux qui estoient fournis de fléches, ou qui en pouuoient prendre aisément des rangs prochains, tiroient incessamment en marchant auec le reste du corps, ce qui se pourroit imiter maintenant en quelque sorte, par le moyen des cartouches.

Mais entrons dans le camp, Timandre, puis qu'au témoignage de Paul Emile, c'est vne ville de gens de guerre, à qui le rempart sert comme d'vne muraille, & les tentes d'vne maison, où chaque soldat a son mesnage; Que c'est où les vaincueurs se retirent, où les vaincus se refugient, d'où plusieurs armées qui s'y estoient ralliées aprés auoir eu la Fortune con-

Tite-Liue liure 44.

traire au combat, ayans fait vne sortie à point, ont chassé l'ennemy victorieux: Et finalement, que c'est pour les armées vn port asseuré contre tous les orages de la guerre. *Pyrrhus a esté le plus grand Capitaine aprés Alexandre*, disoit Hannibal, *pource qu'il a le premier enseigné à se bien camper*, & ce fut en effet dessus le modele de son camp que les Romains ordonnerent le leur, & paruindrent peu à peu à ceste Castrametation, en laquelle ils ont excellé dessus tous les peuples de la terre. Les Grecs n'entendoient rien en ce faict là; & Polybe les en blasme auec raison. Car pour s'exempter de la peine de faire des trenchées, ils s'exposoient au danger des surprises, & des assauts inopinés de leurs ennemis. A la verité ils cherchoient d'ordinaire des lieux

[marginalia: Tite-Liue liure 35. Frontin au liure 4. des ruses de guerre. Polybe liure 6.]

VII. PROMENADE. 683

forts de nature, & les estimoient plus seurs que ceux qu'on eust fortifiés à la main: mais outre qu'ils n'en rencontroient pas tousiours, il falloit assujettir la closture de leur camp à la place, où tantost ils estoient pressés, tantost au large; & il s'en falloit beaucoup que chacun n'y connust où il deuoit huter, comme faisoient tous les soldats Romains dedans leur camp, qui estoit à tous les logemens departy d'vne mesme sorte.

C'estoit particulierement pour camper, & pour connoistre aussi combien de gens pouuoit contenir l'enceinte du camp ennemy, que Polybe iugeoit la Geometrie necessaire à vn General d'armée. Car (à ce qu'il rapporte luy mesme) puisque la ville de Sparte, de quarante huict stades de circuit,

Polybe au liure 9. de son Histoire.

estoit plus capable que celle de Mégalopolis qui en auoit cinquante de tour, à cause de leurs differentes figures; il est croyable que quiconque ignore les proprietés des figures, ne pourra faire la distribution des logemens auec vn ordre conuenable. C'est donc pour la castrametation seulement que l'art & les preceptes sont requis & necessaires, & non point pour la consideration des lieux sains ou maladifs; de facile ou difficile accés; & qui soient fauorisés de riuieres pour la conduite des viures, pour la commodité des bestes, & pour seruir de fossé naturel; Il appartient à la Prudence du Chef de preuoir à ces choses, aussi bien qu'à faire la distribution des places bien à propos pour l'auant-garde, bataille, arriere-garde, artillerie, bagages,

VII. PROMENADE.

& autres suites de l'armée.

Or il y a trois manieres de camper, à sçauoir aux logemens qu'on fait tous les iours: quand l'on fait du seiour en pays ennemy, ou proche des ennemis: & quand l'on siege quelque place. Pour ce qui concerne le camp iournalier, c'est à quoy les Romains ne manquoient point: Et combien que les soldats portassent d'ordinaire dessus eux des viures pour quinze iours, outre toutes leurs menuës necessités, ils auoient encor, au rapport de Ciceron, des pieux pour faire la pallissade du camp, ce qu'ils estimoient particulierement leur fardeau, & non pas leurs targues, corcelets, morions, brassals, espées, & dagues, qu'ils tenoient estre les membres d'vn homme de guerre, ne les comptant non plus pour

Ciceron en la 2. Tusculane.

charge, que leurs iambes & leurs bras. Ils faisoient donc vn petit fossé le long de la trace qui leur estoit marquée; & dans la terre qu'ils iettoient du costé du camp, ils enfonçoient leurs pieux en les croisans l'vn dessus l'autre, puis se logeoient au dedans de ceste closture. Ainsi, bien qu'ils ne trainassent point ce grand attirail de pionniers, que la difficulté de conduire l'artillerie par toutes sortes de chemins a rendus necessaires en ce siecle, ils ne laissoient pas de se fortifier & tres-promptement. Car les soldats rangés en bel ordre l'vn prés de l'autre creusoient par dehors le fossé, pendant que du costé de la place d'autres plantoient & treillissoient les pieux, accommodans la terre à la façon d'vn rempart. C'est ce que l'on imite auiourd'huy auec des pallissades portatiues, mais qui ne se conduisent pas sans grâds frais, & encor mieux auec les charriots, ce qu'au rapport de Vegece plusieurs nations ont pratiqué, lesquelles pour n'auoir leur milice accomplie ainsi que celle des Romains, menoient par tout vne grande quantité de bagage.

Liure 3. chap. 10.

Quand il estoit question d'vn camp stable, ils le fortifioient d'vn bon rempart, de terre liée auec des fascines & des clayes, couurant le tout de gazon; ce que les Perses du temps de Vegece imitoient auec des sacs pleins de terre, & entassés les vns sur les autres à l'entour de leur logement, à cause que leur pays estoit trop sablonneux pour faire comme les Romains. De cette maniere de camps stables, ie n'en trouue point de plus remarquable entre les anciens que celuy de Iules Cesar, qui beaucoup plus foible que Pompée logé auprés de Duras, le renferma de son camp qu'il fist de cinq lieües de tour, defendu de vingt-quatre grandes redoutes: & des modernes. Celuy que Monsieur de Montmorency assist entre le Rhosne & la Durance, pendant que l'Empereur Charles V. estoit auec son armée en Prouence, fut si bien entendu, & a esté si exactement descrit par Monsieur du Bellay, qu'il en faudroit faire le recit mot à mot pour n'y rien gaster. Que si vous desirez vous donner le contentement de le lire, vous confesserez, Timandre, qu'autre qu'vn grand General d'armée n'eust pû conceuoir vn si beau dessein, & qu'il n'eust pû aussi estre representé

Iules Cesar liure 3. de la guerre ciuile.

Au liure 7. de ses Memoires.

VII. PROMENADE.

senté que par vn homme qui entendoit bien la guerre.

La troisiéme façon de camper est celle des sieges de places, qui est la seule partie de l'art militaire dont les modernes puissent debattre auec les anciens. Il s'est veu depuis trente ans des circonualations comparables à celles des anciens, & qui peuuent faire croire à tout le monde, Qu'on inuestiroit maintenant vne Capouë aussi bien que firent les deux Consuls Appius Clodius, & Quintus Fuluius, dont celuy-là defendit la circonualation du costé de la ville; & l'autre celle de dehors, contre le secours d'Hannibal : Qu'on feroit d'aussi beaux ouurages, non seulement pour empescher le secours de deuers la terre, mais aussi pour rendre vne riuiere inutile à cét effet,

& fermer encor vn port de mer, que Scipion en fist à Numance & à Carthage : Et qu'on viendroit à bout d'vn siege de Tyr, aussi bien qu'Alexandre, s'il y en auoit vne autre dedans l'vniuers. C'est ce qui fait que ie ne vous marqueray rien de ce qu'il y a de notable dedans les Historiens dessus ce sujet, & qui m'obligera de tourner ma pensée à la bataille ; Action perilleuse, importante, de plus grande consequence que les autres, à laquelle des Chefs experimentés ne se sont iamais resolus sans necessité, ou sans de grands aduantages, & que les ieunes hommes doiuent chercher comme le plus beau theatre où ils puissent faire monstre de leur valeur, ainsi que c'est celuy où les vieux Capitaines font plus clairement qu'ailleurs paroistre leur Prudence, & les fruits de leur longue experience. Ne vous attendez point icy à vn dénombrement des preceptes que plusieurs Autheurs ont laissé dessus ce sujet, ny que ie vous veüille peindre des batailles pour toutes sortes de lieux & d'occurrences. Ie ne desire pas mesme vous arrester aprés les differens ordres, formes, mouuemés, & armes des bataillons Grecs, encor que ce soit par là que l'on comprenne, Pourquoy le Lacedemonien a mis souuent en desordre celuy des Atheniens ; la sacrée cohorte des Thebains a eu deux fois la victoire sur le bataillon Lacedemonien ; & celuy des Thebains a esté vaincu par la Phalange Macedonienne. Cela seroit bon à qui traiteroit de la guerre par dessein, comme a fait Patrice, qui souftient

Liure dernier des Paralleles militaires.

contre Polybe & Tite-Liue que ce ne fut point pour aucun defaut de ceste Phalange, qu'auec leur Legion, les Romains défirent les derniers Roys de Macedoine; veu que les mesmes Historiens en rapportent d'autres causes, & d'inaduertence, & de desordre, & de surprise, & de Fortune. Mais me voyant sur la fin du discours des connoissances que doit auoir vn Honneste homme, & des aduis que i'auois eu dessein de vous donner pour bien mediter sur les bons endroits de l'Histoire; ie vous les particulariseray icy plus que ie n'ay fait encor, & vous ayant choisi quatre batailles, L'vne de Grecs à Grecs; l'autre de Romains à estrangers; la troisiéme de Romains à Romains; & la quatriéme de nos François à estrangers; ie vous éclairciray des moyens d'examiner toutes les autres, pour sçauoir discerner les effets de la Prudence, d'auec ceux de la Fortune. Vous estimerez sans doute mon entreprise aussi hazardeuse que de donner vne bataille, voire aussi ridicule que celle d'vn Pigmée qui auroit voulu arracher la massuë à Hercule, veu qu'en l'examen que ie vay faire il faudra que i'accuse d'imprudence des Generaux d'armée. Mais pourquoy aurois-ie peur de leur faire des reproches, puisque ce seront ceux-là mesmes que de grands Capitaines me fourniront, & que ie ne feray que prononcer leurs sentences?

La premiere bataille que ie rapporteray sera celle de Leuctres gagnée par Epaminondas, de laquelle il se glorifioit comme du plus beau de ses exploits, & se resioüissoit que c'eust esté du vivant de son père & de sa mere : & certainement le plus Stoïque esprit de la terre se fust laissé toucher à la ioye qu'il deuoit ressentir de sa victoire, acquise contre la plus vaillante & guerriere nation du monde, & auec vne armée de beaucoup inferieure à la leur en nombre d'hommes. Plutarque en a parlé dans la vie de Pelopidas ; mais on n'en recueille rien sinon que Cleombrotus aprés auoir veu l'ordonnance de l'armée Thebaine, voulant changer la sienne, fut chargé sur ce temps-là, ce qui le mit en desordre, & causa sa ruine. Diodore Sicilien s'explique vn peu mieux là dessus ; & l'ayant ordonné les troupes Lacedemoniennes en croissant, il en fait conduire les pointes par Archidamus & Cleom-

Au liure 15.

brotus, donnant la droite à celuicy. Epaminondas, à ce qu'il dit, rangea les Thebains en deux corps; & voulant combattre Cleombrotus, il se mit à la pointe gauche de sa bataille auec la fleur des siens, qui estoit selon Plutarque la sacrée cohorte conduite par Pelopidas. Quant à ceux de l'autre pointe, il leur enioignit de lascher le pied si tost qu'ils verroient leurs ennemis s'approcher, & de reculer peu à peu, afin que son armée estant de biais il n'y eust que sa troupe d'élite qui combatist. Le reste de sa narration est de la meslée qu'il represente tres-grande autour du corps de Cleombrotus, & que les Lacedemoniens remporterent: mais il y a beaucoup plus de choses à apprendre de ceste bataille dans Xenophon, tant pource qu'il viuoit alors, que pource qu'il estoit meilleur guerrier que ces deux Historiens. Nous y voyons donc que les Lacedemoniens ayans mis leur caualerie à la teste, les Thebains firent la mesme chose: ils rangerent aussi leur infanterie derriere comme les autres, mais d'vne façon dissemblable, & dont vous remarquerez, s'il vous plaist, la difference. Les Lacedemoniens changeans la forme ordinaire de leur bataillon, afin de luy donner vn grand front, en triplerent les rangs, & il n'eut plus par aprés que douze hommes de hauteur: les Thebains au contraire firent au leur ceste hauteur de cinquante hommes, croyans bien s'ils rompoient celuy du Roy Cleombrotus, qu'il leur seroit aisé de défaire toutes les autres troupes des ennemis. Or deuant mesme

Xenophon au liure 6. des guerres Grecques.

VII. PROMENADE. 697

que Cleombrotus s'ébranlast pour le combat, sa caualerie auoit esté rompuë, & s'estant renuersée dessus son infanterie, elle y auoit causé du desordre en de certains endroits: ce fut sur ce temps-là que la Cohorte Thebaine s'aduança, & leur fit vne charge furieuse. Il est neantmoins à presumer, comme dit Xenophon, que les Lacedemoniens eurent pendant quelque temps de l'aduantage (& ie me persuade que ce fut par les efforts de leur vaillance naturelle) puis qu'ils emporterent Cleombrotus encores viuant hors de la meslée. Mais cét accident suiuy de la mort de plusieurs hommes de marque qui auoient combatu auprés de sa personne, ne seruit pas de peu à estonner les Lacedemoniens, & à renouueller les forces aux Thebains: de sorte que leur ayant fait prendre la fuite, ceux qui estoient à l'autre aisle s'en estans apperceuz, ne tindrent pas dauantage.

Tirons profit de ceste narration, Timandre, & loüons premierement Epaminondas, de s'estre reserué comme Chef general, la conduite de la plus difficile & plus importante action qui fust à faire en ceste bataille, l'ayant pû auec honneur : ce que fist depuis luy Germanicus, & auec mesme succés, la seconde fois qu'il combattit contre les Allemands, & leur Chef Arminius. Mais loüons-le encor d'auoir sceu faire attaquer ses ennemis sur le poinct d'vn desordre, qui est tousiours vne ouuerture propre à loger vn coup, & vn defaut dont vn sage Capitaine se sçait bien seruir. Pour ce qui est

Cor. Tacite liure 2. des Annal.

des Lacedemoniens, ils ne peuuent pas dire que la Fortune combatist contr'eux, & que leur ruine procedast d'ailleurs que de leurs fautes propres. La premiere fut de leur caualerie, que Xenophon remarque auoir esté tres-mauuaise, à cause qu'en ce temps-là il n'y auoit que les riches qui nourrissent des cheuaux à Sparte, & qu'on les donnoit auec des armes à ceux qui estoient enroollés pour la guerre, lors qu'ils faisoient la monstre de leur armée. Ainsi tel estoit fait gendarme qui n'auoit iamais monté à cheual, & ce fut par où commença le declin de leur vaillance. Il ne falloit donc pas mettre ces foibles troupes à la teste : & puisque les Lacedemoniens estoient en plus grand nombre que les Beotiens, & dans vn champ de bataille spatieux; s'ils eussent rangé ceste caualerie aux aisles, ils n'en eussent pas receu tant de dommage. La seconde faute fut que l'y ayant placée, ils n'eurent pas la preuoyance ordinaire aux Romains, lesquels faisans tousiours combattre leurs plus foibles hommes les premiers, ce n'estoient pas ceux qui venoiét aux mains comme fait la caualerie, mais les armés à la legere, ietteurs de traits ou de fondes, ausquels ils laissoient des espaces derriere pour se retirer estans pressés. Vous me direz que ce premier combat des Romains n'estoit qu'vne escarmouche, ce qui est bien veritable. Mais les trois ordres de la Legion qui venoit apres au combat de pied ferme, estoient encores rangées par bandes separées l'vne de l'autre. Car les moins bons estans toufiours les premiers, ils vouloient que par ces interuales, ceux qui estoient pressés se retirassent, & que ceux de l'ordre prochain s'aduançassent, tant que ce fust aux Triaires qui estoient les meilleurs soldats, & qui se ioignoient en ordonnance serrée, faisant comme vn mur, derriere lequel les troupes battuës se r'allioient souuent & retournoient au combat. Si donc les Lacedemoniens eussent laissé des interuales pour receuoir leur caualerie renuersée, les rangs de leur bataillon n'en eussent point esté rompus. Et ie ne vous puis taire en ce lieu, Timandre, la Prudence admirable de Scipion en la bataille contre Hannibal. Car voyant que son ennemy auoit mis quatre vingts Elephans à la teste de son armée, en intention de les faire

Frontin liure 2. des Stratagemes, ch. 5.

marcher contre les Legions Romaines, pour y apporter du desordre, il ne s'oublia pas de laisser des interuales afin de les receuoir. Et de peur qu'Hannibal s'en aduisast, il les remplit de ces armés à la legere dont ie vous viens de parler, qu'il ne voulut pas pour ce coup faire escarmoucher à la teste selon la coustume, leur commandant au contraire de se retirer si tost que les Elephans s'approcheroient, afin de leur donner passage, & d'auoir moyen de les frapper par les flancs, ce qui luy succeda de mesme qu'il l'auoit pensé. Mais pour retourner à nostre bataille, Il semble que les Lacedemoniens firent encor vne faute de disproportionner leur bataillon, en retranchant de sa hauteur afin de luy donner vn grand front. Combien que par la maxi-

VII. PROMENADE. 703

me receuë, Celuy qui a plus d'hommes doit s'il se peut élargir ses troupes iusqu'à leur donner le moyen de se reployer vers les aisles, afin de battre en flanc aussi bien qu'en front; si est-ce que quand vn General se resout de combatre en vne certaine troupe, son premier soin doit estre de ne se remuer point qu'auec vn corps puissant & qui se defende bien, à cause de l'importance de sa personne. Car c'est où l'ennemy vise ; & il en fust bien mesauenu à nostre Philippes en la iournée de Bouuines, sans le secours que luy donna fort oportunément le Comte de S. Paul, qui auoit desia rompu la pointe droite de l'armée ennemie, où estoient les Flamens. Ceste mesme faute a cousté bien cher à d'autres Generaux d'armée : de sorte qu'autant que Cleombrotus est à blasmer d'auoir effilé sa troupe, Epaminondas est loüable d'auoir si bien renforcé la sienne qu'il eust esté presque impossible de la fausser.

Venons à la seconde bataille, Des Romains contre des estrangers, qui ne sera pas celle de Scipion contre Hannibal, comme vous vous pourriez estre persuadé: pource qu'encor que celui-cy demeurast vaincu, on ne le peut blasmer d'aucune faute. Il est vray qu'il donna des coups de maistre, selon sa coustume, mais il trouua en teste vn homme qui les sçauoit mieux parer que tous ceux contre lesquels il s'estoit éprouué auparauant. Pour n'aduoüer pas neantmoins que le sort decida de ces deux excellens Capitaines, ie diray qu'en leur égalité de Prudence, la vaillance

vaillance des soldats Romains preualut dessus celle des Carthaginois. Or i'ay dessein maintenant de vous faire voir qu'auec de la discipline, & de l'adresse, toute armée, quoy que petite, peut venir à bout d'vne grande, si elle n'est considerable que par sa grandeur : & i'ay creu n'en pouuoir choisir qui se rapportast mieux à mon intention que celle de Lucullus contre Tigranes Roy d'Armenie, veu que les Romains ne combattirent iamais auec si peu d'hommes, contre vne si effroyable multitude. Ce fut aussi pour cela que Tigranes s'en gaussant auec ses mignons, disoit que les Romains estoient beaucoup, s'ils venoient comme Ambassadeurs, mais trop peu pour des ennemis ; & il est vray qu'à considerer l'armée Romaine de douze ou treize mille hommes, contre vne de plus de deux cens soixante mille, & hors d'esperance de retraite ; les plus prudens accuseroient maintenant Lucullus, aussi bien que faisoit en ce temps-là le commun peuple à Rome, d'estre allé chercher la bataille, si le succés en eust esté infortuné. Appian Alexandrin l'a renduë aussi confuse en ses escrits que pouuoit estre l'armée des Barbares : Plutarque la recite mieux que luy ; & pource que vous vous en souuenez, ie feray seulement instance sur ce que i'y remarque de plus considerable. Car combien qu'il rapporte d'vn certain Strabon, Que les Romains aprés la bataille estoient honteux d'auoir employé les armes contre de si lasches esclaues : si est-ce qu'ils ne combatirent point tant de vail-

Au liure de la guerre de Mithridates.

Plutarque en la vie de Lucullus.

lance, que leur Chef auoit fait de sa Prudence. Certainement il est grandement estimable de s'estre si bien seruy du peu d'auantage que luy laissoient tant de gens, & de les auoir embarrassés par le seul defaut qu'ils luy monstroient. Iugeant donc que leurs gens-d'armes qui portoient des lances ne pouuoient estre vtiles que par leur front, & qu'ils s'estoient mal à propos rangés au dessous d'vne colline, il les fist battre en flanc par sa caualerie Gauloise & Thracienne, qui n'eut toutes-fois autre commandement, que de leur trencher les lances, & de les mettre en desordre. Ceste charge estant faite en quelques endroits, & pendant qu'elle se continuoit en d'autres, Lucullus s'écriant que la victoire estoit sienne, conduisit vne troupe

Yy ij

de gens de pied là où sa caualerie auoit desia fait son deuoir; & sans les amuser à lancer leurs iauelots de loin, il les exhorta d'aller de furie contre ces Barbares, & de les frapper auec leurs espées par les cuisses, & les iambes qu'ils auoient découuertes, estans au reste pesamment armés. Ce choc mit les premiers en desordre, plustost qu'en fuite, pour ne sçauoir presque se remuer, tant leurs rangs estoient serrés: & le gros venant en fin à estre ébranlé, ils tournerent tous visage pour se sauuer. Mais trouuans à leur queuë l'infanterie rangée en vn gros bataillon fort profond, ils la rompirent & se rompirent de nouueau. Tellement que dans ce desordre les Romains n'eurent plus qu'à tuer, & sans perte que de cinq soldats, & d'enuiron cent qui y furent blessés, ils estendirent sur la place cent mille hommes de pied, & presque toute la caualerie.

L'enseignement que nous pouuons tirer de ce memorable faict d'armes est, qu'en disposant la bataille, il ne faut point mettre de gens en lieu où ils ne puissent bien combattre, ce que Tigranes fit de sa caualerie. Car ayant pour armes des lances qui demandent vn pays plain; encores que de leur flanc ils en eussent fait le front, il leur eust esté tres-difficile de pousser leurs cheuaux contre mont la colline, & tres-aisé à la caualerie de Lucullus qui n'auoit à combatre que de l'espée, de faire effet en descendant. Ioint que quand ils se fussent choqués sur le penchant, le heurt de ceux d'en-haut eust esté beaucoup plus violent que celuy des autres; qui est vne consideration à quoy Vegece semble auoir eu égard lors qu'il donne aduis pour faire charger des gens de pied par de la caualerie, de la faire descendre de quelque endroit aucunement eleué, pourueu qu'il ne soit point raboteux, marescageux, ou couuert de bois. Auec cela, Tigranes se monstra mauuais Sergent de bataille, de n'auoir pas disposé ses gens de sorte que des deux pointes de son armée, en les faisant aduancer, & courbant le milieu en dedans, il pûst renfermer ceste petite poignée d'hommes qu'auoit Lucullus. Au contraire il fit le bataillon de ses gens de pied si estroit, & si profond, que les soldats ayans vne fois confondu leurs rangs, ne peurent ny reprendre leurs places, ny

Vegece l. 2. chap. 17.

fuir. C'eſtoit la faute que Creſus auoit commiſe auparauant en la bataille contre Cyrus: & ie ne ſçay ſi ce fut point la meſme qui cauſa la déroute des Sarrazins conduits par Abdiramen. Il n'eſt pas croyable en effet, qu'ils euſſent laiſſé le Comte Eudes en lieu où il les pûſt charger en queuë, ainſi que diſent certains Hiſtoriens qui alleguent cela pour raiſon de leur défaite. Mais que trois cens quarante cinq mille hommes qui y furent tués ayent pery par leur mauuais ordre, & par l'adreſſe du Capitaine ennemy qui en ſceut prudemment prendre ſes aduantages; cela n'eſt pas hors de croyance. Ma raiſon eſt, que bien qu'ils n'égalaſſent point nos François en valeur, ils n'eſtoient pas toutesfois ſans courage, puis qu'ils auoient donné la

Y y iiij

loy à l'Espagne, & osé aspirer à la conqueste de la France: & i'ay vn regret extréme qu'il faille qu'à faute d'vn bon Historien de ce siecle-là, nostre Charles qui en fut surnommé Martel, soit priué d'vne gloire qui auroit esté enuiée par vn Alexandre. Celle que Iules Cesar remporta dans la Pharsalie s'est bien mieux cóseruée, pource qu'il a eu soin de la rendre immortelle par ses admirables escrits; c'est la bataille de Romains à Romains que ie veux maintenant examiner, afin de vous faire perdre l'opinion, si vous l'auiez, que la Fortune eust esté l'arbitre du combat des deux plus experimentés Capitaines qui fussent au monde. Ie vous ay tantost rapporté deux grands lieux de Xenophon, pour la difficulté qu'il y a d'en tirer le vray sens de la tra-

Cesar liu. 3. des guerres ciuiles.

VII. PROMENADE. 713

duction: il n'en va pas ainsi de Cesar, qui parle clairement de ceste bataille; & ie ne sçay comment le desir de dire quelque chose de nouueau a porté Appian, & Frontin mesme, à rendre leur narration differente de la sienne. La changer, c'est mettre son armée en desordre; en oster vn seul mot, c'est assassiner vn de ses braues soldats; & il n'y a point de General d'armée qui ne la deust auoir dans la memoire telle qu'elle est en ses escrits, eu égard mesmes à ce que par ce faict d'armes, tout l'vniuers partagé en deux se veid reüny à peu de temps de là dessous vne seule teste. Ce ne furent ny le lieu, ny le temps, ny vingt-deux mille hommes contre cinquante mille qui luy donnerent des aduantages; il les rechercha dedans son esprit, & verisia ce que dit Euripide, Que par vn sage conseil on ruine les efforts de plusieurs mains. Or auant que de les remarquer, ie declareray ce dequoy Pompée s'oublia en vne occasion si fort importante ; & vous diray, Que sa premiere faute fut de se resoudre à la bataille, & de ceder à l'importune requeste que luy en faisoient des gens sans experience, plustost qu'à son opinion, puis qu'elle estoit, au rapport de Plutarque, appuyée de celle de Caton. Il n'estoit point en necessité de viures, & n'y pouuoit estre, veu le grand nombre de vaisseaux qu'il auoit dessus la mer. Il n'auoit point à craindre d'affoiblissement en ses troupes, tous les Princes Leuantins estans à sa deuotion, à cause des armées qu'il auoit conduites en ce pays-là, lesques à peine connoissoient Cesar de nom, pource qu'il auoit tousiours fait la guerre aux pays Occidentaux. Sa reputation estoit si grande, qu'il sembloit n'auoir plus besoin que de l'entretenir. Finalement, haïssant, à ce qu'il disoit, de voir répandre le sang des citoyens Romains, sa victoire ne luy pouuoit estre qu'odieuse. Ce n'estoit donc pas à luy à hazarder les forces de la Republique, contre vn ennemy dont il luy estoit plus aisé de consumer la vigueur sans combat en temporisant, & le poursuiuant de lieu en autre, que de le défaire en vne bataille rangée. Ou si quelque consideration l'eust deu induire à s'y resoudre, c'eust esté de se voir en lieu où plusieurs aduantages luy eussent fait estimer la victoire comme infallible. Nous pouuons donc par le iugement de

Scipion l'Africain qui tenoit que c'est vne faute de combatre si l'occasion n'inuite, ou la necessité ne contraint, accuser Pompée d'auoir presenté la bataille mal à propos : & par le iugement de Cesar, on le pourroit aussi blasmer d'vne seconde faute. C'est d'auoir commandé aux siens d'attendre de pied ferme les gens de Cesar, croyant que leur course feroit aucunement relascher leur bataillon, & de plus, qu'en perdant ainsi l'haleine, leurs premiers coups en seroient plus foibles. Cependant, comme dit Cesar, il y a ie ne sçay quelle émotion de courage, & gaillarde viuacité de nature, qui s'enflame encores dauantage par le desir de combatre ; & les Chefs la doiuent plustost exciter & accroistre en leurs soldats, que la reprimer ou

VII. PROMENADE. 717

contenir au dedans. L'vsage mesme des trompettes, phiffres & tambours, n'a esté introduit à autre dessein que pour réueiller ceste ardeur-là, si d'auanture elle languissoit en l'esprit de quelques-vns, & pour les animer à la bataille. Mais pource que ceste opinion de Cesar n'a pas esté approuuée de tout le monde, entr'autres d'Homere, & que la coustume des Lacedemoniens y repugnoit, ie passeray à vne autre faute de Pompée, qui fut d'imprudence, voire d'vn grand trouble & épouuantement d'esprit. Car pour auoir veu sa caualerie rompuë, il ne deuoit pas s'enfuir de la bataille, où plus de quarante mille hommes qui n'auoient point encores receu de dommage notable tenoient le tout en balance. Il pouuoit mesmes renforcer le flanc de son armée, où il n'y auoit plus que des archers dénués d'armes defensiues, en faisant aduancer les Triariens qui estoient au dernier bataillon, veu que les espaces d'entre les compagnies de la legion Romaine donnoient ceste commodité là. Outre cela il pouuoit imiter Sylla, qui voyant vn iour ses soldats fuir à Orchomene, descendit de cheual, & prenant vne enseigne s'encourut vers les ennemis, criant, O soldats Romains, c'est icy qu'il fait beau mourir; quand l'on vous demandera où vous auez laissé vostre Chef, souuenez-vous de dire que ç'a esté à Orchomene. Que si cét exemple ne plaisoit pas à Pompée, il deuoit au moins songer à vne belle retraite, estant si proche de son camp, & à y recueillir ses troupes. C'est ce que d'autres auoient fait en de pareils accidens, afin de se conseruer le moyen de combatre vne autre fois plus auantageusement. Mais non content d'auoir par sa fuite abaissé les cœurs des siens, & haussé ceux des ennemis, il fist vne beaucoup plus lourde faute, de ne se disposer pas luy-mesme à la defense de son camp qui estoit bien retranché. Car il est certain que sa presence eust accreu la hardiesse des siens, si bien qu'ils eussent tenu bon iusqu'à la nuict qui s'approchoit. Ses gens qui estoient dispersés çà & là eussent pû s'y r'allier à la faueur des tenebres, & r'asseurer auec le temps leurs esprits estourdis de la bataille : & auec cela, Cesar n'y fust pas allé si chaudement de nuict, comme il fist de iour, n'ignorant point à quel danger s'exposent ceux qui font des attaques à telles heures.

Mais pour ce qui regarde Cesar, nous pouuons dire qu'en ceste occasion il fist paroistre des preuues d'vn grand iugement, d'vn esprit fort vif, & d'vne singuliere experience. Celle de son iugement, en ce qu'ayant bien preueu que mille cheuaux qu'il auoit ne pourroient pas longuement resister aux sept mille de Pompée, il tira des trois corps de son armée vne quatriéme troupe de gens de pied qu'il reserua pour la necessité. Et voyant que la caualerie de Pompée, diuisée en plusieurs escadrons, auoit enfoncé la sienne, & chargeoit desia le flanc droit de son armée, il lascha fort à propos à l'encontre ceste troupe de reserue. Celle de la viuacité de son esprit, en ce que ceste

caualerie

caualerie de Pompée estant composée de ieunes hommes Romains qui n'estoient point accoustumés à voir des coups, il s'aduisa de commander à sa troupe de reserue de courir côtr'eux sans lancer de loin leurs iauelots, & de ne les point frapper par les cuisses & les iambes, mais d'adresser la pointe de leurs armes droit à la visiere. Il iugea bien que de crainte dē perdre leur beauté, ces ieunes gens tourneroient incontinēt le dos, quand ils verroient tant de fers luisans leur briller deuant les yeux. Et pour ce qui est de l'experience, Cesar la témoigna en ce que par les interuales des Legions il fist aduancer son arriere-garde mesme, non par necessité, mais pour rafraischir ses premieres troupes qui estoient lasses, leur donnant par là

Zz

moyen de se reposer, & entretenant tousiours le combat en mesme vigueur de son costé. Mais le comble de sa gloire fut à perfectionner sa victoire en forçant le camp de son ennemy, si tost qu'il l'eut défait à la campagne, & en contraignât ceux qui s'en estoient fuis du combat de se venir rendre à luy. C'est ce que Pompée n'auoit sceu pratiquer en la bataille precedente auprés de Duras, où il auoit eu le mesme aduantage dessus Cesar, que Cesar eut dessus luy en celle-cy.

Or, Timandre, il me seroit facile de vous faire voir que plusieurs Generaux d'armée ont imité Cesar en ces poincts que ie vous viens de marquer, & que ceste imitation ne leur a pas esté infructueuse; mais la gloire d'vn de nos Heros François ne peut souffrir que ie m'arreste plus long-temps aprés vn homme qui a rauy la liberté à sa patrie, & que ie ne vous estale pas le merite d'vn qui s'est perdu pour l'accroissement & la reputation de la sienne. C'est Gaston de Foix Duc de Nemours, que ie veux faire venir sur les rangs, Prince qui ne doit rien à nul de ceux dont ie vous ay fait mention, & qui par-aduanture les eust surpassés s'il eust vescu dauantage : car ny les anciennes Histoires, ny les modernes, ne nous en marquent point qui ayent fait tant de choses qu'il en executa en ce peu de temps qu'il fut Lieutenant du Roy Loüis XII. en son Duché de Milan. Les Suisses estans descendus dans le Milanois en intention de chasser les François d'Italie, ainsi qu'ils le monstroient

Zz ij

bien par leurs bannieres du Crucifix autresfois heureusement déployée contre le Duc de Bourgongne ; il les contraignit de s'en retourner en leur pays sans rien faire, quoy que ses troupes leur fussent de beaucoup inferieures en nombre d'hommes. Il secourut Boulongne assiegée des armes du Pape & du Roy d'Espagne, y estant entré auec toute son armée, sans que les ennemis s'en apperceussent, ce que Paul Ioue estime auoir esté la plus grande merueille de son temps, veu la vigilance des Espagnols. Et s'ils n'en eussent esté asseurés par vn Stradiot, à ce que dit Guicciardin, qui fut pris à vne escarmouche, ou, comme dit le Bembe, par vn paysan qui auoit veu le secours, & qui les obligea de leuer le siege la nuict ensuiuant, il est croyable que Gaston qui auoit resolu au lendemain vne sortie par quatre endroits, eust défait entierement ces deux armées. De là il fist marcher ses gens à grādes iournées deuers Bresse, qui auoit esté prise par l'armée des Venitiens, le iour de deuant son arriuée à Boulongne, à cause que le chasteau estoit encores tenu par les François : & ny les riuieres qu'il luy fallut passer, ny vn combat furieux fait en chemin, ne l'empescherent point de venir à temps reprendre la ville, & d'en chasser les victorieux mal-gré toute leur resistance. Finalement il donna la bataille de Rauenne que ie vous rapporteray maintenant, toutes lesquelles choses ayāt esté faites en moins de quatre mois, luy acquirent la reputation, tout ieune qu'il estoit, du plus accomply Capitaine de ces temps-là & de plusieurs siecles precedens.

Estant doncques en la Romagne assez prés des armées du Pape & du Roy d'Espagne, qui auoient nouuellement associé à leur ligue le Roy d'Angleterre & la Republique de Venise, & sçachant qu'vne armée de Suisses venoit de-rechef descendre dans la Lombardie au nom de l'Empereur, il se resolut deuant que toutes leurs forces fussent vnies, de combatre ce qu'il auoit deuant luy, ioint que le Roy luy commandoit de chercher les occasions d'vne bataille. Il y estoit d'ailleurs grandement solicité de son humeur martiale; & toutesfois il ne voulut rien entreprendre auecques temerité. Mais pour y attirer les ennemis, il iugea deuoir mettre le siege deuant Rauenne; car il esperoit, ou d'emporter en peu de iours ceste ville qui empeschoit les conuois de viures de la Lombardie en la Romagne; ou que l'armée ennemie la viendroit secourir, ce qu'il desiroit sur toutes choses. Sa raison estoit que luy ayant fait quitter vn pays montueux, où elle auoit de l'auantage, pour estre forte d'infanterie, quand elle seroit en vn pays plain il la contraindroit de venir à la bataille, dont il attendoit vn bon succés, à cause qu'il estoit le plus fort en caualerie. Or il ne fut point trompé en ses coniectures; l'armée ennemie vint au secours de ceste place, à qui les François auoient desia donné plusieurs assauts. Et s'estant logée le long de la riuiere du Ronco, à vne lieuë de la ville,

Gaston enuoya défier à la bataille Raymond de Cardonne Viceroy de Naples, General de ceste armée, en luy faisant presenter vn gand ensanglanté, selon qu'il se pratiquoit alors.

Le défy estant accepté, les François qui estoient de l'autre costé de la riuiere, firent la nuict vn pont de bateaux pour passer leur artillerie : les Lansquenets s'en seruirent aussi, mais les autres troupes passerent à gué; la leuée de terre qui est le long de la riuiere ayant esté esplanadée en de certains endroits pour donner plus de facilité à la caualerie. Dom Raymond de Cardonne qui estoit flanqué à sa gauche de la riuiere, & fortifié d'vne tranchée à la teste de son camp, ne iugea pas à propos d'en sortir: il s'attendoit que les François l'iroient attaquer là dedans, où ils ne pourroient entrer qu'en deſordre. Fabrice Colomne eut le commandement de ſon auant-garde compoſée de huict cens gens-d'armes, qui ſe mirent le long de la riuiere; ayans à leur main droite le bataillon de Ramazzotto Boulonnois, qui eſtoit de ſix mille hommes. La bataille eſtoit auſſi le long de la riuiere, de ſix cens lances, coſtoyées de l'infanterie Eſpagnole, & vn bataillon de quatre mille hommes: le Viceroy y auoit pris ſa place, & le Cardinal de Medicis auec le Marquis de la Padule. L'arriere-garde rangée de meſme que les deux autres corps, eſtoit de quatre cens lances, & d'vn bataillon de quatre mille hommes; a coſté d'eux, mais vn peu en arriere, Fernand d'Aualo Marquis de Peſcaire commandoit à la caualerie legere, où il y auoit mille cheuaux feparés en plufieurs efcadrons. A caufe de fa ieuneffe, on luy donna pour confeil quelques Capitaines experimentés, encor que le plus exprés commandement qu'il euft fut de faire aduancer fes troupes le long de l'aifle droite de l'armée, pour fecourir l'infanterie felon qu'il le connoiftroit neceffaire, pource que le camp n'eftoit point retranché de ce cofté-là. Et pour ce qui eftoit de l'arriere-garde; on en commit le principal foin au Carauagial Efpagnol. Ils auoient leur artillerie à la tefte, couuerte iufqu'à la bouche, de la leuée de terre qui eftoit le long de leur retranchement: Pierre de Nauarre l'auoit ainfi rangée auantageufement, & trente charrettes garnies de gros mouf-

VII. PROMENADE. 731

quets & d'harquebuzes à croc. Il se mit derriere auec les enfans perdus, qui estoient cinq cens naturels Espagnols bien choisis; car son intention estoit de venir charger ceux qu'il verroit auoir esté mis en desordre par son artillerie.

De l'autre costé Gaston de Foix auoit aussi diuisé son armée en trois corps: auec ceste difference toutesfois qu'il auoit tellement estendu son Auant-garde, qu'estant courbée en dedans, ses deux pointes se reployoient vers le flanc des ennemis, & en voyoient toute l'auant-garde aux espaules. Alphonse Duc de Ferrare, qui en estoit le conducteur, ne passa point la riuiere; il falla opposer auec six cens lances, quelques Lansquenets & de l'artillerie deuant eux, à l'aisle gauche des ennemis, la riuiere estant entre deux, & le reste de son auantgarde leur fut mise en teste. Six mille Gascons prindrent le long de la riuiere, costoyés, mais vn peu en arriere, d'vn gros de Lansquenets, & ceux-cy d'vn regiment de Picards qui estoit au plus profond de la courbure; des compagnies d'Archers la remenoient en auant, & quelques escadrons de caualerie legere, s'aduançans les vns sur les autres pour former la pointe droite de ceste ordonnance en croissant. La bataille que menoit le Seneschal de Normandie, s'élargissoit vn peu de la riuiere: c'estoit vn gros d'auanturiers François, & cinq mille Italiens, flanqués d'escadrons de cheuaux legers, dont il y en auoit trois mille en toute l'armée. Monsieur de la Palisse, & le Cardinal de S. Seuerin, estoient à

VII. PROMENADE. 733

l'arriere-garde auec six cens lances: & Monsieur d'Alegre qui en auoit charge auec ledit sieur de la Palisse, demeura en ordre assez prés de l'endroit où l'armée auoit passé la riuiere, afin de remedier à la sortie qu'on pourroit faire de Rauenne. Gaston ne se voulut point arrester en vn lieu prefix, ny combatre auec vne troupe particuliere: il se reserua pour aller çà & là donner les ordres selon les diuers accidens, & s'accompagna de trente Gentils-hommes François des plus vaillans de son armée.

Aprés auoir ainsi disposé ses troupes, il leur fit vne harangue pour les animer à rendre les preuues que toute la terre attendoit de la generosité de leur courage: mais à le voir seulement couuert d'armes éclatantes, & d'vne casaque en broderie par dessus, monstrant vn visage gay, des yeux qui iettoient ie ne sçay quels regards pleins d'asseurance, & qui brilloient de certaines estincelles de ioye, il n'y eut pas vn des siens qui ne se sentist épris d'vne ardeur extréme de combatre, & de se signaler par quelque action glorieuse. Comme il fut à deux cens pas du retranchement des Espagnols, il s'arresta, croyant qu'ils en sortiroient pour venir liurer le combat ; ils se contenterent de faire iouer leur artillerie, qui incommoda tellement le bataillon des Gascons, que Pierre de Nauarre fut blasmé de ne les auoir pas chargés sur ce temps-là, auec sa troupe d'enfans perdus. L'artillerie qui estoit à la teste de l'armée Françoise, ne faisoit pas vn si grand dommage, veu qu'il falloit tirer haut à cause du retranchement, & que ceux qui la chargeoiét estoient à découuert. Mais en recompense celle du Duc de Ferrare qui batoit en flanc, éclaircissoit bien les rangs de la caualerie Italienne & Espagnole; & Pierre de Nauarre qui en estoit assez prés, fit coucher tous ses enfans perdus sur le ventre, de sorte qu'ayant deux leuées de terre, a costé & au deuant, il estoit hors de danger, mais il n'osoit monstrer la teste. Ce ieu ayant duré deux heures, & Colonne voyant la perte des siens sans combatre, ne se pût tenir d'éclater en iniures à l'encontre du Viceroy, & sans en attendre de commandement il fit sortir sa troupe sur les François, qui fut bien tost suiuie de tous les gens de cheual. Pierre de Nauarre ayant donné à mesme temps le signal à son infanterie, les Allemans furent ceux qui en receurent l'attaque ; leur resistance dura autant que la vie de leur Capitaine, mais leur vigueur s'allentit incontinent aprés qu'ils le virent bas. La meslée estoit encor plus grande parmy la caualerie, où les François contraignirent le Colonne de s'enfuïr : Cardonne sans vouloir dauantage opiniastrer le combat, fit de mesme, & le Carauagial à son exemple. Ils emmenerent donc leurs deux troupes entieres sans leur faire rendre aucune preuue de leurs forces, ny de leur courage ; & il n'y eut que celles du Marquis de la Padule qui estans venuës en desordre au combat, furent taillées bien-tost en pieces, leur Chef estant resté prisonnier. Pour ce qui est du Pescaire, il fit voir en ce premier essay

de

de ses armes, par les blessures receües en combatant; qu'il seroit vn iour vaillant Capitaine. Ses troupes toutesfois ne peurent resister à la caualerie Françoise, & il fut fait prisonnier trouué presque enseuely dessous vn monceau d'hommes & de cheuaux morts. Or les Gascons qui s'estoient sauués de la ruine du canon, & qui n'auoient personne en teste, coulans entre la riuiere & la leuée, s'en allerent charger les Italiens de Ramazzotto. Monsieur d'Alegre qui n'apprehendoit plus rien du costé de Rauenne, prit le mesme chemin auec sa compagnie de gens-d'armes; desireux de vanger la mort d'vn de ses fils, tué vn an auparauant par ces mesmes Italiens. Le courroux le poussa contre tant d'ennemis, & si auant, qu'il y laissa

A a a

la vie aussi bien qu'vn autre de ses enfans : & l'effort des siens eust mis toute ceste troupe au fil de l'espée, si l'infanterie Espagnole restée dans le camp ne la fust venuë secourir. Ainsi tout le combat fut reduit autour de l'infanterie, mais la caualerie Françoise retournant de la chasse, & donnant aux espaules des ennemis, leur fit bien tost abandonner la place, de sorte que le camp & la victoire demeurerent aux François. Si est-ce que ceste troupe Espagnole ne se démentit point ; & au contraire s'estant mise en ordonnance serrée, & ayant gagné le chemin qui estoit entre la leuée & la riuiere, pource qu'il estoit estroit, & qu'on ne l'y pouuoit batre de tous costés, elle faisoit vne tres-belle retraite. Pierre de Nauarre n'y voulut pas ioindre

VII. PROMENADE. 739
la sienne qui estoit tousiours aux mains auecques les Allemans; il est incertain si c'est qu'il ignorast l'estat des affaires aux autres endroits de la bataille, ou s'il vouloit perir en combatant, & en effet il y demeura prisonnier. Or Gaston de Foix qui voyoit ces compagnies Espagnoles se retirer en bon ordre deuant tant de gens, ne le pût souffrir; il se transporta contre leur corps qui estoit herissé de picques de tous costés, & il en fut blessé d'vne dedans le flanc. Ainsi donc il honora sa victoire de son sang; & il sembloit à plusieurs qu'il auoit recherché de perdre la vie en ceste occasion, comme s'il ne l'eust pû iamais rendre plus glorieuse qu'elle estoit à vingt-quatre ans.

Voila, Timandre, ce que i'ay tiré fidelement de plusieurs Italiens

Aaa ij

qui ont eſcrit de ceſte bataille, où ceux qui en parlent le plus fauorablement pour les ennemis de la France, diſent que prés de trois mille François furent tués, & plus de ſept mille ennemis, tous les autres s'eſtans ſauués à la fuite. C'eſt ce qui l'a renduë vne des plus memorables de ces derniers temps: auec ce qu'elle fut ſuiuie du ſac de Rauenne, & de la reddition de pluſieurs autres places de la Romagne. Nous en pouuons recueillir quelques fruits encor maintenant: & Patrice qui l'a examinée a bien fait connoiſtre que c'eſtoit vn champ de la Prudence militaire auſſi bien que de la vaillance. Il a veu ſi clair en ces matieres-là, que ie n'oſerois aſſeoir mon examen ailleurs que deſſus les meſmes poincts qu'il nous a marqués: mais

VII. PROMENADE. 741

ie ne vous les rapporteray pas nuëment, & sans les accompagner de quelques exemples, qui seront comme les trophées de la vaillance de nos François.

La premiere faute, dit-il, *fut des François, qui pour le defaut de viures, pluſtoſt que pour le reſpect du commandement du Roy, se porterent à la bataille. Les Romains & Alexandre ne partoient point d'vn lieu ſans s'eſtre prouueuz de viures auparauant, qu'ils faiſoient marcher par tout pour éuiter les neceſſités deſaduantageuſes.* Certainement ie n'ay point veu d'Hiſtorien qui n'ait remarqué que toutes les depeſches du Roy Loüis XII. ne fuſſent chargées d'vn ordre exprés à Monſieur le Duc de Nemours, de donner bataille deuant que les troupes des puiſſances liguées contre France ne fuſſent vnies. Et Guicciardin a dit seulement, que si l'armée Espagnole fust entrée dans Rauenne par le bois de la Pinette qui est entre la mer & la ville (ce qu'elle pouuoit aisément, comme vous l'auez bien veu, Timandre, estant dessus les lieux) elle eust en peu de iours contraint les François de s'en aller de la Romagne par faute de viures. Ce sont donc les Espagnols qui doiuent estre blasmés de ne s'estre pas seruis de leur aduantage ; & c'est eux aussi qu'il charge de la seconde faute, A sçauoir, *de s'estre tenus à trois mil loin de Rauenne, au lieu de s'approcher si prés des murailles qu'ils en eussent pû receuoir quelque secours.* Sertorius & Pompée ayans dessein, celuy-là de prendre vne ville d'Espagne ; & celui-cy de l'en empescher, songerent tous deux à se saisir d'vne

Plutarque en la vie de Sertorius.

motte qui auoit du commandement sur la ville, & qui en defendoit l'aduenuë. Sertorius le plus vigilant Capitaine qui fut iamais, y arriua le premier, & Pompée l'y voyant, se vanta de tenir alors assiegé celuy qui vouloit assieger les autres. Il est vray qu'il l'auoit enclos entre son armée & la ville, mais Sertorius ayant laissé dans le camp dont il estoit délogé, six mille hommes de pied bien armés, pour charger en queuë Pompée, en cas qu'il le voulust assaillir dessus la motte, ceux de la ville furent contraints de se rendre à sa veuë, sans qu'il osast rien entreprendre. Ce que dit alors Sertorius, Qu'vn sage Capitaine doit plus regarder derriere soy que deuant, & la crainte qu'eut Pompée d'estre assailly par derriere, condamne les

A a a iiij

Espagnols, pour n'auoir pas enfermé les François entre leur armée & Rauenne. Les François au contraire se monstrerent bien plus aduisés de faire garder le pont, de peur que durant le combat quelques troupes vinssent les incommoder de la ville.

La 3. faute fut des mesmes Espagnols, en ce que n'estans pas venus en resolution de combatre, ils ne se camperent point en vn lieu où l'on ne les y eust pû forcer. Car la premiere preuoyance d'vn Chef doit estre celle des lieux, estant necessaire d'occuper par tout ceux qui leur peuuent aider, ou ceux d'où il est aisé de leur nuire.

La 4. d'eux-mesmes, Qui se logerent delà le Ronco ; ce qui leur fist perdre la victoire. La raison est, qu'ils eussent esté flanqués des deux riuieres qui coulent le long de Rauenne, entre

VII. PROMENADE.

lesquelles Gaston de Foix s'estoit campé. Or c'est vne maxime, Que deux armées estans en vn lieu estroit, ne remportent iamais vne pleine victoire l'vne sur l'autre, quand toutes choses sont égales. Mais les difficultés se fussent rencontrées du costé des François. Car ils n'eussent pas eu la commodité d'élargir leur front tant qu'ils firent ; & ceux de la ville eussent fait plus facilement vne sortie, n'ayans point de riuiere à passer. De sorte que Gaston ayant bien preueu tous ces inconueniens, se monstra tres-iudicieux Capitaine, d'enuoyer défier les ennemis si tost qu'il les sceut en lieu où il pouuoit bien employer toute sa caualerie.

La 5. & 6. d'auoir laissé faire aux François vn pont pour passer l'artillerie ;

Ou de ne l'auoir pas rompu quand il fut fait: Et la 7. de ne s'estre pas opposés au passage de la riuiere, pouuant auec toutes leurs forces tailler en pieces vne partie de l'armée desia passée. C'estoit l'aduis de Fabrice Colonne, auquel resista grandement Pierre de Nauarre, dont les opinions estoient bien receües du General. Celle-là toutesfois estoit contre les apparences du sens naturel, contre les regles de ceux qui ont traité de la milice, & contre l'authorité de plusieurs exemples, entr'autres de Iules Cesar, lors qu'il chargea les Suisses au passage de la Saone.

Voila les fautes commises deuant la bataille, & ie vous veux dire succintement en quoy les Espagnols manquerent pour ce qui regarde le combat. *Ayant fait leur front estroit (ce dit Patrice) ils donne-*

VII. PROMENADE.

rent la commodité à leurs ennemis de les enuironner par les flancs; outre cela ils ne leur opposerent que l'auant-garde; & leurs trois escadrons estans adoßés l'un de l'autre, celuy de deuant se priuoit du secours de celuy qui estoit derriere. Il n'est point necessaire que ie vous die icy que les troupes de reserue, & celles qu'on met en embuscade dans quelque forest voisine d'vn champ de bataille, ou en quelque autre lieu dont l'on ne s'aduise pas, n'y sont logées qu'afin de venir dans la chaleur du combat, auec vne saillie inopinée, & vn mouuement impetueux, se ruer sur les flancs & sur les espaules de l'armée ennemie. Car vous sçauez que dans les recits des batailles, on y void tousiours vn dessein d'enuironner son ennemy: Et pour vous en faire sensiblement reconnoistre l'importance, ie defire de vous toucher vn mot de la bataille de Cannes. Les Gaulois & les Efpagnols foudoyés par Hannibal ayans efté difpofés en demy-lune, dont la courbure f'aduançoit vers l'ennemy, & les deux bouts eftoient fortifiés chacun d'vn gros de fix mille foldats Africains ; il arriua que les Gaulois qui combatoient alors tous nuds, & les Efpagnols qui n'auoient que des armes de iect, furent contraints aprés auoir fait leur décharge, de ceder au choc violent des legionnaires Romains. Ils reculerent donc, mais en forte qu'en faifant vne refiftance fléchiffante par le milieu, ils ne perdirent point la figure de leur demy-lune, y ayant feulement cefte difference, que le cofté qui eftoit boffu auparauant deuint enfoncé.

VII. PROMENADE. 749
Sans y penser, les Romains s'allerent engager dedans ceste concauité, de sorte que les Africains bien armés, s'estans aduancés le long de leurs flancs, leur firent vne attaque furieuse. Ne s'en pouuans retirer sans desordre, ny fausser les Gaulois & les Espagnols qui s'obstinerent à la meslée, il leur fut force de combatre desesperément. A la fin toutesfois, Asdrubal estant retourné auec sa caualerie qui venoit de défaire entierement celle des Romains, tous les legionnaires se trouuerent enueloppés de toutes parts; & le carnage fut si grand en ceste bataille, que l'on fit compte de septante mille soldats, & de prés de six mille Cheualiers morts, sans ceux qui demeurerent prisonniers. Mais pour continuer nostre examen, Il est vray que quand des

bataillons sont en mesme file, celuy de derriere ne sçauroit sans desordre secourir celuy de deuant; ce qui obligeoit les Romains à ordonner les compagnies de leurs legions en eschiquier. Et lors que Scipion combatant en Afrique contre Hannibal, les adossa en files, ce fut de peur que les Elephans, ausquels il laissoit des ouuertures par tout, venans à rencontrer des troupes en teste, ne troublassent l'ordre de ses legions. Partant, il estoit impossible en la iournée de Rauenne, que la bataille secouruit l'auant-garde Espagnole sans beaucoup de confusion; & le Marquis de la Padule se deuoit aduancer si tost qu'il veid tant soit peu ployer la troupe du Colonne, puis qu'en retardant, de nouueaux empeschemens se formoient, veu que

VII. PROMENADE. 751
hommes & cheuaux tomboient morts inceſſamment, par deſſus leſquels il ne pût marcher ſans deſordre.

Mais la plus remarquable faute fut *la fuite du Viceroy, à l'heure qu'il deuoit auec le ſecond & le troiſiéme corps ſecourir ou remplacer ce qui manquoit du premier qui n'eſtoit pas encores rompu, mais ſeulement en deſordre*: Car comme ie vous ay dit, l'infanterie tenoit touſiours bon, & faiſoit vne grande reſiſtance. Certainement, Timandre, ſi noſtre François I. euſt eſté capable de ceſte laſcheté de cœur de fuir en vn iour de bataille, ou de ce trouble d'eſprit, de n'aller pas ſecourir vne partie de ſon armée qu'il euſt veuë branler, il n'euſt pas remporté ceſte memorable victoire de Marignan. Car en ce combat, ou pluſtoſt en ceſte furie de deux iournées, les Lanſquenets qui eſtoient à ſon auant-garde, ſur quelque ombrage qu'ils prindrent qu'on les vouloit faire maſſacrer par les Suiſſes leurs anciens ennemis, s'ébranlerent pour fuir; & les Gaſcons chargés de tout le faix, euſſent ſuccombé à la longue, ſi le Roy ne les euſt ſouſtenus auec le corps de ſa bataille. Et la nuiƈt n'ayant pû rien diminuer de la fureur des Suiſſes, plus grande en ce combat qu'elle n'auoit iamais eſté, ny n'a eſté depuis; ils firent encor le lendemain reculer plus de cent pas vn des meilleurs bataillons des meſmes Lanſquenets, & donnerent bien de la peine au reſte de l'infanterie. Si bien que l'honneur de leur défaite appartint à la caualerie Françoiſe, & à l'adreſſe & Prudence du Roy, qui l'employant fort

fort à propos, eut à l'âge de vingt & vn an la gloire d'auoir gagné vne bataille, de laquelle Triuulce faisoit ce iugement, *que s'estant trouué en dixhuict autres, elles luy sembloient auoir esté d'enfans, & celle-cy de geants,* tant l'on y fit d'efforts des deux parts, ou pour vaincre, ou pour mourir. C'est ce que ne fit pas le Viceroy à Rauenne, & il manqua bien à ce que dit nostre Patrice, *de s'estre détaché de la bataille sans faire la derniere preuue.* En effet ce ne sont pas les premiers coups qui donnent la victoire, mais les derniers, & il y a des pointes de vaillance qui s'émoussent en combatant, & des forces qui deuiennent à la fin languissantes. Partant, l'on ne sçauroit excuser vn General d'armée, qui ayant paru dans vn champ de bataille, n'y veut pas faire l'essay de toutes ses forces. Monsieur de

Guise eut bien plus d'occasion de se retirer à la iournée de Dreux, où, pource qu'il fallut de necessité occuper certains lieux, l'armée Catholique se trouua toute en vn front, mais inégal & bossu en diuers endroits, de sorte que la bataille aduançoit plus que les deux autres corps. Ainsi ayant esté la premiere attaquée, rompuë, défaite de tout poinct, Monsieur le Connestable y estant demeuré prisonnier, & vne partie de l'auantgarde ayant ployé : Neantmoins Monsieur de Guise qui commandoit l'arriere-garde, estimant que la premiere vigueur des victorieux estoit alentie, leurs forces recreües, & voyant qu'il y en auoit qui songeoient desia aux bagages, se promit l'honneur du combat. Et faisant marcher ses gens frais, & qui auoient vne bonne opinion de sa valeur & de sa Prudence, il remit en peu de temps les choses en estat; il fit balancer ce qui sembloit entierement abattu; & en fin se rendit maistre du champ de bataille, maistre de la personne du General de l'armée ennemie, en eschange de Monsieur le Connestable; & maistre de la victoire.

Si i'osois adiouster quelque remarque à celles de Patrice, ie trouuerois à blasmer le Viceroy d'auoir laissé trop long-temps les siens exposés aux coups de l'artillerie, qui fit en ceste bataille plus de dommage, qu'elle n'a iamais fait ailleurs, pour auoir esté bien placée de part & d'autre, & principalement celle que les François pointerent contre le flanc des ennemis. Et ceste faute me semble pareille à celle que commettroit vn General, qui laisseroit consumer ses gens

Bbb ij

en vne grosse écarmouche, au lieu de venir aux mains auec toute son armée.

J'oseray bien au moins luy contester en quelque sorte le blasme qu'il donne à nostre Gaston, *de s'estre auec inconsideration transporté aprés les Espagnols qui se retiroient, ce qui fut cause de sa mort, & de la perte de tout ce que le Roy tenoit dedans l'Italie.* J'aduoüe que Pyrrhus a creu qu'il ne falloit point reduire ses ennemis à la necessité d'vn desespoir, qui produit des efforts bien plus violens que ceux de l'esperance ; & que pour luy donner vne autrefois enuie de fuir, il est bon de l'accoustumer à ceder en luy laissant la campagne libre. L'exemple de Themistocle contre Xerxes, & le prouerbe du pont d'or à ses ennemis, aussi bien pratiqué par les vaillans que par les poltrons, nous enseignent

Frontin liure 4. ch. 3.

VII. PROMENADE. 757

encor la mesme chose. Mais, Timandre, ce n'est pas pour des lieux où l'on doit craindre vn ralliement qui peut par aprés apporter de nouueaux dommages. Cesar tafchoit d'auoir ses victoires accomplies, & non point imparfaites; autrement, ce n'eust esté que chasser l'ennemy d'vn lieu, & s'obliger de l'aller retrouuer en vn autre. Que si Gaston y demeura, qui fut vne perte signalée; Vn General d'armée ne se tient pas tousjours en vn lieu inaccessible aux coups. Et s'il s'y porta par vne impetuosité de son naturel genereux, qu'il luy fut impossible de reprimer, i'aduouë que sa vaillance choqua sa prudence, & la renuersa. Il eut au moins ceste agreable asseurance dans le hazard où il se iettoit, Que la victoire couronneroit sa vie, & qu'elle le receuroit mort

Bbb iij

entre ses bras, ainsi qu'elle auoit fait autresfois Epaminondas. Et si sa mort aussi bien que celle de ce renommé Capitaine Thebain, fut suiuie de là à quelque temps d'vne grande ruine de son party; elle arriua par la faute de ceux qui luy succederent.

Ma resolution estoit de finir ceste Promenade par la fin de ceste bataille; mais il n'y a point d'apparence, Timandre, de ne rien dire de la victoire, & de ne dresser pas des trophées au vainqueur. La Philosophie morale auroit icy vn beau sujet de parler; & neantmoins ie ne me departiray point de mon dessein, & vous diray seulement ce que i'apprens de l'Histoire. On y void en mille endroits que les plus sages Capitaines ont esté ceux-là qui ont songé à se vaincre eux-mesmes, aprés auoir surmonté les autres; c'est à dire, qu'ils ont receu leur bon-heur auec de la modestie. Et de mesme que par leur clemence ils entassoient victoire dessus victoire, gagnant l'amour des vaincus, & l'estime de tout le monde: ceux aussi qui ont vsé de cruauté, semblent s'estre alors obligés à de pareilles conditions en d'autres rencontres. Car si la cruauté est excusable en quelques occasions, ce n'est ny aux guerres ciuiles, ny aux estrangeres, mais seulement contre des rebelles, où elle passe alors pour chastiment, & est employée afin de donner de la terreur aux autres. D'ailleurs, ie trouue qu'il y en a eu qui pour estre deuenus negligens à leur deuoir, à cause de leur victoire, n'en ont pas sceu iouïr; & qu'il y en a eu aussi qui par d'autres manquemens ont donné moyen à leurs ennemis de les vaincre par aprés? Il

Bbb iiij

ne se faut donc pas enorgueillir du bon succés de ses armes. La condition des choses porte que les vainqueurs ne se peuuent glorifier de leurs victoires sans honorer les vaincus, & que leur triomphe ne brille que de l'éclat de la reputation des captifs qui marchent aprés leur chariot. Que si les choses sont si fort meslées, ils doiuent considerer que qui est vaincu, a pû, ou pourroit vaincre vne autre fois : & la representation des reuers de la Fortune sied mieux alors que iamais dans leur pensée, afin de moderer leur ioïe, de refrener les mouuemens de leur orgueil s'il venoit à s'enfler, & pour leur faire songer par la miserable conditiō des vaincus, qui sont hommes aussi bien qu'eux, qu'ils peuuent tomber en mesme disgrace. Or d'entre plusieurs exemples que les Historiens

VII. PROMENADE. 761
nous fourniſſent, ie vous en veux
rapporter vn de Guicciardin qui *Guicciardin liure 1. de ſon Hiſtoire.*
contient à mon iugement tout ce
que nous pourrions recueillir de
beaucoup d'autres, & qui doit ſeruir d'auertiſſement notable à tout
Conquerant. Sur vn offre que fit
noſtre Roy Charles VIII. à l'Admi-
ral de Naples Dom Federic d'Arragon, de donner à Ferdinand (ſur
lequel le Roy venoit de gagner le
Royaume de Naples) de grands
Eſtats en France, Federic ſçachant
bien que Ferdinand n'accepteroit
aucun party, ſi on ne luy laiſſoit la
Calabre, reſpondit en ſubſtance,
Que Ferdinand n'eſtoit pas reſolu
de reſiſter à la Deſtinée, ny au con-
ſentement des peuples qu'il voyoit
bien s'eſtre accordés pour mettre
ſes Eſtats entre les mains du Roy;
& au contraire que ne tenât point
à honte de ceder à celuy ſous qui

tout ployoit, il esperoit de se voir quelque iour les occasiôs en main d'employer à son seruice ceste vertu que son mal-heur luy auoit renduë inutile pour soy-mesme, & se disposeroit de luy obeïr entieremēt, pourueu qu'il luy pleust donner sujet de se loüer de sa Clemence, & de reuerer sa Magnanimité en luy accordant quelque partie du Royaume, où il se contenteroit de viure comme l'vn de ses Barons. Que par de semblables actions les anciens conquerans s'estoient acquis des honneurs diuins, & vne gloire immortelle; & qu'il luy faisoit ouuerture de cét aduis d'autāt plus librement, qu'il sçauoit bien que c'estoit vn moyen d'asseurer sa conqueste, en s'acquerant la deuotion de Ferdinand, seul capable de donner quelque changement aux affaires. Et qu'au reste la Fortune auoit accoustumé lors qu'elle ne voyoit point la moderation, ny la Prudence accōpagner vne victoire, de la faire tousiours suiure de quelque accident inopiné, qui en venoit soüiller la beauté. Le Roy ne voulut point entendre à ce conseil, se persuadant qu'il ne pouuoit laisser vne partie du Royaume à son cōpetiteur, sans hazarder tout le reste: mais en fin Ferdinand auec l'aide des autres Princes d'Italie, à qui la fortune des François deuint suspecte, fit connoistre que les ouuertures de Federic n'estoiét point à mépriser. Ie n'oserois pas toutes-fois blasmer le conseil du Roy, car en apparence il estoit le meilleur, & en effet il ne fut pas cause de la perte du Royaume de Naples. Mais cecy n'a rien de commun auec nostre entretien, Timandre, outre que je le veux finir, me persuadant que vous en deuez estre satisfait. Car si ie ne vous y ay declaré tous les preceptes de la Prudence militaire qui se peuuent recueillir de l'Histoire, au moins vous ay-ie assez donné de iour pour les apperceuoir de vous mesmes, & vous verifier ce que dit vn iour Alphonse Roy d'Arragon, à ceux qui luy demandoient à qui il auoit plus d'obligation, ou aux liures, ou aux armes; Que par les liures il auoit appris les armes, & le droict des armes.

FIN.

TABLE DES MATIERES PRINCIPALES
contenuës en ce Liure.

A.
Aage.
Es 3. aages de l'hôme consideré. pag. 189

Abeilles.
les merueilles qui sont en elles. 86

Abus.
on peut abuser de toutes choses. 232

Ame.
difference de l'Ame & de l'Entendement. 72

Areopagites.
iugeoient de nuict. 208
vn de leurs iugemens. 215

Armes.
leur conionction auec les lettres. 152
par l'exercice des armes les Estats s'accroissent. 571
discipline militaire des Romains. 572. &c. & 635
Voyez Guerre.

B.
Batailles.
celle de Leuctres. 693
celle de Lucullus contre Tigranes. 705
celle de Charles Martel contre Abderame. 711
celle de Pharsale. 712

Table des matieres.

celle de Rauenne. 726
celle de Cannes. 748
celle de Marignan. 751
celle de Dreux. 754
Beauté.
ses qualités. 8
Bien.
il y a de 4. sortes de Biens. 504
diuers degrés de Biens. 518
Bourgeoisie.
pourquoy les Romains en donnerẽt le droit à quelques peuples. 555

C.

Capitaines.
la Science leur est necessaire. 258
Censure.
vtilité de ceste charge à Rome. 542
Cesar.
iugement qu'on fit de ses desseins à Rome. 217
son passage en Angleterre. 357
son siege à Alexia. 359
Voyez Histoire.

Colonies.
vtilité d'icelles chez les Romains. 555
Condition.
confiderations sur icelle. 434. &c.
Conquerant.
les qualités qu'il doit auoir. 533
Conseil.
chacun le doit rechercher. 420
ce qu'il y faut obseruer. 42. &c.
quelles choses ne l'admettent point. 431

D.

Destinée.
opinion des Stoïques refutée là dessus. 108. &c.
Deuoir.
regles pour les Deuoirs. 517
Dieu.
qu'il y en a vn. 80. &c.
comment on en peut parler. 88
Discours.
comment on connoist s'il est vray. 205. & 498. Voyez Parole.

Table des matieres.

E.

Eloges.
d'vn Honneste homme. 10
de Lucullus. 261
de la Morale. 294
de Monsieur d'Humieres tué à Han. 321
de M. Agrippa. 373
de Gaston de Foix. 723

Enfance.
sa bonne institutiō importāte à l'Estat. 174
celle des Lacedemoniēs & des Sybarites considerée. 177, &c.

Enfans.
de l'amour ou de la haine qu'on doit auoir pour ses enfans. 508

Entendement.
est l'image de Dieu. 72
comment il entend. 72. & 342. &c.
ses qualités. 76. &c.
Voyez Volonté.

Epaminondas.
les grands effets de sa Vertu. 254

Epicure.
son opinion touchant les Voluptés. 52
sa loüange. 249

Exemple.
sa force. 21
sont de grand vsage pour la Prudence. 389. &c.
comment il s'en faut seruir. 395
notable exemple d'vn Exemple mal imité. 399

Estats.
cōment il les faut considerer. 527. 532. &c.
les causes de leur ruine. 585

Execution.
preceptes pour icelle. 467. &c.

Experience.
doit estre accōpagnée de l'Histoire. 265
l'Experience propre, & l'empruntée. 409

F.

Fables.
celle du Iugement de Paris expliquée. 48

Fauorits.
maximes des prudens Fauorits. 569

Table des matieres.

Forteresses.
en quels lieux on en
 doit faire. 539. & 565
Fortune.
ses effects. 351
Frequentation.
fait passer les mœurs
 de l'vn en l'autre. 185.
 & les connoissances.
 412
G.
Guerre.
doit estre iuste. 538
celles des Romains ne
 l'estoient pas tous-
 iours. 556
ne se peut faire sans ar-
 gent. 579
du marcher des ar-
 mées. 638
des retraites. 669
du camper. 681
des batailles. 689
Voyez Armes.
H.
Homme.
comme til se surmonte
 soy-mesme. 55
petit monde. 79
les moyens qu'il a de se
 bien connoistre. 123.
 & toute la 3. Prome-
 nade.

Voyez aussi Naturel.
Honnesteté.
parmy les animaux. 25
comment a esté esta-
 blie, reconnuë & de-
 finie. 30. 36. 44
Histoire.
son vtilité. 265. 503. &c.
celle de C. Tacite. 312.
 318. & 530
de Xenophon. 314. &
 630
d'Herodote. 315. & 318
de Salluste. 316
de Thucydide. 316. 320
de Polybe. 321. 328
de Paul Ioue. 323
de Philippes de Com-
 mines. 323
de Guicciardin. 326
de Q. Curse. 327
de M. de Thou. 330
de Velleius Paterc. 334
de Tite-Liue. 530
de Florus. 533
de Iules Cesar. 630
I.
Ieunesse.
par elle on iuge du re-
 ste de la vie. 166
n'est gueres capable de
 Prudence. 383. 422
Imita-

Table des matieres.

Imitation.
Voyez exemple.

Impies.
leurs opinions combatuës. 93. 94. &c.

Iugement.
comment il faut iuger des desseins de quelqu'vn. 483. &c.
obseruatiōs qu'on doit faire pour bien iuger de toutes actiōs. 507. &c.

Iustice.
en quoy consiste. 429.
diuerses sortes de iustice. 569

L

Loix.
raison de leur establissement. 30. 32. &c.
apportées à Rome, & leur vtilité. 546

M

Medecine.
comment a esté composée. 303

Motifs.
celuy de la necessité 487. de l'interest. 488. du deuoir. 489. de l'amitié. 490. de la haine. 491. de l'honneur. 493

Musique.
sa conformité auec la Prudence. 446

N

Naturel.
comment il faut rechercher celuy de l'homme. 137.

Naissance.
doit estre considerée pour connoistre l'homme. 162. &c.

P

Pallas.
sa naissance. 4
Deesse de la Prudence. 49.

Passions.
moderation d'icelles commēt se doit entendre. 61. 62. &c.

Parents.
les enfans se ressentent de leurs inclinations. 162. &c.
doiuent auoir grand soin de l'education de leurs enfans. 183

Parole.
est l'indice de l'ame. 202

Ccc

Table des matieres.

Philosophie.
les 3. principales sectes des Philosophes. 12
la Pythagorique. 246
l'Epicurienne. 248

Plutarque.
sa loüange. 298

Providence.
paroist en toutes choses. 83.&c.427

Prudence.
meslée par toutes les Vertus. 345
ses offices & vsages. 348.385.
l'emporte dessus la Fortune 354. &c.
Prudēce guerriere. 354 & 625.&c.
courtisanne. 367
religieuse. 499
literaire. 502
priuée. 515
œconomique. 526
ciuile. 527
moyens d'acquerir la prudence. 377. &c. 386.&c
consideration des personnes. 433
des temps. 449
des lieux. 454

R
Raison.
la raison humaine & ses effets. 131.&c.

Religion.
ses fondements. 95.&c
son etymologie. 102
la chrestienne seule veritable. 120
necessaire à l'Estat. 535

Republique.
de Sparte. 253
de Thebes. 254
de Venise. 456
de Rome. 533. iusqu'à la fin de la promenade.

Richesses.
si elles font du bien ou du mal dans les Estats. 597
Voyez Tresor.

S
Science.
celles d'vn honneste homme. 78.289
excellence des sciences. 134.275
choix des esprits pour les sciences. 229.284
sciences accusées & defendues. 228.&c.
acheminement à la fe-

Table des matieres.

licité. 270. &c.
leur premiere diuision. 287
la Logique. 291
la Physique. 289
les Morales. 293
les Politiques. 299

Sens & Sentiment.
on ne se peut dépoüiller de sentiment. 58 &c.
sens commun. 344

Socrate.
seruoit de sage-femme à la ieunesse. 4
voüe vn coq à Esculape. 122
inuenteur de la Morale. 297

Sylla.
plusieurs consideratiõs politiques dessus sa vie. 609. &c.

T
Temperance
assaisonne la volupté. 52
gardienne de la Prudéce. 423

Tibere.
les qualitez de son esprit. 169. &c.
sa dissimulation. 198

Trembler.
ce n'est pas tousiours vn signe de crainte. 160

Tresor.
vn tresor public est necessaire en vn Estat. 579
Voyez aussi Richesses.

V
Vertu.
est preferable à beauté. 8
si elle se peut apprendre. 12
sa definition. 346
les recompenses qu'on luy donne, l'entretiennent. 581

Victoire.
comment il en faut vser 758

Vie.
la contemplatiue, l'actiue, & la voluptueuse. 48

Virgile.
le mespris qu'il fit de ses enuieux. 240

Volonté
volonté & entende-

Table des matieres.

...ment, & leurs ope-
rations. 146

Volupté.
elle doit estre reglée.
51. &c.

Voyages.
ce qu'il faut faire pour
les rendre fructueux.
415

X

Xenophon.
son voyage en la guer-
re d'Asie. 259. &c.

Y

Yeux.
s'ils se trompent ou
non 337
sont les symboles de la
Prudence. 340
pourquoy l'Amour est
feint aueugle. 341

Errata.

Page.	ligne.		
24.	22.	ostez	( ).
67.	20.		).
541.	2.		se.
85.	14.	lisez	assemblées.
92.	2.		celebrez.
209.	19.		mouuemens.
268.	v.		reconnues.
285.	13.		lieu.
326.	8.		en l'art.
362.	20.		parapet.
371.	19.		qu'ils.
517.	12.		respects.
541.	2.		ce.
624.	13.		en.
714.	22.		lesquels.
724.	8.		leur banniere.
729.	22.		en vn.
741.	28.		estoient.

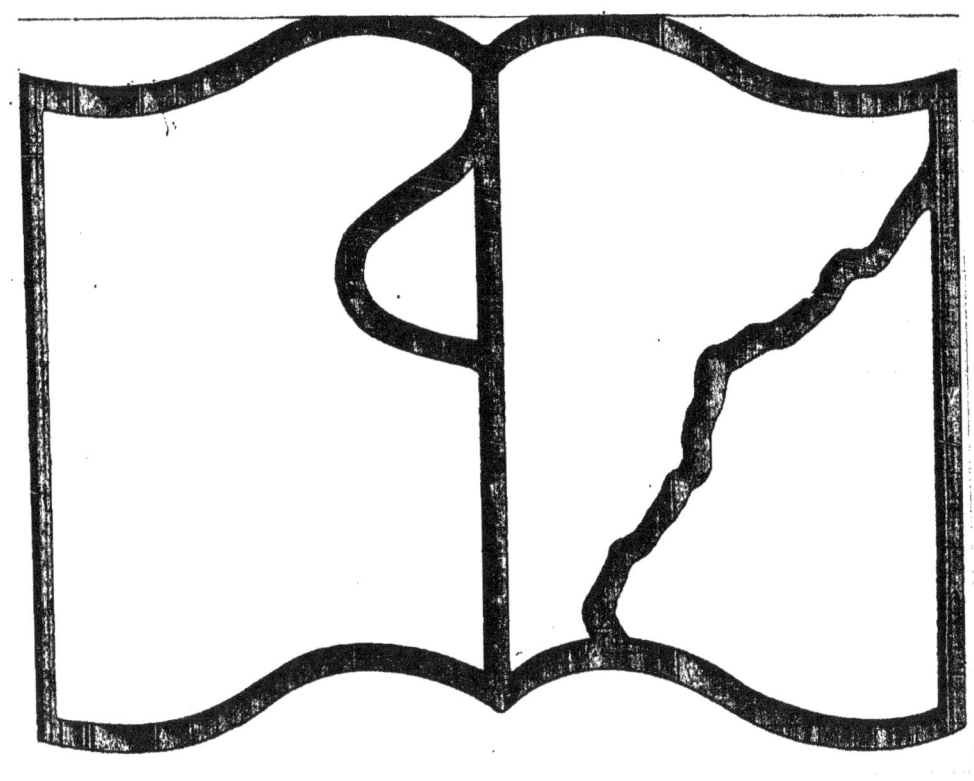

Texte détérioré — reliure défectueuse

NF Z 43-120-11

www.ingramcontent.com/pod-product-compliance
Lightning Source LLC
Chambersburg PA
CBHW061731300426
44115CB00009B/1175